ZHONGGUO JUNSHIFAXUE LUNCONG

GUOJIA ANQUAN FALÜ WENTI

中国军事法学论丛

第七卷

国家安全法律问题

主　编／薛刚凌

执行主编／冷新宇

主　办／中国政法大学法学院

人民出版社

责任编辑:张　立
装帧设计:周涛勇
责任校对:高　敏

图书在版编目(CIP)数据

中国军事法学论丛(第七卷)　国家安全法律问题/
　薛刚凌 主编. —北京:人民出版社,2014.12
ISBN 978 - 7 - 01 - 014121 - 3

Ⅰ.①中…　Ⅱ.①薛…　Ⅲ.①国家安全法-中国-文集　Ⅳ.①E266 - 53

中国版本图书馆 CIP 数据核字(2014)第 251729 号

中国军事法学论丛(第七卷)
国家安全法律问题
ZHONGGUO JUNSHI FAXUE LUNCONG DIQIJUAN
GUOJIA ANQUAN FALÜ WENTI

薛刚凌　主编

人民出版社 出版发行
(100706　北京市东城区隆福寺街 99 号)

北京市大兴县新魏印刷厂印刷　新华书店经销

2014 年 12 月第 1 版　2014 年 12 月北京第 1 次印刷
开本:710 毫米×1000 毫米 1/16　印张:16.75
字数:265 千字

ISBN 978 - 7 - 01 - 014121 - 3　定价:50.00 元

邮购地址 100706　北京市东城区隆福寺街 99 号
人民东方图书销售中心　电话 (010)65250042　65289539

卷　首　语

　　《军事法学论丛》第七卷的稿件已经交付出版,本期的主题是国家安全法律问题。

　　国家安全问题对于我国来说,并不是一个新问题,其存在和演进由来已久。1949 年新中国刚刚成立,当时的国家和政府在内部面临的是领土完整问题,从周边的安全态势来看,面临着朝鲜战争和越南战争两方面的持续性威胁。其中,朝鲜战争自板门店停战协定签订以来,问题并没有解决,而是逐步演变为今天的朝鲜核问题。越南战争以越南军民的胜利告终,但众所周知,统一后的越南政府实质上否认了《范文同公函》的精神,两国的南海岛屿争端和专属经济区、大陆架、渔区划界的问题一直持续至今。1962 年以后,中苏关系全面破裂,我国又在漫长的北方边境线上面临来自苏联的军事威胁。美苏冷战背景下,美国开始寻求中国政府的帮助以平衡来自苏联的军事压力,中美关系开始解冻,来自美国的军事威胁稍稍得以缓解。但随着冷战的结束和中国综合国力的提高,来自美国及其军事盟国的安全威胁又呈现出抬头的趋势。国际政治学界存在一个著名的修昔底德陷阱,势均力敌的两个大国,即在头号强国和后来崛起大国之间很难建立稳定的平衡,大国之间不可避免地走向现实主义流派预言的恶性竞争。如何在和平共处、相互尊重的基础上,构建新型大国关系,实现真正的大国之间的平衡,而非美国政府所主导的以地缘政治为基本轴线的"亚太再平衡",是摆在大国之间的迫切问题。

　　大国之间竞争面偏少、合作面偏多的时代已经结束，随着美国"亚太再平衡"战略的推进，在美国政府眼中，中国已经成为全面威胁其超级大国地位的竞争对手，今后大国之间将是合作与竞争长期并存的局面。正是在这样的背景之下，检讨各种内外安全问题，从政治、经济及法律的角度加以审视，在当今国际、国内安全形式日趋复杂的背景下，显得尤为重要。

　　国家安全问题涵盖面极其广泛，围绕军事行动展开的问题仅仅是传统安全问题的一个方面，当今中国还面临着更多的错综复杂且与传统安全问题交织在一起的非传统安全问题，这些问题同样关乎国家的核心利益。国务院新闻办公室在 2011 年 9 月发布了《中国的和平发展》白皮书，白皮书中明确了六大核心利益。我们如果以此六大核心利益作为国家安全问题研究的基础和边界，那么大家会发现一个极其广泛的研究范畴。国家安全问题已经刻不容缓地提到了国家的议事日程上，中国共产党中央国家安全委员会恰恰是在这一背景下成立的。

　　我们正面临着众多的传统和非传统安全问题，这些问题包括但又不限于以下几个方面：（1）领土安全问题；（2）海洋划界与安全问题；（3）暴力恐怖主义问题；（4）周边国家核试验带来的安全问题；（5）民族分裂主义问题；（6）网络安全问题；（7）海外利益拓展及其中国国民、法人安全问题等。可以预见的是，随着经济社会的进一步发展，综合国力的进一步提升，我国面临的安全问题将会变得越来越多、越来越复杂，而非反之。

　　在中央国家安全委员会掌控全局的背景下，国家安全问题需要系统性的研究，此种研究需要打破某些隔阂和瓶颈，比如自然科学和人文社会学科的隔阂，政治学和法学的隔阂。非常值得注意的是，传统上法律学科内部的研究，都是以理论体系的构建和修正作为自身的使命和目标，在这种潜台词的指引下，法学研究自然就呈现出以部门法为基础的条块分割的状态。但这种研究模式在冷冰冰的现实面前是响应速度不足的，安全问题的研究在传统的法学研究框架下找不到应有的显著位置。法学界越来越意识到，以问题为牵引、以学科融合为创新模式的研究方法，在国家安全问题的研究上，将会越来越得到实务界的认可。

　　在上述背景下，本书以国家安全法律问题的研究为主题，收录了若干篇论文为主体,以此体现晚近以来军事法学界的努力成果。

　　《中国军事法学论丛》欢迎更多的军事法学人与我们携手并进,不囿于职业和角色,坚持开放心态,摒除学科壁垒,共同推进军事法学繁荣,为中国军事法制建设贡献自己的力量。我们将继续坚持开放性、前沿性、学术性的原则,用一如既往的努力,将《中国军事法学论丛》构建成为军事法学者们展现自我观点的学术平台与交流研究成果的沟通桥梁。2015 年,我们将继续前行!

目　录

开罗宣言的法律内涵及其当代意义

● 肖凤城*

内容提要:2014 年是开罗宣言发表 70 周年。这个宣言对维护当今世界特别是亚太地区和平与稳定具有重要意义。因为开罗宣言具有深刻的法律内涵,它是根除殖民帝国主义恶疾的关键法律文献,为重整国际秩序、推进国际法进步、铲除殖民帝国主义的土壤发挥了重大作用。70 年来,开罗宣言是东亚国际秩序的基石,它不仅是促令日本无条件投降的基本文件,是对日关系正常化的法律基础,也是解决台湾问题、处理钓鱼岛等问题的重要法律依据。必须强调,是否坚持开罗宣言考验着政治家的智慧和良知,坚持开罗宣言就是坚持国际法发展的正确方向,否定开罗宣言则是对历史进步的根本反动。

关键词:开罗宣言 国际法 国际关系

对后世影响深远的文献总让人们回首复读和进一步思考。开罗宣言自发表以来,差不多每 10 年都会出现与之相关的重大事件,促使人们回顾和讨论这份重要历史文献的时代意义。近十年来,在国际格局发生重大变化、我国综合国力日益增强的大背景下,日本右翼势力不断抬头,企图否定以开罗宣言、波茨坦公告为基础的战后亚太国际秩序,为日本重新成为所谓"正常国家"鸣锣开道;而美国也有一部分政治人物误判国际形势和历史发展趋势,意图背离开罗宣言的基本精神,重新扶持日本右翼势力,推行美在亚洲的所谓"再平衡"战略。今天,如何对待开罗宣言? 坚持它还是抛弃它? 已经成为决定亚

---

* 肖凤城,中国政法大学教授,硕士研究生导师。

太地区走向和平、稳定、和谐还是走向对抗、动荡、战争的大问题,这个问题考验着当代政治家们的智慧和良知。在开罗宣言发表 70 周年之际,有必要深入解读开罗宣言的法律内涵以及蕴含其中的历史正当性、进步性,揭示开罗宣言的当代意义,为防止重蹈历史覆辙、重演历史悲剧而鼓与呼。

一、开罗宣言是根除殖民帝国主义恶疾的关键法律文献

殖民帝国主义是资本主义发展过程中生成的给全人类带来极大危害的恶疾。从 17 世纪起,随着资本主义生产方式的产生和发展,以英法为代表的西欧资本主义强国不断夺取海外殖民地,作为它们的原料来源地和商品市场。资本主义发展与对殖民地掠夺之间构成了如影随形、不可分割的关系,英法等最发达资本主义国家同时也是以侵略和掠夺为主要特征、以占有大量殖民地为重要基础、对殖民地半殖民地人民进行压迫和剥削的帝国主义国家。

在殖民帝国主义恶疾滋生蔓延过程中,出现了两种有区别的殖民帝国主义国家,一种是以英法为代表的老牌殖民帝国主义国家,其殖民历史比较长,推行殖民帝国主义政策的手段相对比较温和;另一种是以德日为代表的新兴殖民帝国主义国家,为在短时期内与老牌帝国主义争夺殖民地,其手段极其残暴,面目特别凶恶。这样,殖民帝国主义同时引发了两大无法调和并且日益深刻的矛盾,一是德日两个新兴殖民帝国主义国家与英法等老牌殖民帝国主义国家之间的矛盾;二是殖民帝国主义特别是德日两大凶恶的殖民帝国主义与受侵略受压迫受掠夺的殖民地半殖民地民族和国家的矛盾。至 20 世纪初,这两大矛盾的尖锐和白热化程度已经到了爆发大规模战争的边缘,虽然 1899 年和 1907 年召开了两次空前规模的世界和平大会,但对缓解两大矛盾根本无济于事,最终爆发了两次惨不堪言的世界大战①。

面对过去三四百年中生成的"殖民帝国主义"恶疾,世界人民主要通过两种

---

① 以第二次世界大战为例:61 个国家和地区 20 多亿人口(占当时世界人口 80%)卷入战争,战火波及 40 多个国家,作战区域 2200 万平方公里,参战军队(不包括游击队)1. 1 亿人。战争伤亡近 1 亿人,其中死亡 6500 多万人,苏联人口损失 2000 多万,中国军民伤亡 3500 万人。

方式来解决:一是通过打赢正义战争的方式,从军事上消灭德日两大凶恶的殖民帝国主义;二是通过推进国际法进步的方式,重整国际秩序,从法律上铲除殖民帝国主义生成的土壤。第二次世界大战就是这两种方式并行推进的重大历史进程。

在军事上,第二次世界大战是人类历史上空前的血与火交织、惊心动魄、波澜壮阔的消灭凶恶殖民帝国主义、解放受侵略受压迫受掠夺民族的拼死斗争。德意日法西斯集团发动的战争,目的是要征服全世界所有国家和人民。因此,对世界上所有受德意日侵略和威胁的国家和人民而言,这是一场生死存亡的大搏斗,是必须义无反顾投入的正义战争。在这场斗争中,以中国为代表的受侵略受掠夺的殖民地半殖民地国家、以美国为代表的由殖民地独立后发展起来的新兴资本主义国家、以英法为代表的老牌殖民帝国主义国家、以苏联为代表的探索共产主义发展道路的国家等,结成了世界性的、最广泛的反法西斯统一战线,以亿万人民的壮烈牺牲为代价,在军事上彻底战胜了法西斯集团,为铲除殖民帝国主义奠定了军事和政治基础。

在法律上,第二次世界大战是重整国际秩序、推进国际法进步、彻底铲除殖民帝国主义的重大历史机遇。第一次世界大战后的凡尔赛和会,是战胜的帝国主义国家对战败的帝国主义国家所占有的殖民地进行瓜分的大会,因而是一个分赃的大会,不但没有铲除滋生殖民帝国主义的土壤,反而使这种土壤更肥沃。两次世界大战的惨祸彻底警醒了世界人民,要维护世界和平、防止惨祸重演,就必须铲除殖民帝国主义;要铲除殖民帝国主义,就必须彻底铲除产生殖民帝国主义的土壤。铲除这种土壤,从法律上操作,就必须在国际法上明确武力掠夺他国领土的非法性、无效性,剥夺被殖民帝国主义掠夺的殖民地、半殖民地,让殖民地半殖民地人民获得解放。正是在第二次世界大战期间,美英《大西洋宪章》(1941 年 8 月 14 日)①、美英苏中等 26 国《联合国家宣言》(1942 年 1 月 1 日)②、中美英

---

① 《大西洋宪章》明确规定:美英两国"不追求领土和其他方面的扩张","凡未经有关民族自由意志所同意的领土改变,两国不愿其实现"。

② 宣言表示:赞成《大西洋宪章》的宗旨和原则,深信完全战胜敌国对于保卫生命、自由、独立和宗教自由以及各国人权、正义非常重要,深信正在对力图征服世界的野蛮和残暴力量从事共同的斗争。

《开罗宣言》(1943 年 12 月 1 日)①、苏美英《雅尔塔协定》(1945 年 2 月 11 日)②、五十多个国家签署的《联合国宪章》(1945 年 6 月 26 日)、中美英苏《促令日本投降之波茨坦公告》(1945 年 7 月 26 日)等一系列国际文献,完成了这项伟大的法律进步过程,推动国际法向前迈进了历史性的一大步。

开罗宣言是第二次世界大战期间一系列铲除殖民帝国主义的国际文献中特别重要的一环。宣言宣布:"剥夺日本自从一九一四年第一次世界大战开始后在太平洋上所夺得或占领之一切岛屿;使日本所窃取于中国之领土,例如满洲、台湾、澎湖等,归还中华民国;其他日本以武力或贪欲所攫取之土地,亦务将日本驱逐出境"③。宣言后来成为促令日本投降的波茨坦公告的组成部分,在日本投降书中被无条件接受,并在战后得到了比较彻底的实施④。所以说,开罗宣言的正当性、合法性深深植根于国际社会通过血与火的惨痛教训而普遍认可的国际关系准则和条约协定之中,它是人类进步和国际法进步的重要体现,是现代最重要的里程碑文件。

二、开罗宣言是第二次世界大战后东亚国际法律秩序的基石

10 年前,一些台独分子罔顾历史事实和法理,企图否定开罗宣言的合法

---

① 1943 年 11 月 22 日至 26 日,美中英三国政府首脑罗斯福、蒋介石、丘吉尔在埃及首都开罗举行会议。会议最终成果为三位首脑共同同意的《开罗宣言》,并商定统一于美国东部战争时间 12 月 1 日在各自的华盛顿、重庆、伦敦同时发表该宣言。

② 其中《关于被解放的欧洲宣言》指出:"欧洲秩序的建立及国民经济生活的再建,必须凭借足以使被解放的各国人民能够消灭纳粹主义和法西斯主义的最后痕迹及自己抉择的民主制度的程序来实现"。

③ 英文表述为:It is their purpose that Japan shall be stripped of all the islands in the Pacific which she has seized or occupied since the beginning of the first World War in 1914, and that all the territories Japan has stolen form the Chinese, such as Manchuria, Formosa, and the Pescadores, shall be restored to the Republic of China. Japan will also be expelled from all other territories which she has taken by violence and greed. 《中国近代对外关系资料选辑》,上海人民出版社 1977 年版。

④ 尚未得到完全实施,比如钓鱼岛问题就是开罗宣言实施的一个遗留问题。

性,为台独制造所谓依据,遭到许多正义学者的严词批驳①。开罗宣言的历史正当性和合法性是充分的、无可辩驳的,因为它不仅真实存在于历史记忆中②,存在于美国政府公开出版的官方文件汇编中③,而且汇入了此后一系列具有国际法效力的文件中,一再被重要的国际文献和国家文件所重申,并且在战后许多重大事件和重大问题上不断发挥作用,成为第二次世界大战后亚太地区国际法律秩序的基础性文件,它的法律地位和重要性一再得到证明。

(一)开罗宣言是促令日本无条件投降的基本文件。1945 年 7 月 17 日至 8 月 2 日,在德国无条件投降后,苏美英三国首脑和外长及军事领导人在柏林西南波茨坦附近举行主要讨论战后重大问题的会议。会议期间,7 月 26 日,发表了由中美英三国签署的《促令日本投降之波茨坦公告》,共 13 条,其中第八条明确提出:"开罗宣言的条件必须实施,日本主权只限于本州、北海道、九州、四国及盟国所决定的其他小岛之内。"这一规定使开罗宣言成为波茨坦公告的有机组成部分,不仅再次确认了开罗宣言是中美英三国的共识,而且对日本的领土主权范围作了更加明确的表述。8 月 8 日,苏联宣布对日进入战争状态,同时表示参加《波茨坦公告》。在波茨坦公告的巨大压力下,日本不得不投降并无条件接受波茨坦公告的要求。1945 年 8 月 10 日,日本通过瑞士和瑞典政府将接受波茨坦公告的外交照会转达中、美、英、苏四国;13 日,日本收到由瑞典政府转达的四国复照;14 日,日本天皇裕仁在御前会议上作出投降决定;15 日,裕仁向日本全国广播"投降诏书";9 月 2 日,日本投降书签字仪式在东京举行,美、中、英、苏、澳、法等九国代表在停泊于东京湾的美国海军战舰"密苏里"号上接受日本投降,日本外相重光葵代表日皇和日本政府、总参谋长梅津美治郎代表日本大本营,在投降书上签字。日本《无条件投降书》

---

① 关于台独分子的谬论以及对这些谬论的批驳,参见《人民日报》2003 年 11 月 28 日《开罗宣言的法律效力不容否定》一文,海峡之声网 2003 年 12 月 4 日的采访,http://www.vos.com.cn/2003/12/04_19546.htm,以及百度百科有关文章,http://baike.baidu.com/view/44777.htm。

② 《开罗宣言》在重庆发表时,重庆各报纸纷纷以大字标出标题,以整版或大半版的篇幅刊登开罗会议的消息和《开罗宣言》的内容。

③ 《美国对外关系文件》(FRUS1943,开罗和德黑兰),第 399、401、404、448、449、566 页。

第一条写明:日本接受"中、美、英共同签署的、后来又有苏联参加的 1945 年 7 月 26 日的《波茨坦公告》中的条款。"这样,开罗宣言与《波茨坦公告》和日本《无条件投降书》三个国际文件就组成了一个环环相扣的具有国际法效力的法律链条,锁定了日本投降的法律含义。

(二)开罗宣言是对日关系正常化的基本条件。开罗宣言不仅在促令日本投降时发挥着基本文件的作用,而且对后世处理与日本的关系继续发挥着巨大影响和作用。20 世纪 50 年代,以美国为首的 48 个国家在中国、朝鲜、蒙古、越南未被邀请,苏联、波兰、捷克斯洛伐克拒绝签字的情况下,违背开罗宣言和波茨坦公告,与日本签订《对日和约》(1951 年 9 月 8 日)。在此前后,周恩来总理兼外长两次发表声明,严厉谴责和约"最荒谬地公然排除中华人民共和国于对日作战的盟国之列","中华人民共和国和中央人民政府准备以《联合国家宣言》《开罗宣言》《雅尔塔协定》《波茨坦公告和协定》及远东委员会所通过的对投降后日本之基本政策为基础,与参加对日作战的一切国家就共同对日和约问题交换意见。""中国人民在击败日本帝国主义的伟大战争中,经过时间最久,遭受牺牲最大,所作贡献最多。然而,美国政府却公然违反一切协议,排斥中华人民共和国……美国政府在旧金山会议中强制签订的没有中华人民共和国参加的对日单独和约,不仅不是全面和约,而且完全不是真正的和约……中央人民政府认为是非法的、无效的,因而是绝对不能承认的。"①从周恩来总理的声明中可以看出,《开罗宣言》是揭露、抗议美国政府非法对日和约的有力依据。1972 年,中日实现邦交正常化,《中日联合声明》(1972 年 9 月 29 日)第三条明确写道:"中华人民共和国政府重申:台湾是中华人民共和国领土不可分割的一部分。日本国政府充分理解和尊重中国政府的这一立场,并坚持遵循波茨坦公告第八条的立场。"日本外相大平正芳在签署《联合声明》的记者招待会上申明:"《开罗宣言》规定台湾归还中国"、"我国政府坚持遵循《波茨坦公告》的立场是理所当然的"②。由此又可看出,在

---

① 《现代国际关系史参考资料》(1950—1953)上册,北京大学出版社 1987 年版,第 552、562 页。

② 《国际关系史(第十卷)》,世界知识出版社 1995 年版,第 327 页。

中华人民共和国与日本实现正常的邦交关系时,开罗宣言依然是不可逾越的基本法律文件。

(三)开罗宣言是解决台湾问题的重要法律依据。开罗宣言明确指出日本侵占台湾的非法性,明确要求将台湾归还中国,是第一份确认台湾是中国领土的具有国际法效力的条约性文件,为战后处理台湾问题提供了国际法依据。1945年10月25日,中国政府根据开罗宣言、波茨坦公告和日本投降书,正式收复台湾、澎湖列岛,恢复对台湾行使主权。台湾省行政长官兼警备总司令陈仪在台北市接受了日军第十方面军司令长官安藤利吉的投降,中国被迫割让给日本50余年的台湾省,终于摆脱了日本的殖民统治,回到祖国的怀抱。从那以后近70年来,在涉及台湾地位问题上,开罗宣言都是可靠的法律依据。开罗宣言明确,台湾必须归还"中华民国",这使"台湾地位未定论"的谬论始终无法自圆其说。1971年10月25日,联合国大会通过2758号决议,决定恢复中华人民共和国在联合国的合法地位并把蒋介石的代表驱逐出去后,根据开罗宣言的实质涵义,台湾就应当归还中华人民共和国。所以,《中美建交公报》(1978年12月16日)明白宣布:"美利坚合众国承认中华人民共和国政府是中国的唯一合法政府。在此范围内,美国人民将同台湾人民保持文化、商务和其他非官方关系。""美利坚合众国政府承认中国的立场,即只有一个中国,台湾是中国的一部分。"由此可见,开罗宣言对于台湾地位问题起着奠基性的作用,任何否定台湾是中华人民共和国领土一部分的人都无法回避、绕开开罗宣言的明确表达。

(四)开罗宣言是处理与日本领土主权争议的法律基础。1972年9月29日签署的《中日联合声明》表明,毛泽东、周恩来等老一代领导人已经为解决日后中日之间的领土主权纠纷问题奠定了法律基础。声明指出:"日本方面重申站在充分理解中华人民共和国政府提出的'复交三原则'的立场上,谋求实现日中邦交正常化这一见解。中国方面对此表示欢迎。"这里所说的"复交三原则"就是声明第二条和第三条写明的内容,即:"日本国政府承认中华人民共和国政府是中国的唯一合法政府。""中华人民共和国政府重申:台湾是中华人民共和国领土不可分割的一部分。日本国政府充分理解和尊重中国政府的这一立场,并坚持遵循波茨坦公告第八条的立场。"其中第三个条件是关于日本领土的条件,即日本必须遵循《波茨坦公告》第八条。《波茨坦公告》第八条的规定是:"开罗宣言之条件必将实施,而日本之主权必将限于本州、北海道、九州、四国及盟国所决定的其他小岛之内。"显然,根据《波茨坦公告》第八条的规定,日本的领土不包括钓鱼岛。那么,钓鱼岛是否属于"其他小岛"呢?从历史情况看,也不属于,因为钓鱼岛历来是台湾的附属岛屿,理应随台湾一并归还中国。更进一步说,美国私自将琉球群岛交给日本①,就已违反了开罗宣言和波茨坦公告,因为波茨坦公告明确规定,"其他小岛"应由"盟国"决定,盟国中包括中、苏、英等其他国家。波茨坦公告的这一规定是与开罗宣言的内容紧密联系在一起的。所以,开罗宣言和波茨坦公告是解决钓鱼岛领土归属问题必须遵循的基本法律文件。此外,开罗宣言和波茨坦公告也是解决南千岛群岛(日本称北方四岛)、独岛(日本称竹岛)等岛屿主权归属问题的法律依据,按照宣言和公告的明确规定,由盟国来决定这些岛屿的归属,问题就不难得到解决。然而,美国在第二次世界大战后形成冷战思维,背弃了开罗宣言和波茨坦公告,从而造成了东亚一系列岛屿主权归属纠纷,给东亚乃至亚太和平稳定埋下了祸根。

三、坚持开罗宣言对未来国际安全和发展极为重要

开罗宣言对亚太地区的国际秩序具有定海神针一般的力量,因为对日本在亚洲和太平洋地区所占领土的剥夺具有无可辩驳的历史正当性和进步性,否定开罗宣言也就否定了它所体现的历史正当性和进步性,这将激起当年反法西斯国家和人民的愤怒,也会激活日本军国主义,重新危害世界。所以,开罗宣言对于亚太地区的安全稳定,乃至对当今全球国际秩序的安定,具有深刻和长远的意义。

(一)激活日本军国主义是对历史进步的根本反动。遏制军国主义抬头,是包括日本人民在内的所有国家和人民都应当清醒认知和坚定遵守的重大法则。至今仍须特别警示世界人民特别是亚太地区人民,务必警惕反动而且极

---

① 1971年6月17日,美日签署《归还冲绳协定》,确定美国将冲绳(琉球)的行政、立法和司法方面的一切权力归还日本,该协定于1972年5月15日施行。

其凶恶的日本军国主义抬头。日本军国主义同德国法西斯一样,在同其他殖民帝国主义争霸的过程中,采取了反人类、非正义、残暴屠杀和蛮横蹂躏弱小民族的侵略和掠夺手段,在短短半个世纪中犯下了极大的罪恶①,成为全人类的公敌。这个过程给亚太地区人民带来了极其深重的苦难,也给日本本国人民带来了极其深重的苦难。最终,反对日本军国主义的国家和人民把凶恶的日本军国主义者送上了绞刑架。日本军国主义出笼以及不断膨胀的历史原因是多方面的,其中一个重要原因是西方列强为瓜分中国、争夺亚太地区殖民地和势力范围不断钩心斗角,美英等国出于自私目的不断纵容、利用、绥靖的结果。今天一定要牢记历史的惨痛教训,不要重犯绥靖主义的错误。我们知道,东西方都有关于从盒子或者瓶子里放出妖魔的故事。一个是希腊神话中潘多拉盒子的故事,潘多拉禁不住诱惑,打开礼盒放出了妖魔,从此人类被各种灾祸所困;一个是阿拉伯神话《一千零一夜》中渔夫和魔瓶的故事,不能克制贪欲的渔夫揭开了魔瓶的盖子,把魔鬼放了出来,再也无法将魔鬼放回瓶子里;还有一个是《水浒传》中关于三十六天罡星、七十二地煞星的故事,昏庸的朝廷命官傲慢自负,执意打开伏魔殿,跑出了一百零八个魔君。借用这三个故事做比喻,在现实世界里,日本军国主义就是从魔瓶里跑出来的妖魔,第二次世界大战反法西斯阵线将这个妖魔塞回了魔瓶,开罗宣言好比封住瓶口的塞子,否定开罗宣言就好比打开瓶口的塞子,日本军国主义妖魔就会再度肆虐。如今日本与周边国家的所谓领土纠纷以及其他所谓安保问题,本质上是日本右翼势力企图突破反法西斯战争胜利形成的国际秩序。所以,我们要把开罗宣言和波茨坦公告视为压在日本军国主义者脊背上的镇妖石、悬在日本右翼势

---

① 日本自 1868 年明治维新后,1874 年侵略台湾,1879 年吞并琉球,1894 年出兵干涉朝鲜并发动中日甲午战争,1895 年以武力迫使中国与之签订《马关条约》,割取中国台湾和澎湖列岛,1904 年发动日俄战争,控制朝鲜,1910 年将朝鲜沦为其殖民地,将势力范围扩展到中国内蒙东部,1919 年在巴黎和会上掠夺了德国在中国山东的殖民权益。1931 年发动军事占领中国东北的“九一八”事变,1932 年发动对上海的军事行动“一·二八”事变,1933 年退出国际联盟并进攻中国华北,1936 至 1937 年形成德意日法西斯同盟,1937 年发动全面侵华战争,1938 和 1939 年入侵东南亚,1941 年偷袭珍珠港全面发动太平洋战争。

力头上的达摩克利斯之剑，坚定不移地予以坚守。

（二）决不能把中国的富强与当年德日崛起相提并论。日本在明治维新后的半个多世纪中，通过甲午战争、日俄战争等一系列战争，非法占据和殖民统治了大片他国领土，所有这些都通过开罗宣言、雅尔塔协定、波茨坦公告、日本无条件投降书等一系列宣言、协定和条约做了清算。但是，日本军国主义并没有被彻底清除，至今仍在日本右翼势力中存活，并且近来大有抬头之势。他们不断曲解开罗宣言等条约协定的本意，挑起与中、韩、俄等国的领土纠纷，甚至要重新成为能够对他国发动战争的所谓"正常国家"。只要世界反法西斯国家和人民坚持开罗宣言的精神，日本军国主义就不可能有出头之日。然而，随着国际关系发展变化，美国一些政治人物正在抛弃开罗宣言，意图扶持日本右翼势力。他们此举的一个重要思维，就是误判中国的和平发展，把中国富强与当年德日崛起相提并论，据此主张扶持日本右翼势力遏制中国。这种思维无疑是十分错误、极其有害的。看一个国家的对外政策必须看它历史上的战略文化。中国传统战略文化是"和平、统一、防御、知兵非好战"；中国现代战略文化是"不要别国一寸土地，也不许别国侵占我国一寸土地"。翻开历史可以看到，中国的战略文化与现代国际法关于尊重国家主权、不干涉内政、维护国际和平与安全、和平解决国际争端、反对分裂、自卫、人道等各项准则和规则十分融洽。而德国和日本的战略文化与现代国际法完全背离。德国自 17 世纪中叶起长期崇尚扩张主义和极端种族主义战略文化，其中尤以威廉二世和希特勒为甚。威廉二世提出了征服世界的一整套战略，并且"告诫陆海军决勿以合乎正义与否为念，决勿以悖于人道与否为虑"，"无论其人为战斗员或非战斗员概予杀戮可也，至杀戮之方法，更可从心所欲，恣意而为"，"尽所有之方法与手段将敌人屠戮净尽，务使其靡有孑遗而后已"①。希特勒与威廉二世如出一辙，提出了吞并奥地利、征服法国、灭绝犹太人的所谓战略构想。这种战略文化充满恐怖和疯狂，是德国近代思想文化中的糟粕。日本的皇道哲学和武士道文化与德国战略文化十分相似。从丰臣秀吉到《宇内混同秘策》

---

① 所引三句均出自威廉二世《朕之作战》（又译名《德皇雄图秘著》），转引自李际均：《新版军事战略思维》，长征出版社 2013 年版，第 42 页。

再到《田中奏折》，日本近代战略文化在长达数百年中一直是侵略文化，企图征服朝鲜、占领中国东北和蒙古、进而占领中国全境并夺取印度、直至征服世界。日本的武士道文化更是一种"虚荣、暴虐的幼稚文化"，"把非人性和反人道发挥到极端"，变为虐杀狂和自虐狂。可想而知，如果日本军国主义复活，便是这种国家恐怖主义战略文化再度肆虐。

（三）坚持开罗宣言就是坚持国际法发展的正确方向。由于强权政治和霸权主义作祟，国际法的发展始终十分艰难。开罗宣言同大西洋宪章等国际文献的历史地位一样，在人类有史以来最大规模战争中，在历史的关键时刻，坚定不移地剥夺侵略者获得的不正当利益，坚定不移地维护受侵略受掠夺民族的正当利益，为战后国际秩序奠定了坚实基础，为国际法大踏步发展铺设了前进道路，有力推动了各国互相尊重主权和领土完整、互不侵犯、互不干涉内政、平等互利、和平共处的国际法基本准则在全世界得到伸张。毫无疑问，开罗宣言是"为万世开太平"的重要文献，它指明了国际法发展的正确方向。肯定开罗宣言，就是站在受侵略受掠夺民族的立场上，肯定反法西斯战争的正义性，肯定国际法发展的方向；否定开罗宣言，就是背弃受侵略受掠夺民族的利益，否定反法西斯战争的正义性，背离国际法发展的正确方向。今天重温近百年来国际法发展的艰难历程以及开罗宣言在其中的重要地位，重述开罗宣言的历史正当性、进步性和合法性，有利于深刻理解和把握开罗宣言对维护当代国际和平与安全的深远战略意义。第二次世界大战后，在开罗宣言等国际文献基础上建立起来的以联合国为基本组织形式的国际和平与安全体制，是发达国家和发展中国家共同建立、共同维护、共同推动发展的有利于和平共处、平等互利的体制。我们坚信第二次世界大战以来国际社会形成的关于维护国际和平与安全的国际法基本准则、基本制度和基本程序的正当性和进步性，我们也看到现行国际法制度和程序并不完善，还留有许多空白和模糊地带，在海洋、空间、网络以及武器发展、人道干预等方面还存在不少问题。特别是现行国际法中仍有一些制度和程序主要是在西方主导下形成的，主要反映西方强势国家的利益和意志，仍然有利于经济、科技、军事上居于强势的国家，造成国际社会不平等，应当进行改革。但必须坚定不移地强调，推动国际法发展完善必须坚持开罗宣言的基本精神，那就是，决不允许否定反法西斯战争的胜利成果,决不允许否定铲除殖民帝国主义及其滋生土壤的历史成就,决不允许日本军国主义等法西斯势力再度危害全人类。

(四)是否坚持开罗宣言考验政治家的智慧和良知。在第二次世界大战粉碎殖民帝国主义、推进国际法进步的进程中,中美两个大国抓住历史机遇、顺应时代潮流、联合正义力量、坚持不懈努力,建立了彪炳史册的功勋。在反法西斯四大盟国中,英国是老牌殖民帝国主义国家,在战争中仍然念念不忘维护其殖民主义利益,在德国法西斯战争威胁和世界潮流的强大推动下,才颇不情愿地加入了铲除殖民帝国主义的行列①。当时苏联在德国 1941 年 6 月 22 日发动对苏战争前,一直以武力和外交并举的方式同德国争夺领土和势力范围,苏德战争爆发后,苏联为赢得世界反法西斯战争胜利作出了巨大贡献,也为建立战后国际新秩序作出了积极努力,但在铲除殖民帝国主义方面的贡献终不如中美两国。中国从 19 世纪中期起,备受殖民帝国主义欺凌,从 19 世纪末起,更是受到凶恶的日本军事主义大规模侵略和屠戮。自九一八事变发生后,在人民力量推动下,中国坚定地独自进行抗日战争,1941 年年底太平洋战争爆发后,中国汇入了世界反法西斯统一战线,成为弱小国家反法西斯力量的代表、世界反法西斯国家四强之一,在反法西斯总体战略中的地位十分重要,是铲除殖民帝国主义的积极拥护者和践行者。正如毛泽东所说:"中国是全世界参加反法西斯战争的五个最大的国家之一,是在亚洲大陆上反对日本侵略者的主要国家。"②这里应当特别回顾美国以罗斯福总统为代表的政治家们为铲除殖民帝国主义、推动国际法进步作出的突出贡献。罗斯福总统在第二次世界大战中表现出长远过人的政治眼光和重建国际秩序的巨大魄力。美国

---

① 在制定《大西洋宪章》过程中,罗斯福与丘吉尔发生激烈争执。丘吉尔坚决维护大英帝国利益,指责罗斯福是在想法摧毁大英帝国,声称他"当英国首相的目的,并不是来主持大英帝国解体的";罗斯福则讥讽英国的殖民政策是"18 世纪的方法",鼓吹采用"20 世纪的方法",力主把机会均等、贸易自由、航行自由等原则写入宪章,要求废除英帝国特惠制,开放市场,让"各国作健康的竞争"。见[美]伊利奥·罗斯福:《罗斯福见闻秘录》,上海新群出版社 1949 年版,第 22 页。转引自《国际关系史(第六卷)》,世界知识出版社 1995 年版,第 137 页。

② 《毛泽东选集》第三卷,人民出版社 1991 年版,第 1033 页。

政府出版的对外关系文件集清晰地记载①,在开罗会议上,罗斯福认为日本用武力从中国夺去的东北各省、台湾和澎湖列岛必须归还中国,辽东半岛及其旅顺、大连两个港口必须包括在内。罗斯福还建议将琉球群岛交给中国,建议英国将香港归还中国。罗斯福对丘吉尔说,香港居民90%都是中国人,并且十分靠近广州,希望英国"大大方方地"把香港归还中国。丘吉尔却回答,只要他还是首相,就不想使大英帝国解体,英国虽不想得到任何新的领土或基地,但打算"保持他们原来所有的一切"。历史发展证明,罗斯福的主张顺应时代潮流,而丘吉尔的愿望终究落空。罗斯福更杰出的贡献在于倡导和推动建立了联合国,联合国的名称以及写入联合国宪章的尊重各国主权和领土完整、放弃使用武力、放弃侵略和侵略威胁等原则,就是由他提议的②。今天的政治家们,尤其是美国政治家们,应当认真研读二战史,认真向罗斯福总统学习,深刻领悟历史智慧和人类良知,准确把握时代潮流,切实坚持开罗宣言的基本精神,正确处理与开罗宣言相关的当今国际事务,这对亚太人民有利,对全世界人民有利,也对美国人民有利。

The Legal Connotation of the Cairo Declaration and
Its Contemporary Significance

Abstract:This year is the Cairo Declaration published for 70 years.The declaration has the important meaning for the maintenance of peace and stability to the world,especially to the Asia-Pacific region.It is because the Cairo Declaration is the fundamental legal literature to the eradication of the colonial imperialism,and has played a major role for the restructuring of international order,promoting the progress of international law,and the eradication of colonial imperialism. In 70

---

① 《美国对外关系文件集·1943年的开罗会议和德黑兰会议》,华盛顿1961年版,第323—325页。转引自《国际关系史(第六卷)》,世界知识出版社1995年版,第246—247页。

② 见《国际关系史(第六卷)》,世界知识出版社1995年版,第484页。

years, the Cairo Declaration is the cornerstone of the international order in East A-sia. It is not only the basic documents to promote Japan's unconditional surrender, and the legal basis for normalization of Sino-Japanese relations, but also the important legal basis to solve the problems such as Taiwan and Diaoyu Islands. To must be emphasized, whether or not adhering to the Cairo Declaration is a test of the politician's wisdom and conscience. Adhering to the Cairo Declaration is to stick to the correct direction of the development of international law, and objecting to the Cairo Declaration is the fundamental negative to the historical progress.

Key words: Cairo declaration; international law; international relations

国家战略安全面临的主要威胁及依法应对

● 付池斌 *

内容提要：进入 21 世纪以来，国际安全形势发生了深刻的变化；而随着我国各方面建设事业的不断发展，国家对生存安全和发展安全也提出新的要求。为此，党的十八大报告指出，"我国面临的生存安全问题和发展安全问题、传统安全威胁和非传统安全威胁相互交织"、我们需要"着眼全面履行新世纪新阶段军队历史使命，高度关注海洋、太空、网络空间安全"。本文以这一论断为指导，从海洋、太空、网络空间安全三个方面详细阐述我国所面临的主要威胁并进而提出依法应对的策略。

关键词：国家战略安全　威胁

党的十八大报告从国家发展全局出发，用深邃的思想、全球的视野、战略的高度，以国家核心安全需求为导向，全新阐释了我国面临的生存安全和发展安全问题，"我国面临的生存安全问题和发展安全问题、传统安全威胁和非传统安全威胁相互交织"[1]。为了妥善解决国家战略安全面临的主要威胁，十八大明确指出，"要适应国家发展战略和安全战略新要求，着眼全面履行新世纪

---

* 付池斌，南京陆军指挥学院军事法学教研室副教授，法学博士。

① 胡锦涛：《坚定不移沿着中国特色社会主义道路前进　为全面建成小康社会而奋斗——在中国共产党第十八次全国代表大会上的报告》，人民出版社 2012 年版，第 41 页。

新阶段军队历史使命,高度关注海洋、太空、网络空间安全。"①海洋安全、太空安全和网络空间安全成为国家战略安全必须着重把握的新领域。面对新的安全威胁,我们必须善于运用法治思维和法治方式科学筹划,依法应对,更好地为实现中华民族的伟大复兴提供坚强有力的支撑,为全面建成小康社会创造可靠的安全环境。

一、国家海洋安全面临的主要威胁及其依法应对

"国家欲富强,不可置海洋于不顾,财富取之于海,危险亦来自海上。"②随着我国经济的发展,作为世界第二大经济体对海洋的依赖大大加深,海上岛屿的归属、全球海上贸易通道的保护、海洋资源的安全保护、海上航行安全的维护等,我国海洋安全面临着海洋主权安全、海洋资源安全、海洋运输安全和海洋环境安全的威胁,严重地影响了国家主权的维护和海洋强国的建设,成为国家战略安全最为现实的问题。

1.海洋主权面临的威胁。由于我国与韩国、日本、菲律宾、印度尼西亚等7个国家隔海相望,依据《联合国海洋法公约》及其他国际法条约,我国在黄海与韩国存在着18万平方公里的争议海区,苏岩礁成为我国与韩国争议的重要岛礁。在东海,日本一直侵占我国固有领土钓鱼岛,并制造了钓鱼岛"国有化"事件,使得钓鱼岛问题持续升温,严重地破坏了中日关系,破坏了东北亚的和平,近乎引发中日战争。此事件持续发酵,由于日本国内极右势力的极度疯狂鼓噪,钓鱼岛问题成为我国东海出现的最大的威胁国家安全的问题。在南海,我海洋权益受到更加严重的侵犯,230多个岛礁,我国只占有9个,其他绝大多数的岛礁都被其他国家所侵占。同时,随着美国"亚洲再平衡战略"的推进,美国加快对亚洲重心的转移,直接威胁着我国台海和平的发展,更加加剧了我国海洋问题的复杂程度,使得我国海洋主权安全问题成为威胁我国战

---

① 胡锦涛:《坚定不移沿着中国特色社会主义道路前进　为全面建成小康社会而奋斗——在中国共产党第十八次全国代表大会上的报告》,人民出版社2012年版,第42页。

② 郑一钧著:《论郑和下西洋》,海洋出版社2005年版,第36页。转引自[法]费朗索瓦·德勃雷著:《海外华人》,赵喜鹏译,新华出版社1982年版,第8页。

略安全的最大问题。

2.海洋资源面临的威胁。由于我国许多岛礁被他国非法侵占,我国海洋渔业资源、海底石油资源、海底矿藏资源等受到严重威胁。我国东海渔业的捕捞权、南海渔业的捕捞权都不同程度地受到日本、菲律宾、越南等国的干扰和阻挠,渔民的生命财产都遭受威胁。我国丰富的海洋石油资源,在东海受到日本、韩国等的非法开采,南海有600多个油气开采平台,却没有一家是我们国家自己独立开采的,他们大肆掠夺开采我国的海底石油资源,使我国海上石油资源受到严重威胁。同时,由于这些外国开采石油平台的存在,他们的开采活动对我国海洋环境安全造成了潜在的巨大威胁。

3.海上贸易通道面临的威胁。近年来,我国作为世界上第二大贸易国,70%以上的贸易活动都是通过海上完成。由于亚丁湾海域海盗的猖獗,对我国海上贸易安全带来了很大的威胁,迫使我国不得不多批次派出军舰来保护我国海上贸易安全。迄今为止,我国已经派出13批次海军护航编队远赴亚丁湾为我国商船和世界商船进行护航,保护着我国海上贸易通道的安全。随着我国经济实力的不断增强,我国的海上贸易量会逐年增加,这就更加增添了我国海上贸易安全的负担,带来更多的海上贸易安全威胁。

面对我国海洋安全所面临的现实威胁和潜在威胁,我们必须采取有效措施,依法加以应对。

对策一:依法捍卫国家主权。国家主权、领土完整是我国的核心利益,是实现中华民族伟大复兴的基本载体。每一寸土地,每一个主权都丝毫不容任何侵犯,坚决依法捍卫。在处理钓鱼岛问题上,我们有理有据地对日本的"购岛事件"给予坚决的反制,大打一场法律战,使得我国在国际上赢得了主动,在国内凝聚了全民族的力量。从2012年4月日本右翼势力提出购岛计划开始,我国外交部就及时开始举行发布会,阐明钓鱼岛自古以来就是我国固有领土的立场。2012年9月10日,我国政府发表声明,公布了钓鱼岛及其附属岛屿的领海基点基线,向国际社会宣示我国政府坚决捍卫领土主权的决心和意志。9月11日日本实现"购岛国有化"以后,全国人大、全国政协、全国青联等国家机关都及时发布抗议,表达依法捍卫国家主权的决心,13日国防部举行新闻发布会,表明我国军方依法捍卫国家主权的坚定决心,国家测绘地理信息局立即发布了钓鱼岛及其周边岛屿的海图,同时我驻联合国机构及时把我国公布的钓鱼岛领海基线声明和海图提交联合国,在法律程序上完成了钓鱼岛及其附属岛屿是我国领土的依法认定。我国调用了大量法律力量,从历史上、法理上依法阐明钓鱼岛自古就是中国领土的事实,给日本的非法侵占给予有力的依法回击。与此同时,我国海监、渔政部门还派出大批公务船到钓鱼岛附近进行巡航执法,我国海军也做好随时应对钓鱼岛危机的各种准备。这种多途径、多方式地依法捍卫钓鱼岛领土主权的做法,为我国依法捍卫国家主权提供了一个很好的模式。

对策二:制定海洋发展战略规划。制定海洋发展战略规划,可以从宏观上通盘筹划我国海洋安全的保护。党的十八大明确发出"坚决维护国家海洋权益,建设海洋强国"的号召,国务院已经批准实施《全国海洋功能区划(2011—2020年)》,沿海各省都制定了各省的海洋发展"十二五"规划,对我国海洋权益的维护责任到人,有效地维护了我国海洋权益的合法安全。2012年6月21日,国务院决定设立三沙市,健全三沙市的行政领导机构和军事领导机构,增强了南海的管控能力,有效地维护了我国南海主权和合法海洋权益,对稳定南海局势发挥着极其重要的作用。同时,我国还加强海洋渔政监管、海洋环境监测和管理、海上交通运输管理,形成了海上联合执法合力,有效地维护了我国海洋安全。

对策三:加强中美战略对话。美国拥有世界上最强的军事力量,在亚太安全方面发挥着极其重要的作用,美日韩战略同盟关系影响着亚太的安全稳定,我国的台湾问题的处理涉及美国的利益,中日关系的发展受到美国的影响,南海问题的处理美国又插手其中。随着美国"亚洲再平衡战略"的实施,美国对亚洲的利益更看重,亚太布局会更严密。我国作为世界上最大的发展中大国,在维护海洋安全的过程中必须与美国保持良好的战略对话沟通,以防止美国的误判,消除彼此的分歧,进而通过美国来制衡日本、韩国、菲律宾等国家,为维护亚太海上安全创造良好的外部环境。中美已经成功举行了四次中美战略与经济对话,举行了两届中美军事战略安全对话,建立起中美高层的对话互访机制。今后要进一步加强,不断深化。正如温家宝总理在刚刚闭幕的第九届东亚峰会上会见奥巴马时所指出的那样:"我们坚持推进两国互相尊重、互利共赢的合作伙伴关系的方向,巩固和加强战略经济对话、战略安全对话、高级别文化交流等合作机制。加强经贸合作,以大规模的经济和金融合作来应对我们之间存在的困难,解决我们之间存在的矛盾和分歧。"①

对策四:建设强大的海军力量。国家军事实力是确保国家战略安全的坚强后盾。"打铁还需自身硬。"要想依法有效维护国家海洋安全,必须要建设强大的海军,作为国家海洋安全的坚强后盾。我国海军已经开始整体转型,向建设信息化、智能化、空天一体化的现代海军迈进。航母已经建成,舰载机已经成功起降,很快就会形成航母战斗群,可以有效捍卫我国的海洋主权和海洋权益。北斗导航卫星系统已经投入使用,可以大大提高我军信息化体系作战能力。一些高新尖端武器列装部队,有效增强了我军海空一体的作战能力。正如党的十八大提出的那样,"坚定不移把信息化作为军队现代化建设发展方向,推动信息化建设加速发展"②,加强高新技术武器装备建设,提高以打赢信息化条件下局部战争能力为核心的完成多样化军事任务的能力,为维护国家海洋主权、安全、领土完整提供坚强后盾。

二、国家太空安全面临的主要威胁及其有效应对

太空安全已经成为国家战略安全的一个重要部分,对国家政治、经济、文化、军事、科技、社会等的发展产生直接重大的影响。我国航天事业的发展,通信事业的发展,导航定位位置服务,一体化联合作战的实施等都与太空资源相关,都需要维护太空领域的安全。目前,我国来自太空的威胁主要包括两个方面。

一是对我国太空资源的威胁。我国在太空中存在着大量的重要资源,保证着国家和社会发展的基本运行。"天宫一号"轨道静止飞行器,是我国开展

---

① 凤凰卫视,《温家宝在东亚峰会期间会见奥巴马 呼吁解决分歧》,2012年11月20日凤凰卫视网站,http://news.ifeng.com/mainland/special/wenjiabaodyfh/content-3/detail_2012_11/20/。

② 胡锦涛:《坚定不移沿着中国特色社会主义道路前进 为全面建成小康社会而奋斗——在中国共产党第十八次全国代表大会上的报告》,人民出版社2012年版,第42页。

太空科学实验研究的重要载体,是我国未来空间站建立的根本保障。"北斗导航卫星系统"是我国独立研制的具有完全自主知识产权的导航定位系统,已经发射了16颗组网卫星,到2012年年底已经开始为亚洲提供准确的授时、定位和导航服务,未来共需要发射35颗卫星,保证其建成覆盖全球的卫星导航系统。除此之外,太空还有保障我国通信、气象、海洋、测绘、遥感等领域开展工作服务的众多卫星,构成了一个庞大的国家卫星构造体系,保证着我国地理、农业、环境、灾害预防等得以有效运行。另外,太空还有许多保证我国国防事业和军队现代化建设所需的各种卫星,确保国防和军队建设的发展,保护着国家的安宁。这些运行于太空的资源,很容易受到来自他国各种捕获式卫星和航天器的攻击,造成其功能损害。美国已经成功发射和运行自己的空天飞机 X-37B,它可以实现对敌方的卫星、宇宙飞船甚至太空站进行有效攻击。美国还掌握了运用导弹来摧毁太空卫星的技术,并于2008年将其一颗报废的卫星进行摧毁。美国还有大量的激光武器,它们可以使太空的卫星致盲。同时,太空中还存在着超过4500吨的太空垃圾,它们的高速飞行对我国太空资源构成很大的威胁。

二是太空侦察对国家安全构成的威胁。由于高科技的发展,未来作战空天一体的有效模式的实施,使得美国等许多发达国家发射了许多高新尖端的对地观测、侦察卫星,构建了完备的太空监测网。这些高精度卫星每天都从太空中监视着我国的重要军事设施和重大的军事活动,使得我国许多重要的军事目标都被外国军用卫星所监测。美国已经用太空侦察卫星侦察到我国西北地区导弹的部署情况,侦察到我国沿海重要的潜艇基地,侦察到空军训练的情况等,使得我国重要的军事活动都暴露在美国的卫星之下。甚至把我国正在进行建设的航母基地的照片拍摄下来,在互联网上进行公布,严重地侵害了我国的军事安全。美国计划于2013年发射地球眼-2卫星(GeoEye-2),将是世界上分辨率最高、准确度最高的地球成像卫星,能够在500千米高度的轨道上探测到直径仅为34厘米的物体①,到时候我国重要的军事目标和重大的设施

---

① ROCHESTER, N.Y., April 10, 2012, *ITT Exelis delivers imaging system for next-generation, high-resolution GeoEye-2 satellite*, www.geoeye.com.

都会暴露无遗。第二代铱星系统配备的 GPS III 系统,具备更高的定位、导航和报时功能,比美国现在运行的 GPS 精度要高出三倍,性能可提高 10 倍以上①。这些都对我国的国家安全和军事设施构成严重的威胁,成为我国国家战略安全的心头之患。

针对太空安全所遭受的威胁,我们可以采取以下措施来加以有效应对:

措施一:完善太空资源自我保护系统。运用我们自身的技术,建立完善的天宫一号飞行器的自我保护系统,增强北斗导航卫星的自我防护功能,加大我国太空军用卫星的自身识别功能,通过自身的保护系统,避开来自地球外力和太空垃圾的破坏,实现较好的自我保护。在太空高科技领域,尤其是军事高科技领域,我们要打破西方国家的技术封锁,冲出重围,"坚持走中国特色自主创新道路,以全球视野谋划和推动创新,提高原始创新、集成创新和引进消化吸收再创新能力"②,完全依靠我们的自主创新,建立起太空资源的保护系统。

措施二:研制自己的空天飞机。由于空天飞机可以对近地、远地轨道乃至机动飞行的航天器进行直接攻击,对地面重要目标、航天产业和太空资产的安全形成重大的威胁,美国已经发射和运行了 X-37B 空天飞机,为了保护好我国太空安全,我们也应该及时开发自己的空天飞机。从神九飞船与天宫一号顺利实现自动对接和手动对接的技术看,我们完全有能力可以研发我们自己的空天飞机,以便未来更好地保护我国的太空安全,更好地为国家现代化和军事现代化服务。

措施三:发展反卫星武器。为确保国家战略安全,我们可以在发展反卫星技术上获得突破,大力发展反导技术、激光致盲防护技术等,增强我们在地面、空中或外层空间攻击敌方卫星的能力,实现国家安全在太空的战略制衡,达到危机时刻可以很好保护国家安全的目的。

措施四:完善天空法治建设。太空安全之所以受到威胁,就是因为太空的

① 中国国防科技信息中心:《美改进空间卫星系统 GPSIII 精度高 GPS 三倍》,2012 年 9 月 22 日。

② 胡锦涛:《坚定不移沿着中国特色社会主义道路前进　为全面建成小康社会而奋斗——在中国共产党第十八次全国代表大会上的报告》,人民出版社 2012 年版,第 21 页。

军事化泛滥造成。这与国际上倡导的太空和平利用开发的宗旨背离,是对人类整个和平的侵害。太空行为缺乏约束,太空法制建设缺失,加剧了太空军事化的进程。目前,处理太空事务的五个国际条约,即 1967 年的《外层空间条约》、1968 年的《营救协定》、1972 年的《责任公约》、1976 年的《登记公约》和 1984 年的《月球协定》,强调要把太空作为"全球公地",要以国际合作来确保太空安全,但它们是以软法形式出现的,对国际太空行动体没有强制性约束,从而留下了安全隐患。为此,我们必须发挥大国在国际上的影响力,在太空规制方面发挥主导作用,倡导制定完备的太空法治体系,建立完善的太空安全治理机制,遏制太空武器化,确保太空的安全。

三、国家网络空间安全面临的主要威胁及其有效应对

我国作为世界上使用网络人数最多的国家,网络空间安全显得尤为重要。网络攻击、网络诈骗、网络泄密等都成为我国国家安全的重大危害。中国遭遇的网络攻击数量全球第一,占全球 16%。据不完全统计,2011 年境外有将近 4.7 万个 IP 地址控制中国境内近 890 万台主机。2012 年 1 月至 3 月,根据 IP 地址显示,中国国防部网和中国军网每月平均遭受来自境外的攻击达 8 万余次①。中国已成为网络攻击最大的受害国之一,中国的计算机网络几乎每时每刻都在遭受各种攻击。当前国内网络安全形势严峻。美国已经于 2009 年 6 月成立了美国网络司令部,统管美军网络安全和网络作战指挥。2012 年 10 月中旬,美国总统奥巴马签署了一项秘密指令,允许军方采取具体的必要的进攻和防御行动,以阻止针对美国政府和私营企业计算机网络的赛博攻击(网络攻击)②。

网络泄密是威胁网络安全的另一大要素。2011 年年底,就发生了我国的互联网世界上最大的泄密事件。从 CSDN、天涯等论坛社区,到人人网、开心

---

① 国防部新闻发言人杨宇军 2012 年 3 月 29 日国防部新闻发布会。2012 年 3 月 29 日中国新闻网,《中国军方回应网络攻击说》。

② 陈皓:《美国总统奥巴马签署网络战新指令,授权美军网络攻击》,中国国防科技信息网 2012 年 11 月 16 日。

网、多玩网等多个社交、游戏网站,再到京东商城、当当网、淘宝网等电子商务网站,均牵涉其中。传闻还波及支付宝、工商银行、民生银行及交通银行等支付和金融机构,广东省出入境政务服务网站的444万条用户信息被泄露出去。根据国家互联网应急中心(CNCERT)发布的数据显示,截至2011年12月29日,国家互联网应急中心通过公开渠道获得疑似泄露数据库26个,涉及账号、密码2.78亿条。其中具有与网站、论坛相关联信息的数据库有12个,涉及数据1.36亿条;无法判断网站、论坛关联性的数据库有14个,涉及数据1.42亿条。不仅网络泄密出现在公共服务网络上,还有许多间谍通过各种手段,迫使一些涉密计算机被动泄密,把大量的重要秘密信息泄露出去,造成对国家安全的巨大危害。网络安全问题已经成为各国共同面临的综合性安全挑战。

网络威胁不仅存在于互联网这个有形网络空间,而且还存在于电磁频谱网、无线电子网等无形网络空间之中。电磁频谱网遭受的威胁是来自网络空间的另一大危害。一旦电磁频谱被他人篡改,就可能带来精确制导、精确打击的失灵,甚至会带来给己方的伤害。无人机的飞行控制,弹道导弹的飞行控制都与电子信息、电磁信号休戚相关。来自这方面的威胁是对军事信息化建设的直接威胁。

如何将这些网络空间的安全威胁降至最低限度,有效防止各种网络攻击,确实是一个非常复杂的难题。根据国际先进国家的成功做法和我国已经积累的经验,采取以下四个方面的应对措施是比较可行的。

对策一:健全国家网络安全管控机制。目前,我国网络管控力量缺乏统一整合,各自为政,政府力量与民间力量相互分野,地方和军队相互分离,分级安全管理制度不够完善,对网络安全的危害应对不够迅速快捷,不能协调一致。国家互联网应急中心,作为国家级网络安全应急机构,注重网络安全监测,但不能及时有效处置黑客攻击。中国信息安全测评中心是专门从事信息技术安全测试和风险评估的机构,只能评不能防。国家信息技术安全研究中心,则注重系统安全性检测,对网络和信息系统的安全性进行测试评估。各个浏览器研究机构和软件研究机构都是在各自的领域,自立山头。我国所有的网络安全管控机制还不健全,关系还没有很好理顺。应当建立起国家权威的安全管控机构,建立完备的网络危机应对机制,依法赋予其调动全国防控网络攻击力量的权力,确保互联网等公共网络遭受危害时能够立即化解危机,把危机损害降到最低程度;能够统合军队、电力、交通等专网的防控力量,不断提升国家网络安全管控的整体水平。

对策二:加强反侵入技术的研究。网络入侵是网络安全的最大危害,世界上除人为地主动运用技术入侵以外,更多的就是网络病毒入侵,其感染快、隐蔽性好、潜伏深、破坏大,新病毒层出不穷。为了有效防范人为技术入侵,应该加强网络的技术认证和密码口令设置技术的创新,做到"魔高一尺,道高一丈",运用技防手段杜绝人为入侵。对各种病毒入侵,要预先对网络病毒进行很好地预警,及早研发技术进行遏制,防止病毒对网络的侵害,建立起"防毒墙"。尤其是要研究"网络炸弹"的袭击,及早检测,及早排出,防止其对网络的大规模杀伤力。

对策三:革新虚拟专用网络技术。采用了鉴别、访问控制、保密性和完整性等措施,将分布在不同地点的网络通过公用骨干网连接成逻辑上的虚拟子网,防止网络信息被泄露、篡改和复制。对 Web 浏览程序和 Web 服务器程序提供对等的身份认证和应用数据的加密,建立到 Socks 服务器的 VPN 隧道。运用 IP 鉴别头对 IP 数据进行强密码校验,进而提供数据完整性鉴别和源鉴别;运用 IP 数据封装安全净荷加密 IP 数据,确保数据完整性和保密性,最终实现 IP 数据流的安全。

对策四:组建自己的网络战部队。针对美国已经建立起强大的网络部队的事实,健全完备的网络战机构体系,我国要保证网络空间的安全,必须组建我们自己的"网络部队"。这支部队应该广泛招收国内外网络技术能手,对其进行专门的组织培训,提高它们开展各种网络攻击的技能,达到在关键时候,网络部队直插敌人的网络心脏,致使其网络瘫痪。加强网络部队全方位的训练,掌控世界主要黑客活动的规律,增强反黑客袭击的技能,提高整个国家的网络战能力。

Major Threats to Chinese National
Security and Strategy in Light of Law

Abstract: The situation of international security changed enormously since the beginning of 21st century, while huge demand of national security of survival and of development increased with the development of China in various arenas. Consequently, it was pointed by the Report of 18th National Congress of the CPC that China is currently confronted with a unique situation where the survival and development security issues, traditional security and non-traditional security issues intertwined. The Report also pointed out that the security of sea, outer space and cyberspace should be attached importance for the purpose of accomplishing the task and mandate of PLA in the new century. In light of the directional pathway, this article analyzes three major categories of security threats in sea, outer space and cyberspace, and crystalizes their respective strategic adjustment in accordance with rule of law.

Key words: national strategic; threats

略论我国国家发展与安全战略的法律保障

● 徐 萌*

内容提要：维护国家安全是国家生存发展的本能。国家安全问题与国家相伴而生、形影不离，是一个国家存在、稳定和发展的必要条件。在维护国家安全的众多手段中，法律不可或缺，尤其在法治化进程中，面对当前多种安全威胁的综合影响，愈加凸显了国家发展与安全战略的法律保障的重要与必须。

关键词：国家安全 综合国家安全观 法律

真想解除一国的内忧，应该依靠良好的立法，不能依靠偶然的机会。[1]

——亚里士多德

国家安全是一个历史悠久的话题，自从国家诞生以来就不得不面对。美国联邦法院大法官默里·格菲因曾经说过："国家的安全并非只靠城堡。"以法律保障国家发展与安全战略已成为世界各国的通行做法。党的十八大报告明确指出："完善国家安全战略和工作机制，高度警惕和坚决防范敌对势力的分裂、渗透、颠覆活动，确保国家安全。"这既是国家发展与安全战略的新要求，也是我国推进依法治国进程，完善社会主义法律体系的必然选择。

---

* 徐萌，解放军南京政治学院政治机关工作系军事法学与法律战教研室副主任，讲师，法学博士。

[1] ［古希腊］亚里士多德：《政治学》，吴寿彭译，商务印书馆 1997 年版，第 102 页。

一、问题缘起：法律维护国家安全的提出

马克思主义经典作家将国家形象地表述为"机器"。恩格斯指出："国家无非是一个阶级镇压另一个阶级的机器"；①列宁强调，国家"是一个阶级对另一个阶级使用暴力的机关或者机器"。② 这种生动的表述形象地告诉我们，国家是一个复杂的有机整体。按照这种说法，作为一部"机器"，国家想要保持其良好的运作状态，前提是既不受外界的干扰和破坏，又必须保持自己内部各要素的和谐与平衡，形成一个稳定的动态系统。这种不受侵扰的良好运作状态，就是国家安全。如果国家安全受到外来威胁、遭遇内部危机，机器的效用就要受到影响，甚至瘫痪。本文所研究的就是如何发挥法律的作用，为我国这部"机器"加装抵御外来威胁的"保护伞"、"防尘罩"和"密码箱"；同时添加应对内部危机的"润滑油"、"活性剂"和"调整器"。

在理论的研究和探索中，学者对于国家安全的界定可谓众说纷纭、百家争鸣。在法律实践中，不少国家都进行了国家安全立法，将其对国家安全的界定以法律条文的形式固定下来。早在 1919 年，英国就曾考虑用《国家安全法》取代战时的《紧急状态法》，只是在提交议会讨论时，把标题改成了《官方保密法》。1939 年，澳大利亚议会正式颁布《国家安全法》(The National Security Act, 1939)。③ 1943 年，美国国会通过了《国家安全法》(Law of National Security)。④ 之后很多国家纷纷效仿。

具体来说，当前世界各国将"国家安全"明确写入法律条文并加以界定的，主要有以下几类：

第一，将国家安全表述为"国家的独立、主权、领土完整以及相关的国家、社会、机关的安全"。如蒙古国家安全法规定："国家安全是指国家的独立、主权、领土完整、神圣不可侵犯的国境保持正常，依照宪法确认的国家、社会、机

---

① 《马克思恩格斯选集》第 3 卷，人民出版社 1995 年版，第 13 页。
② 《列宁选集》第 3 卷，人民出版社 1995 年版，第 308 页。
③ 高中：《国家安全与表达自由比较研究》，法律出版社 2008 年版，第 6 页。
④ 李竹、吴庆荣：《国家安全法学》，法律出版社 2004 年版，第 13 页。

关具备安全存在的条件"。① 苏联国家安全机关法规定：国家安全机关的宗旨是"维护国家主权和领土完整，以及维护国家经济、科技和国防潜力"。这种界定认为国家安全主要指国家政权，与国家政权相关的政治制度、上层建筑和经济基础的安全。

第二，对国家安全的理解更为宽泛，包含公民个人、社会和国家制度的安全。如俄罗斯联邦国家安全法第 1 条规定："国家安全是维护个人、社会和国家重大利益不受内部和外来威胁的状况"。罗马尼亚国家安全法认为，"国家安全，是罗马尼亚作为主权、统一、独立和不可侵害的国家生存和发展，维护法律秩序，以及在符合宪法确定的民主原则和标准的条件下，保障公民行使基本权利、自由和义务的法制、平等，社会、经济及政治稳定的状况"②。

第三，将国家安全界定在国家及其政治和社会秩序安全范围之内。如巴西《国家安全法》第 1 条规定："本法下列各条规定反对国家及其政治和社会秩序罪的定义相处罚。"又如印度《国家安全法》第 3 条第 2 款规定："如确认与某人有关，为防止其以任何方式进行危害邦的安全，危害维护公共秩序或危害维持对公众至关重要的供应与服务，中央政府或邦政府在必要时，可以发布命令，宣布拘留该人。"

第四，立足于综合国家安全观，对国家安全的界定不仅仅局限于传统意义上的狭义概念，而是顺应时代要求和国家安全形势的发展变化，将广义国家安全以法律形式固定下来。如俄罗斯于 1992 年颁布实施《国家安全法》，在"总则"中，把"国家安全"界定为"维护个人、社会和国家重大利益不受内部和外来威胁的状态"，并且明确国家安全的"基本客体"是"个人的权利和自由；社会的物质和精神财富；国家宪法制度、主权和领土完整"，就是立足于"广义国家安全"的立法实例。2011 年 3 月 30 日，塔吉克斯坦议会下院通过新的《国家安全法》。相比于 1993 年通过的《国家安全法》，新法除包括国家安全、军事安全、对外安全和社会安全等内容外，还包括经济安全、粮食安全、生态安全和信息安全等内容。相信这将会是国家安全立法的大势之趋。

---

① 蒙古《国家安全法》1992 年 5 月，第 2 条。

② 罗马尼亚《国家安全法》1991 年 7 月，第 1 条。

从上述各国的国家安全法的立法状况和内容可以看出：以法律维护国家安全是世界各国的共同选择，而随着国家安全观的发展、对国家安全研究的不断深入，维护国家安全的法律制度也需要做出相应调整。

二、解决路径：法律维护国家安全之可行性

首先，国家安全可以成为法律的调整对象。影响国家安全问题的不确定因素往往很多。传统观念认为，国家安全很大程度是一个军事上、政治上、外交上的问题，而非法律的问题。但事实上，国家安全可以看作是一系列的军事、行政、经济等等规制行为，而这些行为是能够成为法律调整对象的。

其次，法律能够对国家安全起到保障作用。追求秩序、安全以及公平、正义本身就是法律的价值所在①，这和国家安全目标相契合。通过合理地构建国家安全法律保障体系，能够实现法律对国家安全的保障作用。

1.法律能够将国家安全纳入调整范围

法律的调整对象是社会关系，即调整社会利益资源在社会主体间的分配。② 这种社会关系是通过人的行为表现出来的。正是人的行为使得人与人之间的关系得以建立和存在，因此，社会关系是以行为为条件的。1976 年哈佛大学教授唐纳德·布莱克（Donald Black）出版《法律行为》（The Behavior of Law）一书，系统探讨了法律行为的有关理论。他认为，法律行为就是人们自觉自愿实施的、能够产生一定法律后果的行为。衡量一个社会事物能否成为法律的调整对象，就要看其能否表现为一系列的"能够产生法律上效力的人们的意志行为"或"由法律所调整、能够发生法律效力的行为"。③ 据此标准，生活中形形色色的国家安全行为就可以通过法律进行规范和调整，发生法律效力，其中最基本的调控方式就是激励和制裁，这也是当前世界各国法律实践的共识。如 1991 年苏联《国家安全机关法》规定："国家安全机关军人在履行职责时，是受国家保护的政权代表。""公民和公职人员必须执行国家安全机

---

① 乔克裕、黎晓平：《法律价值论》，中国政法大学出版社 1991 年版，目录页。
② 张文显：《法理学》，北京大学出版社 1999 年版，第 47 页。
③ 李龙：《法理学》，武汉大学出版社 1997 年版，第 281 页。

关军人提出的合法要求。不服从国家安全机关军人的要求,反抗、威胁、使用暴力或侵害国家安全机关军人及其家庭成员的生命、健康和财产以及实施其他妨碍国家安全机关军人履行其职责的人,应依法追究责任。""国家承担给国家安全机关工作人员的社会保障"。"国家安全机关军人因为执行公务遭受财产损失"、"健康受到伤害","给予全部补偿"。1992 年俄罗斯联邦《对外情报机关法》第 22 条规定:"国家采取一切措施帮助对外情报机关的干部及其家属在俄罗斯联邦以外领土上执行侦察任务时被拘留或逮捕时无条件释放。"1981 年韩国《国家安全企划部法》规定,知道某人犯有间谍罪,"而不向从事侦察的公职人员告发的",定为"知情不举罪","处 5 年以下有期徒刑并科 10 万韩元以下的罚金"。1989 年英国《官方保密法》规定:"警方侦察间谍案件时,公民必须提供所知全部情况,拒不提供的,可判处两年有期徒刑。"[1]

2.法律通过建立秩序实现国家安全

秩序的存在是人类一切活动的必要前提。法律是秩序的象征,又是建立和维护秩序的手段。站在国家安全的角度来看,安全的实现即为法律保障下秩序的建立。法律通过调控实现国家安全秩序,正如美国学者彼得·斯坦、约翰·香德在《西方社会的法的价值》中所言:"与法永相伴随的基本价值,便是社会秩序。"[2]

首先,作为社会关系调节器的法律制度,首要的作用就是对各种社会关系的权利和义务加以规定,明确各种社会关系主体可以做什么,应该做什么,不可以做什么,从而为人们的行为提供标准和模式,使人们按法律制度的要求行事。简言之,法律本身就意味着一种秩序,一种有序化的政治、社会机制。国家安全法制首先对各种主体维护国家安全方面的职责和义务进行了规范,让人们在法律规范的限度内,各自行使权利、履行义务,以共同维护国家安全。

其次,通过严厉惩治危害国家安全的违法犯罪行为,保障国家安全。国家安全法制具备对违反国家安全法律规范,尤其是危害国家安全的违法犯罪行

---

① 李竹、吴庆荣:《国家安全学》,法律出版社 2004 年版,第 35 页。

② [美]彼得·斯坦、约翰·香德:《西方社会的法的价值》,王献平译,中国人民公安大学出版社 1989 年版,第 38 页。

为惩处,以及对相关人员教育、挽救的作用。这是法的强制作用的体现,即对违反国家安全法律规范的行为人实施制裁,是一种法律上的否定性的评价和后果。这种强制作用是由国家强制力保证实施的,对于维护国家安全和利益是必不可少的。

塞缪尔·P.亨廷顿曾经深刻地指出,"对政府来说,首要的问题不是自由,而是建立一个合法的公共秩序。很显然,人类可以无自由而有秩序,但不能无秩序而有自由,必须先有权威,然后才能对它加以限制。"[①]可见,由社会的无秩序而引起的国家安全问题是国家存在发展的巨大隐患。以秩序为内在价值追求的法律可以安排出科学高效的运行机制,并保证其有序运转,从而促进国家安全的实现。

3.法律通过实现正义来维护国家安全

我国古代学者认为"夫立法之大要必令善人劝其德而乐其义,邪人痛其祸而悔其行"[②]。西方学者认为"正义是社会制度的首要价值,正像真理是思想体系的首要价值一样。一种理论,无论它多么精致和简洁,只要它不真实,就必须加以拒绝或修正;同样,某些法律和制度,不管他们如何有效率和条理,只要他们不正义,就必须加以改造或废除"。[③]

维护以主权和领土完整为核心的国家安全是国际政治范畴的正义原则,反对任何形式的危害国家安全的行动和主张正是这种正义原则的伸张。依据法的基本理论,正义首先是社会利益分配的正义性,法的正义价值首先在于通过立法规定社会主体的权利和义务,按照一定的原则对社会利益进行合理配置,使之制度化、法制化。这意味着,正义问题实际上是利益的符合理性的分配和协调。在现实生活中,不同的人群有不同的利益观和正义观,往往导致正义观的冲突。国家安全法律法规的功能就在于通过法律工具的特有本性为社会提供一个普遍的正义标准,即无条件地维护国家主权和领土完整;社会通过

---

① [美]塞缪尔·P.亨廷顿:《变革社会中的政治秩序》,李盛平、杨玉生译,华夏出版社1988年版,第8页。

② 《潜夫论·断讼》。

③ [美]约翰·罗尔斯:《正义论》,何怀宏等译,中国社会科学出版社1988年版,第3页。

法律法规将这个特殊的正义观转化为大家普遍接受的或不得不接受的正义标准,从而使反对任何形式的危害国家安全的行动和主张获得一般的社会形式。或者换句话说,国家安全法律法规就是维护国家正义的规范。

三、路径选择:法律维护国家安全之功能性

在维护国家安全的路径选择中,不可忽视法律维护国家安全所特有的、不可或缺、不可替代的功能性。

1.法律维护国家安全的社会整合功能

从宏观的社会整合层面分析法律维护国家安全的功能,可分为两类,即解决冲突的功能和提供便利的功能。这两种功能的作用在于通过法律的控制,保证排除社会的无序而达到社会的有序和稳定,进而实现国家安全。

第一,解决冲突的功能。任何社会都有利益矛盾,由此会产生冲突。要保证社会活动的顺利进行进而实现维护国家安全的目的,就需要解决冲突。从最直接的意义上说,法律就是应解决社会冲突、巩固国家政权、实现阶级统治、最终维护国家安全的需要产生的,是为"定纷止争"而创制出来的。因此,维护国家安全的法律活动,无论是保障国内社会的稳定和谐,还是促进国外危机的平息解决,都直接或间接地涉及通过法律的控制来解决纠纷和制裁违法犯罪,以此实现其解决冲突的功能。

第二,便利合作的功能。便利合作的功能所说明的是,维护国家安全的法律体系为人们在社会生产生活中的合作乃至国家交往间的合作,提供了有利的条件。只有当人们在人际关系中、当国与国在相互交往中能够预测自己的行为结果时,合作才是可能的。维护国家安全的法律规范为个人、组织或者国家在广阔的空间和社会活动领域进行稳定的合作提供了条件。

2.法律维护国家安全的社会影响功能

从宏观的角度来看,维护国家安全的法律构建能够解决冲突、便利合作。从微观角度考察,对于社会中利益相互矛盾冲突的阶级、阶层、人群有怎样的意义?从这一层面进行分析,我们将法律维护国家安全的功能分为实行阶级统治和管理社会公共事务两类。

第一,实行阶级统治。法律产生的最直接的原因,是社会中利益矛盾和利

益冲突,但能够引起法律产生的不是一般的利益矛盾和冲突,而是不同的阶级利益的矛盾和冲突。法律调整统治阶级内部的关系。统治阶级要维护自己经济上和政治上的统治,必须协调一致共同对付各种敌对行为。但是统治阶级内部各成员间也是存在利益矛盾的,因此需要法律确认和协调各成员的利益关系,比如确认共同的利益,要求尊重各自的财产权、人身权,保证对政治的共同参与,保证对政权的共同运用和防止滥用权力等。

第二,管理社会公共事务。马克思在分析资本主义的国家功能时曾指出:"这完全同在专制国家中一样,在那里,政府的监督劳动和全面干涉包括两方面:既包括执行由一切社会的性质所产生的各种公共事务,又包括由政府同人民大众相对立而产生的各种特殊职能。"在这里,马克思是将国家的职能分为两个方面,一方面是处理政府同民众对立的事务,另一方面是管理各种公共事务。法律是实现国家职能的基本载体之一。法律实行阶级统治的功能和管理社会公共事务的功能,是两种相互对应相互联系的功能,而不是相互分立或对立的功能。

3.法律维护国家安全的纵向结构功能

根据《立法法》的规定,我国国家安全法律体系的纵向结构功能是确定国家安全法律规范的效力等级,解决法律冲突。依其规定,国家安全法律体系的法律效力等级依次是:①《宪法》是我国国家安全法律体系的基础,在整个国家安全法规体系中具有最高的法律效力,其他层次的法律法规都不得与宪法相抵触;②国家安全法律在国家安全法律体系具有较高的法律效力,其在宪法的授权范围内制定,具有仅次于宪法的法律效力,除宪法外其他层次的法律法规均不得与之相抵触,在该层级中由全国人民代表大会制定的国家安全法律的效力高于一般国家安全法律;③国家安全行政法规必须根据宪法和国家安全法律制定;④地方国家安全法规不得同宪法、国家安全法律和国家安全行政法规相抵触;⑤与国家安全相关的部门规章是国家安全法律和国家安全行政法规的执行法,必须根据国家安全法律和国家安全行政法规制定;⑥地方政府国家安全立法根据国家安全法律、法规、地方性法规和部门规章制定。

在具体适用国家安全法律的过程中,除法律明确规定的以外,当发生法律冲突时,一般按照"上位法优于下位法","新法优于旧法"、"特别法优于普通法"、"国际法优于国内法"、"保留条款优于一般条款"的原则处理。

4.法律维护国家安全的横向结构功能

我国国家安全法律体系的横向结构功能体现在:①国家安全法律体系的横向结构的具体内容是国家安全法律构建的根本和落脚点,是国家安全法律体系的细化和明确表述,它与国家安全法律体系纵向结构是"枝和叶"的关系;②国家安全法律体系横向结构是国家进行国家安全管理的法律依据;③国家安全法律体系横向结构所包含的法律是与国家安全危机作斗争的有效的法律武器;④国家安全法律体系横向结构可以推动依法治国和社会主义和谐社会的建设;⑤国家安全法律体系横向结构是配置协调、调动整合资源,进而维护社会稳定、协调社会全面发展和促进物质文明、精神文明和政治文明建设的有效手段;⑥国家安全法律体系横向结构能够提高全体公民国家安全意识、普及国家安全知识、促进国家安全公众参与的有效途径;⑦国家安全法律体系是维护国家主权独立,处理与国家有关国际关系的强大制度后盾。

四、价值定位:法律维护我国国家安全法治意义

维护国家安全,是每一个主权国家的神圣权力,也是当代国际法普遍认可的基本原则。以法律维护国家的安全和统一,是国际社会通行做法,美国、英国、俄罗斯等许多国家都有此类法律。随着现代政治文明的不断进步,法治方略已经成为所有民主政治国家的必然选择。依法治国已成为我国的一项基本国策,而事关国家主权和领土完整的安全问题具有极高的战略意义,凝聚着国家的核心利益,理所应当纳入法律的轨道,这样可以使围绕"安全"与"破坏安全"进行的各种形式的斗争,既依赖于法律权威的保障,又接受法律责任的监督,实现有法可依、有法必依、执法必严、违法必究。

具体说来:

第一,以法治方式维护国家安全,可以在道义上、法理上和法律上占据主动。现代法治包括民主立法、依法行政、公正司法、严格守法、依法办事、规范权力、保障人权、维护秩序等环节和内容,这种法治体现了人民的共同意志和国际法的基本原则,符合人类和平、发展、秩序与正义的道义和法理,符合维护国家主权、领土完整和中华民族整体利益的法治原则和国际法准则。有利于

我们依法采取的各种行动最大限度地获得道义的力量,法理的支持和法律的根据,掌握主动。

第二,以法治方式维护国家安全,可以在采取措施的方式、条件和时机等方面具有相应的灵活性和主动性。法治方式的各项具体措施和手段,包括政治、经济、文化、军事等和平与非和平的措施和方式,可以单独使用,也可以交叉或者综合运用,它们相互之间既不排斥,也不矛盾,只要程序过程合法、实体内容合法,均可采用。以法治解决矛盾和争端等问题的方式,突显了合法性和合理性原则,它鼓励尽可能地运用和平方式,但也允许不得已而采取非和平方式,无论采用哪一种方式,都必须符合法治原则和法律规定。依法打击敌对分子意味着可以在合理、合法的条件下,根据具体情势和需要,灵活地、有选择地采取应对措施。这样做,可能会在法律程序上有一些要求和束缚,但只要立法预先规定得当,实践上就能够以合法的名义实施任何有助于有效解决问题的行为。

第三,以法治方式维护国家安全,可以最广泛地争取国际社会的理解和支持。实践中,我们打击危害国家安全行为的方针没有机会解释或解释得不够,如果这个方针被敌对势力以及被别有用心的国家肆意歪曲,又容易引起国际社会某些成员的误解和忧虑。因此,如果我们承诺采用国际社会普遍接受的"法治方式"来打击敌对分子,既可以把我们的方针、政策和各项主张、措施等包容进去,又可以让国际社会理解和认同我们,进而支持我们依法采取的包括和平与非和平方式在内的一切措施和行动。

On the Legal Guarantee of National Development and Security Strategy

Abstract: It is an intrinsic right of a state to safeguard its national security. Security issues arises with the ermergence of state, and also constitutes necessary conditions for the survival, stability and development of a state. Amongst various ways of safeguarding national security, legal means is indispensable. Particularly in the process of rule of law, legal means should be attached great importance and emphasis in account of development and national security of a state.

Key words：National Security；Comprehensive Approach of National Security；Law

太空战阴霾下的太空安全与国际法

● 李伯军 *

内容提要:太空科技从一开始就大多具有军民两用的属性。1967 年《外空条约》为外太空军事化预留了一定的法律空间。因此,外太空军事化似乎已经是一个既成事实。正是在这种情况下,让人深感忧虑的是,太空军事化引发的太空武器化也实际已经在太空大国之间悄然展开,进而,太空战这一威胁到人类社会和平与安全的新的作战样式似乎也在向我们逐步逼近,关乎国际社会的整体和平与安全。

关键词:太空军事化　太空武器化　太空战　太空安全　国际法

引　言

冷战的结束,人类本以为可以从美苏争霸的紧张气氛中松一口气,然而,进入 21 世纪以来,各种非传统安全威胁又接踵而至,特别是 9·11 恐怖袭击事件的发生,使得世人有一种错觉,即感觉那些传统安全威胁——主权国家之间的冲突和战争已经离我们远去。然而,事实并非如此。我们需要清醒地认识到,各种传统安全威胁和非传统安全威胁历来就是相互交织在一起的,而且,大国之间权力的博弈与斗争永远都是国际关系的主要命题。冷战结束以来,国际社会中发生的 1990 年海湾战争、1999 年科索沃战争、2003 年伊拉克战争以及 2011 年利比亚战争实际都是典型的传统安全威胁,这些战争的背后

---

* 李伯军,湘潭大学法学院副教授,湘潭大学战争与武装冲突法研究中心主任,法学博士。

实际隐含着大国之间由来已久的地缘政治之较量。不过,就地缘政治理论的发展历史来看,无论是 19 世纪末期美国历史学家马汉提出的"海权学说",还是 20 世纪初英国地理学家麦金德提出的"陆权理论",抑或是 20 世纪上半叶意大利将军杜黑提出的"空权思想",其作战战略空间都没有能摆脱地球空间的限制与影响。直到 20 世纪 90 年代,美国著名战略理论家约翰·柯林斯通过借鉴麦金德的"世界岛"的理论,提出了有名的太空地缘战略思想,他认为:"谁控制了环地球太空,谁就控制了地球;谁控制了月球,谁就控制了环地球太空;谁控制了 L4 和 L5,谁就控制了地球—月球体系。"①这种太空地缘战略思想实际折射出西方现实主义国际关系流派对国际安全的传统认知和理解:国家所处的国际社会是一个"无政府"的社会,每个国家对自身安全和利益的追求主要通过自助的方式来得以实现,在这种观念的引导下,每个国家之间的关系都处于一种全面的竞争状态,国家因而也只能通过各种手段最大限度地谋求自身力量(尤其是军事力量)的优势来获得自身的安全和利益。不幸的是,西方大国的对外政策历来都以上述安全理论为指导,外太空于是也成为了西方大国为追求军事安全优势而争夺的最后战略制高点,外太空军事化也就成为这一理论运用于国家外交实践的一个必然结果。

---

① 参见[美]阿尔文·托夫勒等著,阿笛等译:《未来的战争》,新华出版社 1998 年版,第 119—120 页。L4 和 L5 指的是月球天平动点,是太空中月球的引力和地球的引力完全一致的地点。从理论上说,军事基地设在这两个点上,不需要很多燃料就可以停留很长时间。这两个点相当于未来太空战争的"制高点"。有学者在描述太空战场的无静止性特征时指出,所谓无禁止性是指空天战场中的所有飞行器,无论进攻还是防守,都必须处于不断的运动状态。因为在宇宙中没有任何东西是静止的。为了取得在空天战场的优势,不少军事理论家又对 1764 年法国数学家拉格朗日研究的"地——月系统"的五个天平动点(L1-L5)发生了浓厚的兴趣。尤其是 L4 和 L5,这两点都处在月球绕地球旋转的轨道上,L4 在月球前面,L5 在月球后面。它们与月球、地球分别构成两个动态等边三角形,是地——月系统的两个动能和势能均为最小值的奇点。因此,在拉格朗日平衡点 L4、L5 上,或围绕 L4、L5 建设宇宙城(太空堡垒),节省能源,稳定性好。参见黄尊文:《空天战场的四大基本特征》,《解放军报》2007 年 9 月 11 日。

一、由来已久的太空军事化：太空技术的军民两用性

外层空间，亦称"外太空"、"宇宙空间"，简称"空间"、"外空"或"太空"，指的是地球大气层及其他天体之外的虚空区域。国际航空联合会定义在 100 千米的高度为卡门线，为现行大气层和太空的界线定义。① 然而，人类真正进入外空时代始于 1957 年苏联将第一颗人造地球卫星送入外层空间，此举标志着人类摆脱地球而迈向外太空的新纪元。然而，仅仅时隔两年，1959 年，美国便发射了人类历史上第一颗军用侦察卫星，这不仅标志着美苏在外太空进行军事竞赛的开始，同时也标志着外空军事化的帷幕已正式拉开。

因此，可以说，太空军事化从人类开始和平探索和利用外层空间时就已经开始了，这不仅仅因为大国从一开始就将探索和利用外太空赋予其军事战略意图，还在于太空技术本身通常具有较强的军民两用性特征。太空技术是一项探索、开发和利用太空的综合性工程技术，各国既可以将太空技术运用于民用和科研领域，如天文卫星、观测卫星、地球物理卫星等可以服务于人类的科学探测和研究，还有通信卫星、遥感卫星、导航卫星、气象卫星等也可为国民经济服务，以及火箭推动技术、载人航天技术等都能被广泛应用在经济、军事等领域。当然，我们更可以把太空技术应用于军事领域，如太空卫星通信、太空导航定位和太空气象服务等航天技术可以为各国军队作战行动提供全面的信息支援与保障。再如，太空碎片的处理技术问题更是可以运用到军事领域，有学者就指出，各国开发的航天器防护技术与空间监测技术，它们皆具有军民两用属性，既可以充当缉捕太空垃圾公害的"技术警察"，也可以扮演诱发太空军备竞赛的"技术帮凶"。如美国的空间碎片监测网本身就是由海军和空军的监测系统全面负责，另外，运用高功率激光束的太空垃圾消除技术，则已是赤裸裸地展示出其军事技术的攻击性，如美俄两国就先后推出过不同的反卫

---

① 戚永亮：《中国外层空间活动立法名称的探讨》，《中国科技术语》2008 年第 6 期，第 29 页。

星技术。① 另外,值得指出的是,如上所述,一项太空技术既可以运用于民用领域,同时也可以运用到军事国防领域,同时,即使一项纯粹的军事航天技术也还可转化为民用航天技术,反之亦然,如 GPS"全球定位系统"最初是由美国军方于 20 世纪 70 年代初建立的,通过 24 颗导航卫星均匀分布在地球上空,这个系统起先的用途主要是为战争中的精确制导武器和地面部队提供导航和定位服务,后来这项技术被普遍运用于民用和商业领域。而航天器的变轨技术则可应用于洲际导弹运载火箭,只要在这些火箭上加装制导系统和弹头,就可以发展成弹道导弹。总之,几乎所有的高科技都具有军民兼用的性质,如在信息技术领域,自动化技术领域,能源技术领域,新材料技术领域等,都与国防建设有间接的联系。可见,太空科技系统已日益成为各国国家安全、社会和经济不可或缺的组成部分。

这样看来,我们似乎可以得出一个不大愿意接受的结论:如果任何一个国家能在太空领域拥有技术优势的话,那么,该国无疑将拥有相对于他国的潜在军事战略威慑能力。这种威慑能力将不可避免地打破国际战略力量平衡的既定格局,从而最终也可能使得太空军事化变得不可避免。这个结论其实早在冷战期间就已经得到了印证,因为美苏两个超级大国在太空领域公开展开了太空军备竞赛。为了缓和或消除大国在太空领域进行军备竞赛给国际社会的和平与安全所带来的威胁,对此,国际社会对于外空的非军事化做出了很大的努力,其中所制定的国际太空法则是这方面的一个集中体现。

1967 年《关于各国探索和利用包括月球和其他天体在内的外层空间活动的原则条约》(Treaty on Principles Governing the Activities of States in the Exploration and Use of Outer Space, Including the Moon and Other Celestial Bodies, 简称《外空条约》)似乎对于外太空军事化并没有采取严格禁止的态度。因为该条约第 4 条规定:"各缔约国必须把月球和其他天体绝对用于和平目的。禁止在天体建立军事基地、设施和工事;禁止在天体试验任何类型的武器以及进行军事演习。不禁止使用军事人员进行科学研究或把军事人员用于任何其他

---

① 参见曾华锋、石海明、陈海萍:《人造"天灾":太空垃圾何去何从》,《解放军报》2011 年 12 月 22 日第 12 版。

的和平目的。不禁止使用为和平探索月球和其他天体所必需的任何器材设备。"有学者认为,该条约第 4 条仅仅明确规定了有关月球和其他天体"专用于和平的目的",事实上,外层空间作为一个单独存在的物并未被明确地提及。① 有人不禁要问,这种规定和措辞是缔约各方的一种疏忽吗? 然而,与其说是该条约的一个疏忽,还不如说这是当时冷战期间美苏博弈的政治结果。对于外空的非军事化问题,以美国为首的西方国家集团大致主张太空军事化,而以苏联为首的东方社会主义国家集团则倾向于太空完全非军事化,因而,作为一种妥协和折中的结果,该条约最后采取了太空"部分非军事化"的做法。然而,退一步说,即使 1967 年的《外空条约》规定各国在外空采取完全非军事化的行动,在实践中也将变得难以执行。因为我们之前已经明确揭示出几乎所有的太空技术都具有军民两用的特性之现实,在这种情况下,将太空完全非军事化将是一项不可能完成的任务,这也给国际社会试图推动太空非武器化进程蒙上了一层阴影。

二、初露端倪的太空武器化:即将跨越的危险门槛

空间军事化包括所有可以帮助军队提升军事效能的空间财产,如利用卫星进行情报收集、早期预警和导航定位等,在这种情况下,掌握进入外空能力并将空间应用于防御目的的国家以非侵略的方式来应用空间技术符合 1967 年《外空条约》的规定。而"空间武器化"一词在联合国文件中是被明确地用于定义在空间中部署武器的过程,如利用空间并在地球轨道上放置用来攻击他国的武器。②

如上所述,依据 1967 年《外空条约》第 4 条的规定,我们可以看出,该条约只明文规定禁止各国在外空放置和使用包括核武器在内的大规模杀伤性武器,但对于不具有大规模的杀伤性的常规武器却并没有予以禁止,而且,条约

---

① 参见[意]Gabriella Ctalano Sgrosso 著,高国柱译:《军事应用与空间法》,高国柱主编:《外层空间法前沿问题研究》,法律出版社 2011 年版,第 189 页。

② 参见 Grard Brachet,Bernard Deloffre 著,夏春丽摘译:《空间防御:欧洲的观点》,杨彩霞、高杜国主编:《欧洲空间政策与法律问题研究》,法律出版社 2011 年版,第 21 页。

对于生产、发展和使用太空武器的问题也没有明确禁止。另外,该条约禁止缔约国在绕地球轨道放置任何携带核武器或任何其他类型大规模毁灭性武器的实体,不在天体配置这种武器,也不以任何其他方式在外层空间部署此种武器,但该条约并没有禁止有关国家通过外太空运送这种武器或者禁止有关国家从地面向太空发射此类武器以摧毁来袭的导弹,当然,条约更没有提及常规武器是否可以放置于外空,对于外太空非武器化来说,这显然是一个重大的缺陷。而后来的《月球协定》认为其规定只是禁止各国在月球上试验和使用武器,而不包括月球轨道及外空,此外,它只是禁止在月球及其轨道上部署大规模杀伤性武器,而不包括其他形式的武器。显而易见,条约的上述规定和缺陷都为外空的武器化打开了一扇方便之门。

目前,国际社会对于到底什么是"外空武器"的问题还存在很大的争议。2008年中俄共同提出的关于《防止在外太空放置武器和防止处理或使用武力反对太空物体》(PPWT)的条约草案曾经对"在外空的武器"下了一个定义:"在外空的武器"系指位于外空、基于任何物理原理,经专门制造或改造,用来消灭、损害或干扰在外空、地球上或大气层物体的正常功能,以及用来消灭人口和对人类至关重要的生物圈组成部分或对其造成损害的任何装置。此定义明确显示:外空武器不但包括"在外空的武器",而且,还可能包括"非在外空的武器"。因此,一般认为,对于放置在外空的武器应肯定划入外空武器的范围,但对于放置在大气层内或地面来打击外空物体的武器是否算作外空武器还存在争议。鉴于太空技术发展的日新月异,我们可以肯定的是,任何试图尝试对所谓太空武器提供一个详尽的列举清单都将是徒劳的。目前,一种比较流行的观点似乎得到了大多数人的认可,即诚如布朋爵·琼塞尼(Bhupendra Jassani)所主张的,任何部署在外天空或者地面用于破坏、损坏或干扰位于外空的物体的正常功能以及部署在外空用于破坏、损坏或干扰地面物体正常功能的装置都可以认定为太空武器。① 这种观点在一定程度上似乎代表了国际社会的共识,因为1984年联大通过的有关决议就对太空武器的使用做了规

---

① See Bhupendra Jassani ed. , *Peaceful and Non-Peaceful Uses of Space: Problems of Definition for the Prevention of an Arms Race*, New York: Talylor & Francis, 1991, pp. 12-13.

定,要求各国禁止在外天空使用武力,或者从外太空对地面国家使用武力,或者从地面向外太空使用武力,并且呼吁各国禁止研发针对外空的地基、海基、天基武器。① 据此,从目前太空技术的发展现状来看,诸如天基动能拦截导弹、天基反卫星激光武器、地基反卫星激光武器、机载激光武器、天基红外导弹预警卫星系统、太空拦截系统、微波武器、电磁脉冲武器、太空作战飞行器、军事侦察卫星、军用通信卫星、反导弹武器、运载火箭和洲际弹道导弹等都可被纳入外空武器的范畴。

尽管目前还没有哪个国家,包括美国在内敢明目张胆地在外太空放置太空武器,但是,这并不能排除未来某些国家存在打破这种局面的可能性,因为早在冷战期间,美苏两个超级大国已经将各种"炮架"(如军事卫星、空天飞机、航天飞机、空间站等)送入了太空,以便随时填充"炮弹"而给对方以毁灭性的打击。而且,从目前来看,许多国家却可以在地面部署太空武器,这已经是公开的秘密了,如许多国家在地面部署的各种弹道导弹、反卫星武器以及激光武器等,而这并不违反有关的国际太空法。

太空武器化方面存在四大基本学派:第一个派别认为由于美国在军民两用方面都依赖太空,主宰太空是本质要求,因为太空代表着最后的高空间;第二个派别简单地认为武器化是不可避免的,因此,如果美国不为此进行准备就是失职;第三个派别承认太空的重要性,但试图保持现状,通过军控协定将太空军事化限制在被动系统,或者至少是防御系统内;最后一个学派是太空避难所派,有时被称为太空鸽派,主张禁止太空的军事活动。② 太空武器化的学说在很大程度上反映了国家在太空领域的军事化倾向,非常糟糕的是,美国等太空大国选择了上述第二个有关太空武器化的学派思想,这将不可避免地将全球外太空安全带入无底深渊。

美国推动太空武器化经历了两个大的阶段:一是冷战期间与苏联展开太空军备竞赛。1957年,苏联将人类第一颗人造卫星送入太空,拉开了美苏在

---

① U.N.Doc.A/39/243,27 September 1984.
② 参见[美]琼·约翰逊-弗里泽著,叶海林、李颖译:《空间战争》,国际文化出版公司2008年版,第144页。

太空军备竞赛的序幕。随后不久,苏联就开始了"激光武器""杀手卫星""地基和天基反卫星武器"等的研制和试验,其中地基共轨式反卫星拦截器在当时已经具备攻击地球低轨道卫星的作战能力,可攻击轨道高度 1,000 公里以下的卫星。另外,苏联研制了射程达 40,000 公里的激光器,用于攻击地球同步轨道的预警卫星。对此,美国也不甘示弱,也紧随苏联其后进行了太空武器系统的研发。后来,美苏为了缓和彼此间在外太空的军备竞赛的紧张态势,于 1972 年订立了《反导条约》①,该条约第 5 条第 1 款规定:"双方保证不研制、试验或部署以海洋、空中、空间为基地的以及陆地机动的反弹道导弹系统及其组成部分。"然而,美苏太空军事力量此消彼长,到了 20 世纪 80 年代初,美国陆军中将格雷厄姆提出国家安全新思维——"高边疆"理论,他继马汉的"海权论"和杜黑的"空权论"之后,提出太空也是主权国家必须捍卫的"高边疆",并形成了美国"星球大战"计划的理论基石。1982 年,美国便组建了航天司令部。里根当选总统后,为夺取太空制高点,于 1983 年推出了"战略防御倡议"(Strategic Defense Initiative,亦称 Star Wars Program,简称 SDI),即"星球大战"计划,计划在太空建立多层导弹防御系统,把太空辟为陆海空以外的第四维战场。二是冷战结束以来美国谋求太空的绝对控制权时期。1993 年,克林顿上台后不久,调整了其太空军备政策,抛弃了冷战时期制定的"星球大战"计划,代之以新的太空战略,即提出了建立"战区导弹防御系统"(Theatre Missile Defense System,简称 TMD)以及"国家导弹防御"(National Missile Defence System,简称 NMD)计划。进入 21 世纪以来,美国开始全面打造在外空领域的绝对军事控制权。小布什上台后,美国政府就着手强化其太空军事实力。2005 年 3 月,拉姆斯菲尔德签署新的《美国国防战略》指出,"空间控制"就是"确保自身空间行动的自由,同时防止对手具备这种自由"的能力,进一步明确了美国今后太空军事化的发展方向。2007 年 1 月 22 日,美国空军参谋长迈克尔·莫斯利签署了此前由美国政府批准的新版《太空行动》学说,强调美国是

---

① 1972 年《反导条约》全称《限制反弹道导弹系统条约》(Treaty on the Limitation of Anti-Ballistic Missile Systems,ABM),是苏联和美国于 1972 年签署的一项双边条约。2002 年,美国小布什政府单方面宣布正式退出该条约。

世界上最先进的航天大国,应加强对太空力量的防护,确保美国军事航天优势地位,并允许先发制人攻击他国卫星或地面指挥站,剥夺对手的太空对抗能力。2011 年 2 月,在以往颁布的《美国国家安全战略》《美国国家太空政策》《美国四年防务审议报告》《美国国家情报战略》等报告和政策的基础上,美国国防部长和美国国家情报主任联合签署并出台了《美国国家安全太空战略》(NSSS)①。这份太空安全战略报告特别强调,在保护美国太空资产安全问题上,美国政府需将采取"太空威慑"的方式。

不过,由于美国的导弹防御系统开发进程并不顺利,美国空军加快了研制太空武器的步伐。在太空武器方面,美国发展的系统比较多,主要有陆基动能反卫星系统、激光反卫星系统、机载反导弹和反卫星系统、天基激光武器等。②1997 年 10 月,美国在新墨西哥州南部白沙导弹靶场高能激光系统试验中心,利用激光武器向在轨道上运行的气象卫星发射了两束高能激光,试验使得该卫星不能正常工作,这表明美国已具有利用激光武器摧毁敌方轨道卫星的能力。2002 年,美国小布什政府单方面宣布正式退出 1972 年《反导条约》,此举表明美国从此不再限制部署太空武器。2004 年,美国空军不但公布了一批正在筹划的太空武器名单,其中包括反卫星武器,并决定在太空部署更多载有激光武器的小型卫星,而且还提出了"全球打击"新战略,强调美军要在太空"自由攻击"敌人,因而,必须装备能携带精确打击武器的军用航天飞机,能在 1 小时内实施全球即时打击行动。③ 2005 年,美国空军部署了第一个可临时中断或暂时干扰敌方卫星通信的移动地基"反通信系统"。同年 4 月,空军发射了一颗名为"XXS-11"的微型试验卫星,它具有干扰其他国家军事侦察和卫

① 关于 2011 年《美国国家安全太空战略》的分析可参见程群、何奇松:《〈美国国家安全太空战略〉评析》,《现代国际关系》2011 年第 3 期。
② 关于太空武器的研发情况可参见袁俊:《美国太空战略与太空武器的新进展》,《中国航天》2005 年第 2 期。
③ 正是在这种军事战略的指导下,自 2010 年以来,美国已连续数次成功发射人类首架太空战斗机 X-37B。X-37B 在战时,有能力对敌国卫星和其他航天器进行军事行动,包括控制、捕获和摧毁敌国航天器,对敌国进行军事侦察等等。作为全球即时打击武器系统的拳头产品,X-37B 的速度超过 20 马赫,表明美军"1 小时全球即时作战"正由试验构想逐步迈向实战化应用。

星通信的能力。空军还准备研制一种亚轨道飞行器,这种飞行器能从美国本土发射,在两小时内向世界任何地方投放常规武器,对移动或者是深藏在地下的目标也极具威胁。另外,美国正在研发的太空武器主要还包括打卫星的卫星、陆基反卫星激光武器、空基反卫星激光武器和战略防御天基"阿尔法"化学激光武器等,其中陆基反卫星激光武器用于反低地球轨道卫星,能干扰、致盲和摧毁低轨道上的军用卫星。

在美国大力推进发展太空武器系统的示范下,为了确保自身安全,俄罗斯、欧盟、日本、中国、以色列、印度、韩国等国家也都纷纷竞相研发各式太空武器系统。从 1963 年开始,苏联导弹防御司令部和太空防御司令部成立。1992年,俄罗斯组建了包含上述两个司令部职能的天军。目前,俄罗斯在继承苏联反卫星技术的基础上,集中力量研制共轨式反卫星武器和激光与粒子束反卫星武器。日本也都争相研发太空武器,2012 年日本国会众参两院日前一致通过了修改后的《独立行政法人宇宙航空研究开发机构法》,删除了规定宇宙航空研究开发机构的活动"限于和平目的"的条款,从而使其可以进行防卫研究,并将日本的太空开发成果应用于军事领域。它的通过说明日本的航天政策再次"松绑"。① 近年来,为了捍卫自身的太空安全,中国逐步提升了自己在太空领域的防卫能力。2007 年 1 月 11 日,中国进行了一次外层空间试验,用一枚导弹成功地摧毁了一颗 500 英里高轨道上的老化气象卫星。这是自 1985 年美国用导弹摧毁一颗在轨卫星以来,世界上的第一次此类试验。2010年 1 月 11 日,我国曾经成功进行了一次陆基中段反导拦截技术试验。2013年 1 月 27 日,中国在境内再次进行了陆基中段反导拦截技术试验,显示中国初步具备了针对来自外太空威胁的防御能力。此外,以色列、印度、韩国等国也都在积极研发太空武器系统。对此,有学者指出,外层空间已经成为新武器实验和日益增加的军事存在的场所。因此,外层空间存在着变成未来战场的

---

① 1969 年,日本国会通过决议,明确规定火箭、卫星等的开发利用"仅限于和平目的"。2008 年,日本通过《宇宙基本法》,《基本法》正式认可日本拥有"非侵略目的"的卫星,从而摆脱了"和平"这个限制,表明日本的航天政策已经开始转变方向,完成航天政策首次"松绑"。

潜在危险。大多数空间活动以及有关军用项目都是由超级大国实施的,这是主要的世界强国进行强烈的政治、意识形态和军事竞争的结果,是后冷战时期的典型状态。① 这样各大国不但完成了有关太空战之军事机构的配置,而且在武器研发方面也都迈出了实质性的步伐,所有这些都预示着太空战时代可能即将到来。

三、未来可能的太空战:适用战争法的困难与问题

从人类战争历史发展的情况来看,战争的形态随着人类科技的发展变化而不断处于发展变化当中。俄罗斯军事专家斯里普琴科提出了"六代战争"的理论:第一代战争是冷兵器战争时代,主要通过步兵、骑兵以接触性格斗进行;第二代战争主要以火药、滑膛枪炮武器为主,通过接触性沟壕式展开;第三代战争以多种装药"线膛武器"为作战手段,体现为诸兵种合同兵团、军团的堑壕和散兵壕式战争;第四代战争是凭借自动武器、装甲车、战机、战舰、雷达、无线电通讯等技术手段进行的陆海空接触式战争;第五代战争是以核武器、战略导弹出现为标志的非接触的毁灭性战争;第六代战争以发射无人操纵的高精度制导武器、新概念武器为主,战场已经从地表的陆海空延伸到了太空领域,是一种全天候的非接触性的战争。② 无疑,太空战可以说是人类历史上的第六代战争,现代战场已经发展到了海陆空天电等多维一体化空间。现代战争已经日益离不开各种通讯卫星、导航卫星、气象卫星等航天技术的支持,从这个意义上讲,所谓的太空战肇始于美苏争霸的冷战时期。当然,如果单从武器经过的物理飞行轨迹(达到外层空间)判断,早在第二次世界大战期间太空战就已经拉开了序幕,当时德国的 V-2 导弹最大飞行高度已经接近到 100 公里了。冷战结束后的一系列局部战争,比如海湾战争、伊拉克战争、科索沃战争、阿富汗战争等,从中我们可以看到这些由大国参与的战争几乎每一次都有

---

① 参见[意]Gabriella Ctalano Sgrosso 著,高国柱译:《军事应用与空间法》,高国柱主编:《外层空间法前沿问题研究》,法律出版社 2011 年版,第 189 页。

② 参见[俄]弗·伊·斯里普琴科著,张铁华译:《第六代战争》,新华出版社 2004 年版,第 25 页。

大量的军用卫星进入到实战当中,对战局的发展发挥着巨大的作用。这种作用,实际上正在改变现代战争的作战方式,从这个意义上来讲,太空战的确已经进入到了实战当中。

到目前为止,各个太空大国单独以太空为主要战场进行的武装冲突或战争还没有真正发生。令人不安的是,近年来,美国已经连续开展了几次太空战演习,提前预演了未来真正意义上的"太空战":2001年1月22日至26日,美国空军在位于科罗拉多州东部的斯普林斯空军基地秘密举行了代号为"施里弗I"(Schfiever I)的太空战计算机模拟演习,由美国空军空间司令部的"空间作战中心"(SWC)组织实施;2003年,美军又开展了"施里弗II"太空战演习,其主要目的是对目前存在的和预期的太空能力、太空法律、太空政策和太空战略进行检验;2005年,美国空军在内华达州纳利斯空军基地秘密实施了"施里弗III"太空战演习,演习目的是如何在战争中使用航天装备支援陆海空联合作战,美国空军首次将"近太空"飞行器引入演习中;2007年,"施里弗IV"太空战演习在内利斯空军基地举行;2009年3月14日至20日,美国在内华达州的内利斯空军基地进行了"施里弗V"太空战演习;2010年,美军进行了代号为"施里弗VI"的太空军事演习,美国的盟国英国、加拿大、澳大利亚等国也参与其中;2012年,美国空军航天司令部(AFSPC)在内华达州内利斯空军基地进行由美国、英国、加拿大、丹麦、法国、意大利、德国、荷兰、土耳其等9个北约组织成员国和5个北约机构以及澳大利亚参与的代号为"施里弗VII"的太空军事演习,拟解决的关键问题是研究与太空系统及服务相关的多机构间的指挥一体化行动。

然而,对于到底什么是"太空战"或"天战"的问题,学界还有不同的意见。太空战,又称为"天战"、"空间战"、"航天战"等,据说,这一概念最早出现于1971年美国空军颁布的AFM1—1号条令中,该条令认为:"空间作战是指包括空间控制、力量加强和空间支持等在内的一系列作战行动。"[①]1998年美国空军颁布的《空间作战条令》以及2000年参谋长联席会议制定的《联合条令》(草案)等将"空间作战"定义为:包括空间战斗(空间控制和力量运用)、战斗

---

① 转引自李冬等:《空间作战及其指挥概念研究》,《装备指挥技术学院学报》2003年第5期,第42页。

保障(主要指力量加强)、空间支援(航天器发射和在轨维护)等在内的一系列作战行动或军事活动。① 概括起来,目前对"太空战"看法比较有代表性的主要有以下三种观点:第一种是对"天战"做狭义的理解,认为"天战"即双方在外太空的军事对抗行动。第二种是广义的理解,认为只要战争双方中有一方使用了航天器,如使用卫星的导航与侦察,那么都构成了"天战"。第三种观点认为,所谓天战是以夺取制天权为目的,以太空为主要作战区域,以天军为主的作战力量,既包括太空之间的对抗,也包括天地之间的对抗。② 综合来看,第三种观点比较符合目前太空军事化与武器化的发展态势。

1967年《外空法》第3条明确规定,各缔约国需要遵守《联合国宪章》和国际法,因此,为了应对来自一国运用太空武器对他国所进行的武力攻击之威胁,现有国际法并没有禁止各国基于1945年《联合国宪章》第51条之规定行使自卫权。换句话说,为了保护太空资产以及国家主权及领土完整,一国有权针对来自他国使用太空武器所进行的武力攻击行为行使自卫权。2011年2月初,美国国防部五角大楼正式公布的《国家安全太空战略》报告,启用"集体防御"条款,即建立一种类似北约协同机制的太空同盟关系。在此框架下,针对加入太空同盟国太空装备的攻击,将被视为对同盟全体成员的攻击,并将招致同盟成员国的集体反应。③ 在这种情况下,我们可以说,当一个国家通过使用太空武器系统攻击另外一个国家或者其在外太空的太空资产而引发他国反击自卫时,太空战或天战就爆发了。

毫无疑问,如果太空战爆发,战争与武装冲突法将适用于冲突各方。然而,如果太空战发生在太空或外层空间,那么,从理论上讲,太空武器都具备了全球覆盖打击的能力,进而,太空战超越了主权国家领空、领陆和领水的空间限制,在这种情况下,在太空进行交战的各方势必危及和影响到所有地面国家

---

① 参见袁泽禄:《太空作战引论》,《地面防空武器》2004年第3期。

② 参见晓飞:《"天战"与国家安全——中国军事理论专家王江琦谈太空战》,《国家安全通讯》2000年第7期。

③ Robert Kehler:"*Implementing the National Security Space Strategy*",Strategic Studies Quarterly,Spring 2012,available at www.au.af.mil/au/ssq/2012/spring/kehler.pdf,visited on March,22,2013.

的领土安全,从而导致传统的战争法无法适用,因为地面上除交战各国外的所有国家都无法保持中立或置身局外,那将是一场典型的"世界性混战"。区分原则是武装冲突法的一个基本原则,1977 年《第一附加议定书》(关于保护国际性武装冲突受难者)第 48 条规定:"为了保证对平民居民和民用物体的尊重和保护,冲突各方无论何时均应在平民居民和战斗员之间、在民用物体和军事目标之间加以区别,因此,冲突一方的军事行动仅应以军事目标为对象"。如前所述,现有各国向外太空发射的各种航天器中,大多兼具民用性质和军事用途,如气象卫星、导航卫星、遥感卫星、轨道空间站等,这些航天器平时既可以用来服务于各国的生产和生活,同时也可以服务于一国的国防,在这种情况下,我们根本无法对太空中的目标进行有效地区分。有学者就指出,战争法关于武装冲突中对军事目标和非军事目标要做"区分"的原则,在外空军事方面难以履行的主要原因,是航空技术对当今人类生活的影响无所不在——从普通的民航班机和卫星通讯,一直到气象检测、电视转播等,而所有这些活动,都和国家安全和军事利益紧紧联系在一起。军民两用的问题,是国际人道法比较难以解决的一个问题,尤其是在外空问题上。国家一般都十分注重军民两用航天技术(或系统)的开发和应用。这样,在积极发挥军用航天技术的民用和商业用途的同时,还可以充分挖掘民用和商业航天系统的军用价值。① 然而,如果我们依照 1975 年的《关于登记射入外层空间物体的公约》②(Convention on Registration of Objects Launched into Outer Space,简称"登记公约")来区分民用物体和军事物体也是个问题。该公约对于各国向外天空发射的物体规定了强制性登记要求,而且需要提供所发射物体的各种信息和参数,即便如此,我们也无法确切地获知发射国所发射物体的性质,更不用说依赖此条约来阻止一国对于纯粹的军用航天器的发射了。因而,交战任何一方想依据对方在向外空发射物体之前登记时提供的参数和信息区分其是否属于军事目标的想法太过于简单了。"在一个国际性武装冲突爆发期间,当我们试图将《登记公约》适用于外空军事行动中时,我们可能会很快发现我们将陷

---

① 朱文奇:《国际法与外空军事化问题研究》,《领导者》2008 年第 3 期。

② 截至 2011 年,已经有 55 个国家批准该公约,4 个国家签署了《登记公约》。

入有关国际规范相互冲突的困境。一方面,登记公约对于第 4 条中关于空间物体的功能之规范的适用是保持沉默的;另一方面,该公约对于该条款在武装冲突期间的适用性问题也是保持沉默的。不论在什么时候,甚至在一个国际性武装冲突爆发期间,不管时间是否滞后于该条约所设定的通知程序,从文本和语义上来正确解释该公约第 4 条的规定,可以看出它适用所有需要登记的卫星:不论是民用卫星,还是军事卫星,抑或是军民两用的卫星等。"①

从可预测的情况来看,未来太空战主要表现为以下几种作战样式:一是摧毁战,即使用太空武器从地面或空中直接摧毁敌方航天器;二是致盲战,即用激光、微波等定向能武器从地面或空中攻击敌方的航天器,致使敌方航天器中的各种光学和电子仪器毁坏,从而使其最终无法正常工作;三是干扰战,即针对航天器一系列活动都是依靠信号进行的特点,在掌握敌方航天器运行轨道参数及其与地面、空中联络方式的基础上,发射新的卫星或从轨道上变轨已经部署的卫星,接近目标,尔后发射相同参数的号令,干扰敌方航天器使其不能正常接收指令和提供信息;四是捕捉战,即利用航天飞机和空间轨道站靠近目标,以机械臂或人工方式将敌方的航天器捕捉,或加以毁坏或改造为我所用等。② 由此看来,无论是摧毁战,还是干扰战,抑或是致盲战或捕捉战,几乎都不会造成交战人员的伤亡。③ 太空战的这些可能的作战样式似乎告诉我们:

---

① See Michel Bourbonnière and Ricky J. Lee, "*Legality of the Deployment of Conventional Weapons in Earth Orbit: Balancing Space Law and the Law of Armed Conflict*", The European Journal of International Law, Vol. 18, No. 5, 2007, p. 896.

② 参见李博、翁华明:《军事航天技术及太空战》,《国防科技》2005 年第 1 期,第 86—87 页。

③ 然而,这些太空作战样式所形成的空间碎片极有可能导致地面国家人员和财产的伤亡和损害,并引发国际法律责任。1972 年《空间物体所造成损害的国际责任公约》(Convention on International Liability for Damage caused by objects launched into outer space)第 2 条规定,发射国对其空间物体在地球表面,或给飞行中的飞机造成损害,应负有赔偿的绝对责任。但该公约第 6 条第 2 款补充规定:发射国如果因为进行不符合国际法,特别是不符合联合国宪章及关于各国探索和利用外层空间包括月球与其他天体活动所应遵守原则的条约的活动而造成损害,其责任绝不能予以免除。不过,对于像放射线物质引起的环境污染,该公约没有明确规定,导致 1978 年"宇宙 954 号"案中苏联拒绝承担这方面的赔偿责任,这也直接促成联合国大会于 1992 年通过了《关于在外层空间使用核动力源的原则》。

太空战远比传统的战争样式要人道！然而,太空战在很大程度上可能都是非接触式的"按钮战争",战斗员无法直接感知战争带来的非人道性灾难画面,这实际在很大程度上也将不可避免地带来非人道的后果。更何况,未来的太空战的战场空间范围应该不会仅仅局限于外太空,而应该是多维一体化的,太空战的非人道性依然是不可避免的。而且,战争法的目标不仅仅只保护"人",还保护"物"。1977 年《第一附加议定书》(关于保护国际性武装冲突受难者)第 35 条第 3 款以及第 55 条都规定:"禁止使用旨在或可能对自然环境引起广泛、长期而严重损害的作战方法或手段";"在作战中,应注意保护自然环境不受广泛、长期和严重的损害。这种保护包括禁止使用旨在或可能对自然环境造成这种损害从而妨害居民的健康和生存的作战方法或手段。作为报复对自然环境的攻击,是禁止。"1976 年《禁止为军事或任何其他敌对目的的使用环境致变技术公约》第 1 条第 1 款也有相关规定:"本公约各缔约国保证不为军事或任何其他敌对目的使用具有广泛、持久或严重影响的改变环境的技术作为摧毁、破坏或伤害任何一个缔约国的手段。"而该公约第 2 条对于第 1 条所使用的"改变环境的技术"一词做了解释为"指通过蓄意操纵自然过程改变地球(包括其生物群、岩石圈、水气层和大气层)或外层空间的动态、组成或结构的技术。"遗憾的是,现在太空大国研发的太空武器很可能使得上述保护太空环境的条款失去意义。例如,美国研发的太空雷是一种轨道封锁武器,由爆炸装置、引信、遥控系统和动力系统等构成,这种武器事先可部署在空间轨道上,当敌方的军事航天器进入雷区后可立即引爆太空雷以击毁航天器,但将产生大量的空间碎片。对此,有学者指出,任何一个国家如若发动"太空战",由此产生的太空垃圾不但将危及其自身太空资源的安全,而且也势必迫使其作战对手采取实施太空核爆、向太空密集轨道投射大量"太空垃圾"等超常规手段进行反制。其后果轻则两败俱伤,重则可能会引发世界范围的冲突与动荡。① 因此,太空战过程中军用航天器被毁坏所产生的大量空间碎片将

---

① 参见张秦洞:《如何让人类远离"太空战"？——和平利用,加强立法》,资料来源于: http://scitech.people.com.cn/GB/25509/55912/209135/13381696.html,2013 年 3 月 18 日访问。

对人类出入外太空通道产生严重的污染和阻塞。从这个意义上讲,未来可能发生的太空战将不大可能如传统战争中那样可以区分出最后的"战胜国"或"战败国",也无法区分出最后的战争赢家!

总之,由于真正意义上的太空战并没有付诸实践,目前,我们还无法完全确定未来太空战将以什么样的形式爆发。另外,由于太空战基本上是一种特别昂贵的高科技战争,发动太空战的国家不但需要强大的经济实力,而且还必须依赖较强的航天科技水平。因此,从这个方面来讲,许多国家根本无能力发动这种类型的战争。美国马里兰大学公共政策学院托马斯·谢林教授指出,在任何特定的时间里,武器的特性都决定了或有助于决定在一场危机中,发动战争和继续等待哪一种选择是明智之举;它也决定了或有助于决定战争留给双方谈判的时间;它还决定了或有助于决定战争一旦开始,就将完全失去控制,还是会继续服务于政策和外交的需要。[①] 就目前各国的太空战实力来看,很显然,只有美俄初步具备了发动太空战的实力。另外,有学者也认为,近年来,随着中国太空实力的不断增长,中美在太空武器化方面的博弈也正在逐步展开。[②] 因此,可以预计,未来真正意义上的以太空为主要战场的太空战将主要发生在大国之间。

四、太空安全之国际法保障存在的问题及路径

随着空间技术的飞速发展以及越来越多的国家加入太空军备竞赛,各国用于空间对抗的非对称手段将日益增多。当前太空安全受到威胁和挑战实际折射出国际关系中由来已久的安全困境。美国学者约瑟夫·奈认为,"安全困境(Security Dilemma)的产生,同国际政治的基本特征,即无政府状态,或国家之上缺少一个政府,是密不可分的。在无政府状态之下,一个国家追求安全的独立行为可能导致所有的国家更不安全。如果一个国家增强其势力以确保

---

① [美]托马斯·谢林著,毛瑞鹏译:《军备及其影响》,上海人民出版社 2011 年版,第 203 页。

② Kenneth S. Blazejewski,"*Space Weaponization and US-China Relations*",Strategic Studies Quarterly,Spring 2008,available at http://www.au.af.mil/au/ssq/2008/Spring/blazejewski.pdf,visited on 28 March,2013.

自身的安全不受另外一个国家的侵害,那么第二个国家在看见第一个国家变得更加强大后,可能也会增强自己的实力,以防备第一个国家。这样一来,每一方增强自己的实力,以确保自身安全的独立行为,都会使得双方更不安全。"①而这种安全困境使得扩张军备和建立同盟以及阻止竞争对手采取同样措施成为重要的国家政策。军事力量是实现自卫的基本工具,因此,扩张军备是增加本身安全的最为可靠的手段。②有学者认为,在军备竞赛中不可避免地会产生害怕对方获得某种决定优势的恐惧,必定会加剧紧张局势,特别是在危机阶段这种紧张局势将导致暴力冲突事件。危机的不稳定性问题,紧张局势导致恐惧、威胁和暴力螺旋式快速发展的情况,是许多分析家对当代威慑问题的关注焦点。③而从目前国际格局的特点来看,美国作为当今时代的唯一超级大国,大体上已然确立了其在全球的霸主地位,美国要维持这种地位和秩序势必从军事安全上谋求绝对的优势,否则,美国将无法主宰世界事务,这也是美国的战略逻辑,当然这也反映了当前国际关系的本质特征。因此,按照传统的国际安全理论,一个国家谋求安全上的优势就成为另一个国家安全上的劣势,在这种情况下,军备竞赛就变得无法避免。这样,美国作为当前太空领域军事实力最强大的国家,其追求自身在太空领域的绝对安全和控制权变得不可避免。一直以来,美国政府公开通过各种手段来确保自身的制天权,打造阻止他国进入外太空的绝对军事实力。美国认为,一些国家正在发展或取得对抗、攻击和打败美国太空系统的能力,因此美国必须增强保护太空资产的能力,应对日益增长的太空威胁,"确保太空自由和保护我们的利益是关系美国国家安全和经济的优先重点"。正是基于这种考虑,2006年小布什曾签署新版《国家太空政策》,对10年前的太空政策进行大幅修改。其核心是拒绝谈判制订可能限制美国太空开发的武器控制条约,并宣称美国有权阻止"敌视美国利益"者进入太空。有学者就指出,美国拒绝参与太空军事化问题的讨

---

① [美]小约瑟夫·奈著,张小明译:《理解国际冲突:理论与历史》,上海人民出版社2002年版,第23页。

② 参见朱明权著:《国际安全与军备控制》,上海人民出版社2011年版,第62页。

③ 参见[美]布鲁斯·拉西特、哈维·斯塔尔著,王玉珍等译:《世界政治》,华夏出版社2001年版,第285页。

论要付出两个重要的代价。第一,这将增加其他太空大国如中国对自身安全的疑虑,使得中国为应对美国太空军事化问题可能带来的最坏情况做准备。第二,这有碍于国际社会在提前环境预警、合作发射以及阻止反卫星武器的进一步研发和扩散等对美国有利的问题上达成共识、制定出新的规则和规范。美国在国际社会就太空军事化的问题上不可能再继续沉默下去,这点已经得到了广泛的认同。①

因此,太空安全保障无疑成为了国际社会一个亟待解决的问题。1967 年《外空条约》第 3 条规定:"各缔约国在进行探索和利用外层空间(包括月球和其他天体)的各种活动方面,应遵守国际法和联合国宪章,以维护国际和平与安全,促进国际合作和了解。"可见,国际法是目前保障太空安全的一个重要途径,这是国际社会已经达成的普遍共识。

(一)太空安全之国际法保障存在的问题

随着人类探索和利用外层空间活动的开展,相关法律问题也应运而生。为此,联合国和平利用外层空间委员会(简称"外空委")于 1962 年成立了法律小组委员会,负责拟订有关外空活动的条约、协定和其他法律文书草案,并提交"外空委"和联合国大会审议通过。联合国现已先后制定了《外空条约》(1967 年)、《营救协定》(1968 年)、《责任公约》(1972 年)、《登记公约》(1976 年)和《月球协定》(1979 年)等 5 个有关外层空间活动的国际公约。这些公约确立了人类外空活动的基本法律框架,并初步建立了 4 项基本的空间法律制度,即空间营救制度、损害赔偿制度、空间物体登记制度以及探测和利用月球的制度,当然,这方面的法律制度还可包括《部分禁试条约》(1963 年)、《反导条约》(1972 年)、《改变环境公约》(1977 年)等。无可厚非,到目前为止,上述国际太空法律制度在维护和保障太空安全方面发挥了重要的作用。不过,这些法律制度依然还存在诸多的问题。

其一,发动太空战的国际法之缺失。关于在外太空是否禁止使用武力的

---

① Kenneth S. Blazejewski, "*Space Weaponization and US-China Relations*", Strategic Studies Quarterly, Spring 2008, available at http://www. au. af. mil/au/ssq/2008/Spring/blazejewski.pdf, visited on 28 March, 2013.

问题,1945年《联合国宪章》并没有明确规定,因为第2条第4款只是规定:"各会员国在其国际关系上不得使用威胁或武力,或以与联合国宗旨不符之任何其他方法,侵害任何会员国或国家之领土完整或政治独立。"一国使用太空武力攻击另一国在外太空的太空资产可否被视为是对该国领土完整或政治独立之侵犯呢? 显然,上述条款的规定无法提供明确的说明。另外,国际社会对于许多有关太空战的关键性术语如"外太空"、"外空武器"、"和平利用"等还没有达成共识。如在关于外空的各种多边条约或协定中,外层空间的"和平利用"是常见的术语,但迄今还没有明确的定义。一种观点认为,"和平利用"即"非军事利用",任何形式的军事活动,包括为军事目的发射的卫星及其应用都不属于和平利用。另一种观点则认为,"和平利用"应包括"非侵略性利用"或"非进攻性利用",认为那些不直接用于作战目的的军事活动,如卫星侦察、通信、导航及核爆炸监测等,也属于"和平利用"范畴。中国政府则认为,从概念上讲,"和平利用"应是相对于"军事利用"而言,凡是服从于军事目的的活动,无论其是否直接参与作战行动,均不属于"和平利用"范畴。分别签署于1967和1979年的《外空条约》和《月球协定》,虽未明确给"和平利用"下定义,但规定在外空的相关活动应"专门用于和平目的"。基于此种理解,中方认为,"和平利用"的概念应是完全为和平之目的,不包括任何以军事为目的的应用。① 尽管如此,中方的观点并没有得到其他大国的一致认同和支持。

其二,太空武器合法性审查机制的缺乏。例如,1967年《外空条约》由于不禁止在外层空间部署非大规模毁伤性武器,也没有禁止发展、生产和使用各种外空武器,使其对防止各国在外空开展军备竞赛的作用受到很大的限制,也为日后太空武器化留下隐患,而美国正是利用了这一点大肆开发各种太空武器。而对于常规性太空武器是否合法的问题,现有有关武器审查机制并不是很具体。如1967年《外空条约》第11条规定:"为提倡和平探索和利用外层

---

① 参见"中国代表团在裁军谈判会议二期会非正式全会上关于未来外空法律文书的定义问题的专题发言",资料来源于:http://www.fmprc.gov.cn/mfa_chn/wjbxw_602253/t309179.shtml,2013年3月11日访问。

空间(包括月球和其他天体)的国际合作,凡在外层空间(包括月球和其他天体)进行活动的缔约国,同意以最大的可能和实际程度,将活动的性质、方法、地点及结果的情报,通知给联合国秘书长、公众和国际科学界。联合国秘书长接到上述情报后,应准备立即切实分发这种情报资料。"该条款并没有能给出一个有力的审查各国拟发射的航天器的合法性机制,仅仅只能起到一个发射情况通报的作用而已。而1977年《日内瓦四公约第一附加议定书》第36条关于新武器审查机制也只是规定:"在研究、发展、取得或采用新的武器、作战手段或方法时,缔约一方有义务断定,在某些或所有情况下,该新的武器、作战手段或方法的使用是否为本议定书或适用于该缔约一方的任何其他国际法规则所禁止。"这种义务主要限于自查和自律,而条约也没有设定一个中立的第三方核查机制,这样,有关外空武器的研发、投产和使用等各个环节基本上不受任何国际法的合法性审查。

其三,现有太空条约的非普遍性和执行的脆弱性。许多国家基于各种原因有选择性地签署了有关国际公约,但却没有批准,还有的国家既没有签署,也没有加入或批准,这种现象导致现有的国际太空法律制度的普遍性大打折扣。中国于1983年加入《外空条约》,并于1988年加入《营救协定》《责任公约》和《登记公约》等。而《月球协定》涉及月球资源的开发、利用和分享等与各国切身利益密切相关的问题,各国均持慎重态度,至今为止,美国、俄罗斯、英国均未签署该协定。法国签署了协定,但随后因未获国内议会审核通过而不具效力。而且,更让人感到遗憾的是,个别大国不但没有带头示范遵守国际太空法,反而带头退出相关国际公约。众所周知,1972年美苏《反导条约》尽管只是一个双边条约,但该条约明确限制缔约国部署旨在保护全境的反导系统,因为一旦美苏中任何一国违反该规定部署这种导弹防御系统将打破全球安全战略平衡,最终还会引发全球太空军备竞赛,进而威胁到全球安全,因而该条约被视为全球战略稳定的基石,目前有32个裁军和核不扩散的国际条约与这一条约挂钩。也正因为如此,当小布什政府威胁要退出该条约时,2001年11月2日,第56届联大第一委员会以80票赞成、3票反对的压倒性多数通过了题为《维护和遵守〈反弹道导弹条约〉》的决议,这是当时联大第一委员会连续第三年以压倒性多数的表决结果通过《维护和遵守〈反弹道导弹条约〉》

的决议。非常令人失望的是,美国于 2002 年正式宣布退出 1972 年《反导条约》,此举导致俄罗斯也接着退出了该条约,使得国际太空安全遭受严重挑战和威胁。

(二)未来太空安全国际法保障的路径

目前,就防止外空武器化、确保空间安全主要有两种思路:一种思路是美国为寻求其太空的绝对安全而不惜以牺牲其他国家的安全为代价,反对就太空非武器化展开谈判。另一种思路是以中国、俄罗斯为代表的,反对外空武器化和外空军备竞赛,主张通过国际合作的方式解决有关国家的空间安全关切,这有利于增进国际安全与稳定,符合所有国家的共同利益。为此,中国积极致力于推动国际社会谈判缔结相关国际法律文书,并与有关国家在日内瓦裁军谈判会议联合提出了关于新的外空条约的工作文件。① 显然,从为了维护国际社会太空安全的角度而言,国际社会缔结一项关于防止太空武器化和军备竞赛的国际多边条约是未来太空安全保障的最有效途径。近年来,随着航天技术的快速发展,现有国际太空法已经不能对外空安全提供有效的保障,因此,缔结新的有关防止外空武器化和外空军备竞赛的国际多边条约变得迫在眉睫。2005 年 10 月 12 日,中国代表团团长胡小笛大使在第 60 届联大一委关于外空问题的专题发言中表示,防止外空武器化和军备竞赛,不能等到外空武器实际成型、产生真正危害;不能等到一国率先将武器引入外空,其他国家纷纷效仿;更不能等到外空武器扩散时再采取措施。防患于未然是关键,否则,各国和平利用外空的权利和外空资产的安全都将受到损害。目前,在联合国框架内主要存在有三个立法机构来推动国际社会缔结此种类型的国际多边条约:一是联合国大会,二是联合国和平利用外空委员会,三是联合国裁军谈判会议。

1.联合国大会。联合国大会(General Assembly of the United Nations,UN-GA)简称"联大",是联合国的主要审议、监督和审查机构,由全体会员国组成。包括联合国的 193 个成员,它提供了一个在宪章所涉及的国际问题进行多边性讨论的全方位的独特论坛。大会从每年 9 月至 12 月集中举行常会,其

---

① 参见仲晶:《空间安全礁触何处》,《瞭望》2003 年第 48 期,第 50—51 页。

后的会议则根据需要而定。联合国大会可通过所有领域的相关决议或多边条约草案等。太空安全问题经常在联合国大会①第一委员会(裁军和国际安全)上进行讨论,该委员会是联合国主要议事机构。虽然联合国大会的决议不具有法律约束力,但这些决议被认为具有世界舆论的影响力。联合国大会一直认为防止外太空军备竞赛将对国际和平与安全作出重大贡献。联合国大会每年均通过"防止外空军备竞赛"方面的决议,强调日内瓦裁军谈判会议在谈判防止外空军备竞赛多边协议方面负有优先责任,充分反映了国际社会反对外层空间军备竞赛的共同意愿。其实,早在 1981 年第 36 届联合国大会会议上,苏联就曾经提出了"缔结禁止在外空部署任何类型武器条约"的议题,但没有得到美国的支持。1984 年 10 月,中国向联大一委第一次提交了一项防止外空军备竞赛的决议草案,强调外空只应当被用于和平目的而不应该成为军备竞赛的场所,呼吁所有国家,特别是拥有巨大空间能力的国家采取及时有效的措施制止外空军备竞赛。加拿大也于 1998、1999 年连续两年提出防止外空武器化的具体设想。2004 年 12 月 3 日,联大以压倒性多数表决通过了"防止外层空间军备竞赛"②的决议。在 2005 年 10 月的联合国大会上,160 个国家投票赞成《防止外层空间军备竞赛》(Prevention of an Arms Race in Outer Space, PAROS)条约之必要性的决议,只有美国一票反对。同年,联合国大会第一次通过了由俄罗斯发起的年度决议,题为"外太空活动的透明度和建立互信",邀请各国将透明度和建立互信的措施告知联合国秘书长,并重申"预防外太空军备竞赛会避免对国际和平与安全构成的严重威胁"。美国一贯都是对此

---

① 在 1978 年召开的联合国大会第一届专门审议裁军问题的特别会议上,法国建议成立一个国际裁军问题研究所。联合国裁军研究所于 1980 年 10 月 1 日开始工作。自 2002 年以来,联合国裁军研究所(UNIDIR)定期召开专家会议,检讨太空安全问题和解决办法。

② 该决议确认全人类在和平利用外层空间方面具有共同利益,重申防止外空军备竞赛的重要性和紧迫性,呼吁所有国家,特别是拥有强大空间能力的国家为和平利用外空和防止外空军备竞赛作出积极贡献。决议重申,日内瓦裁军谈判会议在谈判防止外空军备竞赛多边协定方面的首要作用,并请裁军谈判会议于 2005 年尽早设立外空问题特设委员会。共有 178 个国家投票支持这一决议,只有美国等 4 个国家投了弃权票,没有国家投反对票。

决议投反对票的唯一国家,以色列是唯一投弃权票的国家,因为这些文本将这些措施与军控条约谈判联系在一起。

2.联合国和平利用外空委员会①。联合国和平利用外层空间委员会(简称外空委,Committee on the Peaceful Uses of Outer Space,COPUOS)是根据1959年联大第1472号决议建立的,现有包括中国在内的69个成员国。外空委的宗旨是制定和平利用外空的原则和规章,促进各国在和平利用外空领域的合作,研究与探索和利用与外空有关的科技问题和可能产生的法律问题。外空委下设科学技术小组委员会和法律小组委员会,由外空委全体成员国组成。委员会及两个小组委员会每年各举行一届会议,审议联大和成员国提出的有关外空问题。外空委自1959年成立以来,先后拟订并经联合国大会审议通过了五项国际公约和五项宣言和原则。五项国际条约是《关于各国探索和利用包括月球和其他天体在内外层空间活动的原则条约》(1967)、《关于援救航天员,送回航天员及送回射入外空之物体之协定》(1968)、《外空物体所造成损害之国际责任公约》(1972)、《关于登记射入外层空间物体的公约》(1975)和《指导各国在月球和其他天体上活动的协定》(1979),上述五项条约均已生效。五项宣言和原则分别是《各国探索和利用外层空间活动的法律原则宣言》(1963)、《关于开展探索和利用外层空间的国际合作,促进所有国家的福利和利益,并特别要考虑到发展中国家需要的宣言》(1996)、《各国利用人造地球卫星进行国际直接电视广播所应遵守的原则》(1982)、《关于从外层空间遥感地球的原则》(1986)、《关于在外层空间使用核动力源的原则》(1992)。然而,该机构在防止外空军备竞赛方面的立法进程非常缓慢,并且成效不佳。2007年3月,联合国外空委会第46届法律小组委员会会议讨论如何完善相关的国际太空法框架以及制定禁止外层空间武器化的国际条约问题,美国对此却持反对意见。

3.联合国裁军谈判会议(Conference on Disarmament,CD),又称为"日内瓦裁军谈判会议",这是目前唯一的全球性多边裁军谈判机构,也是世界上多边

---

① 我国于1980年11月3日正式加入联合国和平利用外层空间委员会,积极参加了有关外空法律议题的审议。

军控与裁军领域唯一的立法机构。2011 年 12 月 28 日,中国国务院新闻办发表白皮书《2011 年中国的航天活动》,中方在该白皮书中认为,作为联合国授权的裁军和军控条约谈判机构,裁谈会是谈判和缔结防止外空武器化和军备竞赛法律文书的最佳场合。联合国裁军谈判会议的前身是 1962 年成立的"18 国裁军委员会"。1969 年称"裁军委员会会议",1978 年称"裁军谈判委员会",1984 年称"裁军谈判会议"(简称"裁谈会"),其总部设在日内瓦,每年举行三次会议。裁谈会于 1982 年开始将"防止外空军备竞赛"列为其议程项目。1982 年,蒙古人民共和国提出一项建议,就是组建一个委员会来协商解决这些缺陷的条约。经过三年的研究后,成立了"预防太空军备竞赛"(Prevention of an Arms Race in Outer Space,PAROS)裁军会议委员会。自 1982 年以来日内瓦裁军谈判会议一直将防止外空军备竞赛作为议程之一,1985 年至 1994 年连续 10 年设立防止外空军备竞赛特设委员会,就如何防止外空武器化和防止外空军备竞赛问题进行了深入讨论形成了许多共识,积累了丰富的经验。而且,许多国家在联合国裁军谈判会议上就防止外空武器化和军备竞赛提出了各种议题和方案,如 1985 年中国提议的全面禁止太空军事化,印度、巴基斯坦和斯里兰卡提议限制试验和部署反卫星武器。加拿大、法国和德国研究了外空武器的定义问题和核查措施。另外,自 1990 年以来,加拿大、中国和俄罗斯贡献了一些工作文件来禁止太空武器,其中中国在这方面的角色和作用特别引人注目。中国积极推动国际社会重视并处理防止外空军备竞赛和防止外空武器化问题,主张日内瓦裁军谈判会议设立防止外空军备竞赛问题特委会,谈判相关国际法律文书。作为第一步,裁谈会应尽早就防止外空军备竞赛问题开展实质性工作。2000 年,中国向裁谈会提交了题为"中国关于裁谈会处理防止外空军备竞赛问题的立场和建议"的工作文件,指出防止外空军备竞赛应成为裁谈会最优先议题之一,建议重建特委会,谈判缔结一项有关国际法律文书。① 在 2000、2001 年的联合国裁军谈判会议上,中国政府提出了防止外空军备竞赛法律文书的要点草案。2002 年 6 月,中国、俄罗斯、白俄罗斯、印度尼西亚、叙利亚、越南、津巴布韦联合向裁谈会提交了《关于未来防

---

① 2005 年《中国的军控、裁军与防扩散努力》白皮书。

止在外空部署武器、对外空物体使用或威胁使用武力国际法律文书要点》的工作文件(CD/1679 号文件),该文件得到了大多数国家的响应和支持。2003年 12 月,中国正式向裁谈会提交了国际太空非军事化条约草案①,显示了中国拒绝太空竞赛、维护和平利用太空这一国际法原则的坚定决心。2004 年 8月,中俄又根据各国的意见起草了《关于外空法律文书的核查问题》和《现有国际法律文书与防止外空武器化问题》两份非正式文件,并在裁谈会联合散发。但由于美国始终不愿将这个问题列入联合国裁军会议的议程,这一进程一直未取得进展。2005 年 6 月,中国与俄罗斯在裁谈会联合散发了关于"防止外空武器化法律文书的定义问题"专题文件。② 2008 年 2 月,为了弥补《外层空间条约》第 4 原则的不足③,在《关于未来防止在外空部署武器、对外空物体使用或威胁使用武力国际法律文书要点》的基础上,俄罗斯和中国联合在日内瓦裁军谈判会议提出了《防止在外太空放置武器和防止处理或使用武力反对太空物体》(PPWT)的条约草案。该草案仍在考虑之中,未能得到足够的支持,值得注意的是,该草案依旧遭到美国的抵制。

结　论

如上所述,尽管从冷战时期开始,国际社会就已经开始致力于订立一部防止外空武器化和太空军备竞赛的国际多边条约,但由于航天技术以及国际政治的原因,到目前为止,太空安全的国际法保障依然是非常脆弱,原有的国际太空条约已经不大可能充分确保太空安全。新的国际太空法的难产似乎预示着国际太空安全已经陷入困境之中而无法得以真正实现。应该说,美国作为

① 其条约草案内容大致包括以下条款:禁止在外空试验、部署和使用任何武器、武器系统或其组成部分;禁止在陆地、海上和大气层试验、部署和使用任何用于外空作战的武器、武器系统及其组成部分;禁止对外空物体使用或威胁使用武力;禁止帮助和鼓励其他国家、集团或国际组织参与被该条约所禁止的活动等。

② 2003 年 3 月,中国、俄罗斯、联合国裁军问题研究所、加拿大西蒙斯基金会在日内瓦联合举办了"确保外空安全:防止外空军备竞赛"国际研讨会,会议取得圆满成功。

③ 第 4 原则禁止在绕地球轨道及天体外放置或部署核武器,或任何其他大规模毁灭性武器;但是,并没有禁止非核武器或者"潜在的"大规模杀伤性武器。

当今时代太空实力最强大的国家无疑有不可推卸的主要责任,正是由于美国一直以来的抵制和阻挠,新的防止外空武器化和军备竞赛的条约迟迟不能出台,集中反映了我们这个时代国际格局的显著特点。

应该指出,国际法无疑是确保为了太空安全的一个强有力的制度性保障途径。然而,关于禁止太空武器化和军备竞赛的有关国际法律制定之谈判问题,美国在这方面始终将国际合作和谈判的大门向外紧紧关闭,这显然无助于国际太空安全和秩序的维护。有学者指出,美国不赞成禁止外太空军事装备竞赛的条约的谈判理由有两点。第一,由于美国认为当前并不存在太空武器的问题,因此美国的观点是任何禁止外太空军事装备竞赛的条约的谈判都是多余的。第二,美国认为由于没有办法定义太空武器,也使禁止外太空军事装备竞赛的条约的谈判进行不下去。说得再清楚点,就是美国认为任何定义太空武器的尝试都有可能会扩大到诸如卫星或者航天飞机这类的"太空相关系统的实用且有重要的使用"上。[1] 很显然,美国上述这种回避问题的做法是在为自己在国际太空安全方面的责任开脱。1967年《外空条约》第2条明确规定:"各国不得通过主权要求,使用或占领等方法,以及其他任何措施,把外层空间(包括月球和其他天体)据为己有。"可见,太空安全实际已经完全超越了单个主权国家利益的范畴,它实际关乎全人类的整体利益与安全。然而,目前太空军事化和武器化的现实时刻提醒我们:国际共同体的这种共同利益观远远没有进化到超越单个国家利益观和霸权观的阶段。正如美国国际法学者安东尼奥·卡塞斯教授所指出的,外层空间开发与利用应该是"全人类的事情"的观念是一种强调性的说法,人们不能据此相信外层空间适用"人类共同遗产"这一法律制度。事实上,开发与利用外层空间的有关国家没有必须为了全人类利益而开展此类活动的义务。[2] 美国作为全球最大的超级太空军事强国,毫无疑问应该负有最首要的责任来维护太空的国际安全,因为直到目前为

---

[1] Kenneth S. Blazejewski, "*Space Weaponization and US-China Relations*", Strategic Studies Quarterly, Spring 2008, available at http://www.au.af.mil/au/ssq/2008/Spring/blazejewski.pdf, visited on 28 March, 2013.

[2] [意]安东尼奥·卡塞斯著,蔡从燕等译:《国际法》,法律出版社2009年版,第129页。

止,还没有哪一个国家(包括俄罗斯、中国、欧盟、日本、印度等国)能对美国的太空军事优势提出真正意义上的挑战。太空作为全人类的一种共同资产,本质上是非常脆弱的,这不仅因为各国进行太空活动和探索要付出高昂的代价和成本,同时也因为受技术因素的影响而使得探索外太空的复杂性和风险极大,还因为不仅仅是大国,越来越多的中小国家的生存和发展都将日益依赖这些共同的太空资产。认识到这一点,对于各国,尤其是太空大国来说显得非常重要。从这个意义上讲,各个太空大国,包括美国、俄罗斯、欧盟、日本、印度、中国、韩国等都必须充分认识到自身在保卫太空共同资产以及太空安全方面所应承担的主要责任,可以说,21世纪的国际太空安全在很大程度上取决于各个航天军事大国尤其是美国的政治善意。

Outerspace Security and International Law under the Circumstance of Outerspace Warfare

Abstract:Space technology is always a combination of military and civilian nature.The Space Treaty of 1967 left some legal room for the the successive militarization of outerspace.Hence the militarization of outerspace seemed to be a *de facto* situations which international community is currently facing with. Concern arises that competition of weaponnization of outerspace orginated and increased between giant powers and furthermore affected internaiontal peace and security.News patterns are approaching quickly.

Key words:Militarizaion of Outerspace;Weaponizaiton of Outerspace;Outerspace Warfare;Outerspace Security;International Law

台海两岸军事互信协调机制的法律构建

●汪保康　泥　吟 *

摘要:提出建立台海两岸军事互信协调机制是两岸领导人对实现两岸和平、民族统一的共同期望。随着党的十八大的胜利召开和台湾地区领导人马英九的连任,当前有利于两岸关系和平发展的因素不断增加,不利因素受到遏制,从而为法律构建台海两岸军事互信协调机制提供了"温房"。在以和谐发展为主题的今天,运用法律手段分析、思考、解决此课题无疑是最符合两岸人民的共同利益、最符合当今国际环境的方法。

关键词:军事互信　协调机制

一、法律构建台海两岸军事互信协调机制的提出

构建台海两岸军事互信协调机制的思想源自于两岸领导人对"一国两制"思想的认同和对两岸关系的新认识,随着党的十八大的胜利召开和台湾地区领导人马英九的连任,当前有利于两岸关系和平发展的因素不断增加,不利因素受到遏制。在此基础上,提出运用法律手段构建台海两岸军事互信协调机制是将此政策法律化的过程。目前,两岸各方学者对此课题的研究主要集中在政治和军事领域,为促进机制的实现提供了一定的理论支持。但由于无人专门从法律角度探析此课题,因此笔者从两岸政策和学者的相关研究入手,结合其法理背景,阐述法律构建台海两岸军事互信协调机制的基本内涵。

　＊　汪保康,解放军南京政治学院机关政治工作系军事学教研室教授、博士生导师;泥吟,
　　　解放军南京陆军指挥学院军队政工系军事法与国际关系教研室助教。

(一)两岸政治环境的发展为军事互信协调机制的建立提供了契机

1.十八大报告提出了建立两岸军事互信机制的目标

十八大报告充分肯定了对台工作和两岸关系发展取得的重大成就,提出了今后对台工作的指导思想和基本要求,体现了中央对台工作大政方针一以贯之的继承性、与时俱进的创新性、开拓进取的前瞻性。丰富了国家统一理论和对台工作大政方针、明确了对台工作的总体布局和努力目标并提出了巩固深化两岸关系和平发展的新主张、新论述。主张探讨国家尚未统一特殊情况下的两岸政治关系并对此作出合情合理安排;商谈建立两岸军事互信机制,稳定台海局势;协商达成两岸和平协议等。

2.马英九连任带来的新契机

台湾地区领导人马英九连任,国民党继续执政。马英九的连任与泛蓝政治力量在立法机构占有多数的席次有关,不仅使国民党能够继续基本主导台湾政局的演变,而且使两岸关系和平发展的岛内政治环境得以稳定与维系。坚持"九二共识"、反对"台独"是两岸关系和平发展的政治基础与必要条件,经过台湾选举的洗礼,"九二共识"得到了极大的普及化,甚至其内涵进一步得到丰富,如"九二共识"的经济性更加突出,民生性更加凸显,使两岸关系和平发展的共同政治基础得到巩固与强化。马英九的两岸和平与开放的政治路线得到民众的支持,有利于两岸关系健康稳定发展。

(二)两岸学者对构建台海两岸军事互信协调机制提出了一定的设想

在两岸领导人提出建立台海两岸军事互信协调机制的构想之后,两岸各方学者愈加重视对此课题的研究,试图找寻出构建台海两岸军事互信协调机制的有效途径。

大陆有学者针对两岸军事互信协调机制的构建方法提出了两种理论构想。一是三阶段理论,认为构建主要包括近期、中期和远期三个规划,主要有以下几点:首先,近期规划。两岸军事互信机制建构的近期规划就是要消除部分台湾民众对大陆的疑虑,增进两岸之间的互信和共识。其次,中期规划。两岸要增加信任,共同维护整个中国的国家安全,并保证两岸关系的和平稳定与和平发展。最后,远期规划。通过近期和中期两个阶段的发展,两岸军事互信机制的远期目标就是要努力为两岸关系和平发展营造良好的氛围和环境,积极推进两岸和平统一进程向前发展。① 二是四步骤理论,主要内容是:第一步,积极行动,增加互信,打造两岸军事交流感情基础;第二步,开展半官方沟通,进行初步协商,打造军事交流的信任基础;第三步,开展军事谈判,建立规章制度,打造两岸军事交流平台;第四步,拓展交流平台,签订和平协议,打造和平统一的现实基础。②

台湾方面则有学者提出了类似的阶段构想,将其分为三个阶段实施,第一步近程阶段:结束敌对状态;第二步中程阶段:军事交流合作;第三步远程阶段:签订和平协议。③ 另外,还有学者对构建两岸军事互信协调机制的具体做法给出建议:一是成立两岸"军事互信"专职小组;二是成立本军外围智库;三是军事交流可能议题规划;四是军人以"适当"身份任职海基会;五是纳入国会监督。④

两岸学者在对两岸军事互信协调机制的理论构想中提出的宝贵建议将为法律构建两岸军事互信协调机制提供更为扎实的理论基础和思考空间。

(三)法律构建台海两岸军事互信协调机制的基本内涵

我们可以对法律构建台海两岸军事互信协调机制下一个粗浅的定义,即两岸双方在"一个中国"原则基础上达成的法律共识,规定双方在构建台海两岸军事互信协调机制过程中的权利和义务,并运用法律手段调整协商中的各项事务。当然这只是一个粗浅的定义,并不能详细地描述两岸协商中的各种实践需要,因此,有必要从法律的一般定义出发,对"法律构建台海两岸军事互信协调机制"这一范畴做更为细致的分析。

法律是调整各平等主体之间的社会规范,通过法律的调整将各种纷繁复

① 陈先才:《两岸军事互信机制:理论建构与实现路径》,《台湾研究集刊》2009 年第 1 期,第 28—29 页。

② 李建中:《加紧做好建立两岸军事安全互信机制》,《法制与社会》2009 年第 5 期,第 202 页。

③ 谢台喜:《两岸建立军事互信机制之研究》,《中华战略学刊》98 年夏季刊,第 117—119 页。

④ 韩冈明:《现阶段建构两岸"军事互信机制"的困境与做法》,《中华战略学刊》95 年秋季刊,第 114—118 页。

杂的社会关系以权利和义务的形式表现出来最终成为具有普遍性的社会规范。通过法律的社会控制,已经成为人类政治文明发展的标志性成果。① "和平统一"是我党根据长期的经验总结出的对台工作的最佳方式。而两岸开展军事互信协商、构建机制则是这一经验的最佳体现,法律将在其中发挥出无法替代的作用。具体而言,运用法律构建台海两岸军事互信机制具有其独特的性质、目的、功能、内容和程序。

在性质上,法律构建台海两岸军事互信协调机制是实现两岸和平统一的必经阶段,是两岸和平发展框架的重要组成部分。台湾问题是中华民族的历史问题,十七大提出"构建两岸关系和平发展框架"的战略构想是实现中华民族伟大复兴的重要战略步骤。两岸实现和平的首要问题是实现两岸军事安全。因此,构建台海两岸军事互信机制是与构建两岸和平发展框架相统一的。实践中出现的各种问题依赖双方协商解决,法律则是评判的重要标准,双方达成的各种军事安全意向都是法律实践的重要组成部分。

在目的上,法律构建台海两岸军事互信协调机制是将"和平统一,一国两制"方针法制化的重要标志。目前两岸双方在相互努力下已经初步达成了和平发展的共识,如何将此共识扩展到军事方面,笔者认为,将构建两岸军事互信机制法律化是重要的手段,用法律机制保障和平发展的进程,以法制促协商。通过法律的规范将军事互信机制协商法制化,使其发挥出最大的效力,并更具有生命力。

在功能上,法律构建台海两岸军事互信协调机制在注重法律规范的同时应具有更强可操作性、现实性和实用性。构建台海两岸军事互信机制是两岸军事和平领域的新课题,如何实现有待双方的共同探讨,法律要想发挥其重要的规范作用就不能只是形式上的宣誓条文,应根据两岸政治关系的具体情况制定,结合国际间建立信任机制概念的理论和实践经验,注重实用,为指导双方的军事互信活动订立完善的法律制度。

在内容上,法律构建台海两岸军事互信机制既要包括世界各国建立信任

---

① 周叶中:《论构建两岸关系和平发展框架的法律机制》,《法学评论》2008 年第 3 期,第 3 页。

措施的各种成熟手段,又要有双方多年合作过程中的经验总结,不应局限在小范围内的短程互信。因此,在制定法律的过程中,要注意各种方式方法的结合,不可一蹴而就也不可缺乏长期合作方式。笔者认为,可以先制定一个合作目标,达成构建军事安全的法律共识,以法律的形式固化,再通过未来的合作交流加以补充。

在程序上,法律构建台海两岸军事互信协调机制要注重法律制定的程序性,使其不仅在内容上合法,也要在程序上合法。在实践中,构建台海两岸军事互信机制应具有规范的法定程序,由双方成立的军事互信协商小组牵头,达成的各项共识也要有书面的文字表述报由双方的权力机关审批备案,防止一方单方面违背共识。

二、台海构建两岸军事互信协调机制的法律依据

时至今日,世界上绝大多数国家已经承认中华人民共和国是中国的唯一合法政府。这一方面是由于我国国际地位的提高,另一方面也与法律的支持密不可分。这里所说的法律支持包含了国内法和国际法两个部分。本部分讨论的核心问题是:台湾是中华民族不可分割的领土,中华人民共和国是中国在国际上的唯一合法政府,依照我国《宪法》和《反分裂国家法》以及国际法规定,中国大陆和台湾地区建立军事互信协调机制是我国的内部问题,协商解决台湾问题则是国际法中和平解决争端原则的具体体现。

(一)《宪法》规定台湾为我国领土的固有状态是法律构建台海两岸军事互信协调机制的基础

古今中外,各个时期的法学流派都对宪法的地位有自己的解释和说明。虽然表述的方式不尽相同,但是作为社会主义宪法学的支持者,对此我们有一个公认的观点:"宪法是国家的根本大法。"要寻找构建台海两岸军事互信协调机制的法律支持,我们首先应从宪法入手。我国 1978 年《宪法》和现行的1982 年《宪法》都在序言部分对台湾的归属有明文表述:

1978 年《宪法》规定:"台湾是中国的神圣领土,我们一定要解放台湾,完成祖国的统一大业。"

1982 年《宪法》规定:"台湾是中华人民共和国的神圣领土的一部分。完

成统一祖国的大业是包括台湾同胞在内的全中国人民的神圣职责。"

宪法规定台湾为我国领土的固有状态是一种持续的状态,不仅在过去也在将来不会改变。台湾问题是我国的国内问题,宪法通过法律的形式加以确认不仅维护了国家的主权和领土完整并强调了中华人民共和国政府对台湾地区所享有的治权。我国对台湾地区享有的这种主权和治权的统一①意味着最高的、排他的权威。所以,针对目前台海两岸关系的发展,构建台海两岸军事互信协调机制是《宪法》赋予我们的权利,任何第三方势力都无权干涉。

(二)《反分裂国家法》明确的两岸分治现状是法律构建台海两岸军事互信协调机制的依据

《反分裂国家法》第 3 条规定:"台湾问题是中国内战的遗留问题。解决台湾问题,实现祖国统一,是中国的内部事务,不受任何外国势力的干涉"。其作为首次提出"台湾是我国内战的遗留问题"的法律文件,表明台湾问题是我国的国内问题,两岸现状是治权的暂时分离而不是主权的分离。在国际法上,内战所导致的国家领土的暂时分治现状只引起内战中的一方政权在国际法上是否可以作为该国的合法政府被国际社会所承认,有独立承担义务和享有权利的能力。在这里我们不讨论台湾是否是国际法中一国国内的交战团体问题②,我们关注的是中国大陆和台湾地区的问题是我国的内部问题,是双方内战的延续。因此,如何结束两岸的内战状态,实现祖国统一,完全是我国的内部事务,不受任何外国势力的干涉。《反分裂国家法》明确的两岸分治现状在维护了国家主权和领土完整的同时也表达了实现祖国统一的期望。通过构

---

① 这里强调我国政府对台湾地区主权和治权的统一源于国际法秩序下的国家统一具有两层性。参见范宏云:《国际法视野下的国家统一研究——兼论两岸统一过渡期法律框架》,广东人民出版社 2008 年版,第 86 页。原文是"在当今以主权平等原则为基础的国际法秩序中,国家统一可以分为两个层次:第一层次,国家领土的统一和主权的完整;第二层次,主权和领土完整基础上国内统治权(治权)的统一。"

② 由于前文提到《反分裂国家法》规定了"台湾是我国内战的遗留问题",所以在此提及国际法上交战团体的概念。交战团体是由于在内战中叛乱者对发生内战的国家的一部分领土和居民取得有实效的控制时产生的非主权的特殊实体。本部分的写作中心是台湾问题是我国的国内问题,台海两岸构建军事安全互信协调机制也是我国的内部事务。在此不对台湾是否为国际法意义上交战团体进行论述。

建两岸军事互信协调机制来推动两岸关系和平发展是我国内部问题,完全符合我国法律的规定。

(三)《开罗宣言》、《波茨坦公告》和《日本投降书》是证明台湾归属的重要法律文件

1894 年甲午战争后,日本迫使清政府签订了丧权辱国的《马关条约》,其第 2 款规定,中国将"台湾全岛及所有附属岛屿"以及"澎湖列岛",并将该地方"所有堡垒、军器工厂及一切公属文件,永远让与日本"。① 事实上,日本使用武力威胁取得的我国领土并不受到国际法的保护。在接下来的《开罗宣言》中日本放弃了对我国领土的侵占,并在美英苏三国的见证下接受了《波茨坦公告》中的条款。

1934 年,由中美英三国政府联合发表的《开罗宣言》中明确表示:"三国之宗旨,在剥夺日本自一九一四年第一次世界大战开始后在太平洋上所夺得或占领之一切岛屿。在使日本多窃取于中国之领土,例如东北四省、台湾、澎湖群岛,归还中华民国。"

1945 年,由美英中三国发表《波茨坦公告》第八条宣布"开罗宣言之条件必将实施,而日本之主权必将限于本州、北海道、九州、四国及吾人所决定其他小岛之内"。② 之后,苏联也加入了该公告。同年,日本天皇发布《日本投降书》,宣布"接受中美英三国共同签署的、后来又有苏联参加的 1945 年 7 月 26 日的波茨坦公告中的条款"。③

国际法上的国际条约概念非常丰富,可以有条约、公约、协定、宣言、协定书、换文、文件等表述形式。根据国际法规定,只要有当事国"有意识地表达意愿",就可以形成对当事国有约束力的国际条约,而并不一定要有特定的表述方式。所以《开罗宣言》、《波茨坦公告》和《日本投降书》都是国际法概念上有效的国际条约。三个条约中对台湾等地区的归属问题环环相扣,形成了

---

① 褚德新、梁德主编:《中外约章汇要(1689—1949)》,黑龙江人民出版社 1991 年版,第 267—268 页。

② 《国际条约集(1945—1947)》,世界知识出版社 1959 年版,第 77—78 页。

③ 参见《日本投降书》,国务院台湾事务办公室研究局编:《台湾问题文献资料选编》,人民出版社 1994 年版,第 852 页。

国际法上的有效约束力,证明了中国政府是享有台湾地区主权的唯一合法政府。

三、台海两岸军事互信协调机制构建的初步构想——《关于构建台海两岸军事互信协调机制的内部协定》建议稿

签订《关于构建台海两岸军事互信协调机制的内部协定》(以下简称《协定》)对于维护台海地区的和平与稳定,避免和防止两岸军事冲突的发生、进一步促进两岸政治关系的缓和、维护两岸人民的民生和福祉、维护中华民族的根本利益等都具有着极其重要的意义。《协定》的签订是基于两岸政治关系缓和达成的法理共识,它并不是一项政治性文件,而是为两岸实现军事互信提供制度性协商机制的法律规范,要求具有很强的可操作性和现实性。

(一)《协定》订立的指导思想

《协定》是实现两岸军事互信的基础性法律文件,具有指导全局的重要作用。根据减少、避免和防止两岸军事冲突、进一步促进两岸政治关系的缓和,为签署台海两岸和平协定积累互信基础最终实现中华民族统一的目标,《协定》更应当具有承上启下的作用,在不违背中华民族利益的情况下,通过协商解决两岸军事互信这一问题,为下一步的统一事业打下基础,所以我们首先要确定的是《协定》的指导思想。

1.坚持"一个中国"的协商前提条件

自1949年解放以来,中国共产党和中国政府对台方针政策经历了"解放台湾"与"和平统一"两个时期。[①] 在"和平统一"时期中,我国多位领导人对解决台湾问题提出了许多重要的原则,主要有:1963年,周恩来总理将中国共产党对台政策归纳为"一纲四目",其中"一纲"指台湾必须统一于中国;1978年中国共产党十一届三中全会以后,邓小平同志依据当时的国际背景,在毛泽东、周恩来关于争取和平解放台湾思想的基础上,提出了"一国两制"的科学构想。从此,"一个中国"原则成为了我党我国开展两岸协商的出发点。

---

① 中共中央台湾工作办公室,国务院台湾事务办公室编:《中国台湾问题》,九州出版社1998年版,第60页。

　　"一个中国"原则的正确表述是:世界上只有一个中国,大陆和台湾都同属于一个中国;尽管两岸尚未统一,但两岸同属于一个中国的法律事实从未改变;坚决反对任何形式的"台独"分裂活动。

　　强调"一个中国"原则的重要意义在于,它不仅是一项政策措施,更具有重要的法律价值。"一个中国"原则应当是两岸双方在建立军事互信协调机制前的首要共识。

　　早在1992年,海协会与海基会在香港就两岸事务性商谈中就如何表述坚持一个中国原则的问题进行了讨论,达成了两岸关于"一个中国"原则最为重要的"九二共识"①。从法律的角度来说,双方就"一个中国"的原则有了共同的意思表示,达成了初步的共识。我们可以将"九二共识"归类为海峡两岸关系发展的一项政治法律契约。坚持"九二共识",就是要求契约的双方在"一个中国"的原则上搁置争议,谋求国家的统一。台湾当局只有回到"九二共识"的立场上,两岸恢复平等谈判,才有可能实现两岸的军事互信。

　　2.坚持维护两岸人民的共同利益

　　台湾自古就是我国不可分割的领土,与大陆有着深厚的地缘、血缘关系,台湾同胞的文化、生活,无一不来自于大陆。十七大报告指出:"十三亿大陆同胞和两千三百万台湾同胞是血脉相连的命运共同体。"两岸同胞同根同源,中国是两岸同胞的共同家园。两岸分则两害,合则两利。共同的血脉和文化,共同的两岸关系前途,共同的中华民族伟大复兴愿景,把两岸同胞紧紧联系在一起。推动两岸关系朝着和平稳定方向发展,是两岸同胞的共同愿望和利益所在。十七大报告对台湾同胞作出了庄严承诺:"凡是对台湾同胞有利的事情,凡是对维护台海和平有利的事情,凡是对促进祖国和平统一有利的事情,我们都会尽最大努力做好。"②并要求继续实施和充实惠及广大台湾同胞的政

---

①　1992年两会各自口头表述原文:海基会表述——"在海峡两岸共同努力谋求国家统一的过程中,双方虽均坚持一个中国的原则,但对一个中国的含义,认知各有不同";海协会表述——"海峡两岸均坚持一个中国的原则,努力谋求国家统一,但在海峡两岸事务性商谈中,不涉及一个中国的政治含义。"《中国共产党总书记胡锦涛与亲民党主席宋楚瑜会谈公报》,2005年5月12日。

②　《中国共产党第十七次全国代表大会文件汇编》,解放军出版社2007年版,第44页。

策措施,依法保护台湾同胞的正当权益,支持海峡西岸和其他台商投资相对集中地区的经济发展。报告呼吁:"两岸同胞要加强交往,加强经济文化交流,继续拓展领域、提高层次,推动直接'三通',使彼此感情更融洽、合作更深化,为实现中华民族伟大复兴而共同努力。"①所以,实现中华民族伟大复兴,是两岸同胞共同的历史使命,更是两岸同胞共同的前途和希望所在。

实现两岸统一不仅是全中国人民的利益所在,更是全中国人民的权利所在。两岸同属一个中国不仅是政治语言,更是两岸统一的法理基础和前提。台湾同胞是我们的血肉同胞,是促进两岸关系和平发展的重要力量,也是反对和遏制一切"台独"势力的重要力量。

3. 坚持以协商方式解决两岸问题

建立台海两岸军事互信机制是以和平手段,友好地解决双方的矛盾,这也完全符合我党、我国坚持以和平方式解决台湾问题的方针政策。国际上和平解决争端概念通常指的是依据《联合国宪章》所规定的某种独特的程序,如谈判、调查、调解、仲裁以及司法解决各国际主体间的矛盾。其中,谈判是双方解决争端的主要方法,只有在直接谈判未能取得如愿结果或双方关系过于紧张而不能进行谈判时,才会求助于其他和平解决争端方法。

两岸能否成功签署《关于台海两岸军事互信协调机制的内部协定》,还必须坚持的最后一个指导思想就是坚持以协商方式解决两岸问题。这既是和平解决台湾问题的唯一途径,也符合台湾地区民主法治现状。

台湾地区的法律传统和渊源根植于民国时期的"六法全书"体系,奉行资本主义的民主法治原则,在孙中山先生的建国纲领基础上,形成了以民族主义、民权主义、民生主义为指导思想的"宪政体系"。因此,在探讨建立两岸军事互信机制的同时必须适应台湾地区的法治现状,保护谈判的民主性。

协商方式的好处就在于其能通过法律媒介获得民主原则的形式,使双方在探讨军事互信的同时让人民了解到同立法有关的协商过程和决策过程,使协商原则和法律媒介彼此交叠,并形成一个双方自愿遵守和履行的共识结果。

---

① 《中国共产党第十七次全国代表大会文件汇编》,解放军出版社 2007 年版,第 43—44 页。

因此,坚持以协商方式解决两岸问题被认定为签订《关于台海两岸军事互信协调机制的内部协定》的指导思想。

(二)《协定》订立的具体原则

与《协定》的指导思想不同,订立的具体原则是双方在协商过程中必须遵守的基本准则,贯穿协议商讨的始终,具有极强的可操作性。两岸结束长期的军事对峙状态,开展军事互信交流是制定本协议的主要目标,只要在"一个中国"的立场下,以维护两岸同胞的共同利益为出发点,协商就可以进行,并不涉及其他政治目标。基于这一认识,订立的具体原则应包括主权原则、实用原则和事务原则。其中主权原则是《协定》订立的主体基础,实用原则是《协定》订立的功能定位,事务原则是《协定》订立内容的依据。

1.主权原则

主权原则是指在坚持"一个中国"原则的基础上,大陆与台湾共同派出代表进行协商。两岸虽然存在着政治分立的现状,但是同属于一个中国的事实从未改变,中华人民共和国政府是中国大陆和台湾地区的唯一合法政府。两岸协商的主体是主权国家与国内地区。协商的目的是为了维护两岸关系的和平稳定,促进祖国的统一,防止外来势力的干涉。所以订立《协定》的首要原则是主权原则,任何企图脱离主权原则的言论或行为都将破坏双方的协商进程。

2.实用原则

实用原则是指《协定》的内容应紧密地围绕如何结束军事对峙,开拓两岸军事互信展开。军事互信是国际军备控制领域中的重要理论,有极强的专业要求。坚持实用原则就要求双方在"一个中国"原则基础上形成的法律文本对未来两岸开展的各项军事互信协调行动具备现实可操作性,不能仅是双方的口头宣誓。

3.事务原则

由于两岸军事互信是一个需要长期实现的目标,所以《协定》中最为重要的内容应该是建立两岸的协商制度,为两岸通过协商解决问题提供制度平台,这就是订立协议的事务原则。事务原则的考量来源于对两岸军事互信协商的"阶段性"认识。为实现两岸军事互信,可以采取分阶段、分步骤的方式,根据两岸关系的发展和军事互信的进程在不同阶段确定不同的手段措施,使两岸对军事互信的理解始终与两岸关系发展的状况相适应。

(三)《协定》的具体内容及释义

在两岸商讨的指导思想和订立《协定》的具体原则之上,参考建立信任措施概念中建立交流措施、透明度措施、限制措施和核查措施等基本手段和方法,结合两岸军事互信的实际需要,笔者拟定了《关于台海两岸军事互信协调机制的内部协定》具体内容,并释义如下:

第一条:为了结束两岸长期的军事对立局面,避免和协调军事摩擦冲突,开展多样化的军事合作,共同维护国家的主权和领土完整,维护中华民族的根本利益,在一个中国的前提下,大陆与台湾军方在平等互信基础上制定本协定。

释义:本条款是订立《协定》的优先性内容,明确了双方的立法背景、宗旨和适用范围。

第一,协定的背景。台海两岸在经过60多年的军事对峙之后,在双方领导人决定和平解决台海问题的背景下,通过协商达成两岸军事互信。第二,协定的宗旨。是指在一个中国的基础上,共同维护国家的主权和领土完整,维护中华民族的根本利益。这里要说明的是,"一个中国"原则应该是对"九二共识"中双方达成共识的延续,即只要是为实现本协定的宗旨,在事务性商谈中可以对"一个中国"的含义有不同的认知,双方的商讨不涉及政治含义。第三,协定的适用范围。协定仅仅是针对台海现状作出的临时性协定,只适用于台湾地区,不适用于香港、澳门地区,也不适用于所谓疆独、藏独问题。

第二条:两岸军方成立专门的军事协调组织,共同商讨两岸军事互信协调事务中的具体事项。

释义:本协定签订的内容是两岸军方的初步共识结果,在未来很长的一段时间内,双方应在共识的基础上就各项内容具体磋商,对双方军事互信活动做经常性管理和监督,这就需要两岸军方建立相应的部门以便交流。目前两岸的经济、文化等领域交流主要依托于1990年台湾当局成立的财团法人"海峡交流基金会"(海基会)和1991年在北京成立的社会团体法人"海峡两岸关系协会"(海协会),两会的成立固然为20年来两岸交流提供了巨大的推动力,但其根本性质只是依托于政府的民间组织机构。建立两岸军事互信机制所涉及的军事领域远远地超脱了两会的功能和职责。

基于台海两岸军事互信的重要性和必要性，可以在报经中央军委批准后，成立一个专职部门或小组作为两岸军事交流平台，划归国防部直接领导，由从事两岸关系、军事互信等领域研究的专门人才与谈判专员组成，负责两岸军事互信协商中的各项事务。同时，要求台湾方面建立对等部门。

第三条：设立定期的军事会谈制度。一般一年两次（上半年、下半年各一次），必要时，经一方提议可进行不定期会谈。

释义：本条款是在第二条的基础上订立，旨在双方建立对等沟通军事部门主体后，加强双方交流。

交流措施（communication measures）是有冲突倾向或关系紧张的国家之间保持交流渠道通畅的一种措施。这类措施通过建立例行、定期的情况交流机制或协商机制达到防止爆发危机的目的，并在爆发危机时有助于缓解和消除紧张局势。① 两岸军事互信是一个需要双方在今后一段时间内共同协商、努力达成的目标，有一定的迫切性。在《协定》签订以后，有必要设定这样的一个定期会谈制度，确保双方协商及时，同时防止台湾方面假意协商，实则拖延两岸和平进程的情况出现。另外，规定在出现意外情况或是发生紧急事件时，一方可以提议开展不定期会谈，增强双方交流机制的弹性。

第四条：建立两岸军事热线。

释义：热线（hot line）是指两国首脑之间为及时互相通报情况，防止发生各种危机而建立的直接通信联系，它是建立信任措施中的一项重要措施。② 建立热线的做法最早始于1963年8月31日，美苏在古巴导弹危机后，签订了《美苏关于建立直接通信联系的谅解备忘录》，建立了两国首脑之间的通信联系。我国在1993年、1997年分别与印度、美国建立了政府首脑之间的热线联系。

建立两岸军事热线是双方最直接、简单的交流方式，但是由于长期的军事

---

① 刘秋华：《军备控制与裁军手册》，国防工业出版社2000年版，第429页。
② 刘秋华：《军备控制与裁军手册》，国防工业出版社2000年版，第455页。

对峙,始终没有实现。两岸的热线交流还是依托于海协会和海基会已有的相互传真设施,但仅属民间层次。建议建立两岸领导人或者军事互信部门间热线,有助于双方及时沟通意见、化解误会。

第五条:两岸军方应互相通报在台海地区的重大军事行动。

释义:本条款属于建立信任措施中的透明度措施。

透明度措施(transparency measures)是有关国家制定的表述其单方面意图、原则或进一步公开其军事能力和军事活动的措施。①

回顾自第三次台海危机爆发以后,双方直接军事摩擦虽然基本消除,但又以开展军事演习为主要手段持续着军事对峙局面。中国人民解放军针对"台独"势力进行了一系列的军事演习,有效地打击了他们的嚣张气焰。台湾方面也一直开展"汉光"系列军事演习,始终以大陆方面为假想敌。两岸在台海地区的军事行动严重地危害了双方的互信基础。为避免双方互相猜忌,有必要在进行台海地区重大军事行动前相互通气,增加互信的透明度。

第六条:涉及台海地区的军事活动时双方可互派观察员、设置预警站。

释义:本条款是第五条的延续。互通重大军事行动是针对增加双方在台海地区军事行动中透明度的第一步,也是最简单和最基本的方法。互通重大军事行动的目的不是为了减少双方在台海地区的军事活动,只是为了增进互信。为了有利于更好地增进互信,双方可以在军事行动中互派观察员、设置预警站。我军曾有主动邀请外军观察员观摩"北剑-0308U"、"蛟龙-2004"、"铁拳-2004"和"北剑-2005"等多项军事演习的先例。②

由于历史的遗留问题,我国南海地区一直处于不稳定状态中,考虑到维护南海区域安全,我军不可避免地在南海地区要有军事行动和军事部署。这并不针对台湾,而是出于维护我国国家安全的战略考量。本着"透明开放,增进信任"的精神,可以互相邀请军事人员以观察员的身份观摩军事行动,设立预警站。

第七条:两岸军方应当加强军事友好交流。可互派军舰友好访问、互派军

① 刘秋华:《军备控制与裁军手册》,国防工业出版社 2000 年版,第 429 页。
② 中华人民共和国国务院新闻办公室:《2004 年中国的国防》,第 91—92 页。

官进行军事交流、互派官兵到对方军事院校学习,双方可适时开展联合军事演习。

释义:本条款是增进双方军事互信的高层次手段,不可能在实行军事互信初期实现。但是随着两岸军事互信交流程度的加深,仅仅处于低层次的手段方法显然不能满足实现两岸全面军事互信的要求。以上列举的军事交流活动是为长期的军事互信打下基础,提供依据。具体的活动方法、时间、人员安排由双方军事互信部门商定。

第八条:双方有共同维护中国领土主权完整的权利,包括在钓鱼岛及南海诸岛的主权维护中采取共同的立场。

释义:台湾和大陆同属于一个中国是双方达成的共识,两岸同胞同属中华民族的血脉是不可磨灭的事实。双方共同维护整个中国领土的完整不仅是要实现对内的和平统一,更要防备外来势力的干涉。特别是在外来势力对中国的领土、领空和领海权利有所侵犯时,双方要共同出动,抵御外敌入侵。

作为一项极其重要的宣誓性条款。本条款有三个作用:一是表明了双方建立行之有效的军事互信机制的决心;二是再次宣誓了中国对钓鱼岛及南海诸岛的主权,为维护国家的领土主权完整提供了重要的法律依据;三是表明了双方在南海问题上的态度和决心,对潜在的外来侵略起到了有力的震慑作用。

第九条:两岸发生的军事摩擦冲突,由双方成立的军事组织协调处置。

释义:本条款是应对双方在建立军事互信后应对可能出现的意外情况的危机处置预案。设置本条款的目的是防止意外的军事摩擦冲突违反本协定维护两岸和平的宗旨。对可能出现的意外情况的处置方法只能是通过两岸军事互信协商部门协调处置,不允许在未协商的情况下任何一方作出过激行为,更不能以此为借口单方面撕毁协定。

第十条:双方对彼此的军事机密负有保密的义务。

释义:本条款作为《协定》的最后一项,有其特有的重要意义。虽然在国际间建立的军事互信文件中并不多见,但是由于两岸军事互信的特殊性,订立此条款将显得尤为重要。其主要原因在于两岸开展的军事互信活动是全方位、深层次的,两岸双方有可能会接触到彼此的军事机密,目的在于保护彼此的军事安全。例如,在南海防卫中,两岸为避免误会可能会事先互通在南海地区的军事行动,但这仅限于双方之间,不能外泄。

Reflcetions on Establishing Mutual Military Trust
and Coordinative Mechanism in a Legal Structure

Abstract:To establish a military mutual trust and coordinative mechanism is a common expectation hold by leaders across the Taiwan Strait for the purpose of National Unification and Peace across the Strait. With the closing of 18th National Congrees of the CPC and the coming of his second term as the leader of local authority of Taiwan,factors favouring peace and development for the Cross-Strait Relations enhanced continuously, and negative factors was boycotted in a degree, which provides room for discussing the establishment of mutual military trust mechanism.To analyze,think and tackle this issue by applying a legal means is in accordance with the trend of international community and common interests of people across the strait.

Key words:Mutual Military Trust;Coordinative Mechanism

联合国维和行动法律依据研究整理

• 赵桂民 *

内容提要:对于联合国维和行动的法律性质,学界争议的焦点在于其是否是临时行为、集体措施、整个集体行动的一部分或解决争端的一种手段、国际惯例、共同决议的结果、非法干涉行为等等。赞成联合国维和行动有其自身的法理基础和法律依据的观点认为,维和行动具有合法性,其法律基础是《联合国宪章》赋予联合国的广泛权力。相反的观点则认为,维持和平行动的法律依据不明确也不充分,仅有惯例、习惯和指导原则。完善联合国维和行动的法律依据,可以多种途径进行规范。

关键词:联合国维和行动 法律依据 法律性质

一、联合国维和行动概述

联合国维持和平部队是联合国在维持国际和平与安全的实践中产生和发展起来的一种与宪章设计的采取强制行动的联合国部队有原则区别的新型的联合国部队。预防性、非强制性、中立性、国际性、过渡性表明了维持和平部队的基本性质和特征,其中最本质的是非强制性。向冲突地区派遣维持和平部队是联合国为应付可能危及国际和平与安全的情势所采取的一项临时措施。[①] 联合国维和部队不是联大的辅助机构,而是安理会的特殊辅助机关。[②] 联合国

---

* 赵桂民,中国人民武装警察部队学院副教授,法学博士。

① 黄慧康:《联合国维持和平部队的若干法律问题》,《法学评论》1986 年第 6 期,第 15 页。

② 陈卫东:《略论联合国维和部队的法律性质及相关问题——纪念联合国维持和平行动五十周年》,《法学评论》1999 年第 1 期,第 84—85 页。

维和行动始于1948年5月的第一次中东战争,据统计,至今已采取了63项维和行动,此间以冷战为界经历了第一代和第一代维和行动。60多年来,联合国所实施的维和行动虽有曲折和教训,但在维护国际和平与安全方面发挥了重要作用,成效明显。

联合国维和行动大致有三种形式:由军事观察员组成的联合国军事观察团,由若干会员国派出的武装分遣队组成的联合国维和部队以及由若干会员国派出的联合国维和警察。冷战后,联合国维和行动出现了新特点,如维和行动的规模增大、次数增多;维和职能趋向多样化;维和行动受到重视,多种力量参与到维和行动中。近年来,随着国际形势的变化,不断出现的新情况促使联合国维和行动职能得以拓展,维和行动的任务范围日益扩大,维和任务不断向纵深发展,概括起来维和任务主要有:观察、报告有关地区局势;监督停火、修战或停战;监督、执行脱离接触协议,使冲突双方脱离接触;监督和督促有关方面撤军、协助裁减军备、军人复员和武器控制、遣散武装人员、解除武装;帮助执行和平协议;维护边界、防止非法越界和军事渗透;控制有关方面达成的军事分界线和隔离区;进行预防性部署;建立非军事区或安全区;暂时托管某一有争议的地区;协助稳定安全的环境;建立警察部队、协助培训民警、协助恢复或维持地方治安;参与行政管理、维持社会秩序;维护平民活动;组织或者监督自由选举、主持大选或者全民公决;直接控制东道国国防、外交等重要部门;向选举产生的新政府移交权力;战俘交换;帮助扫雷排雷;维修机场、修筑公路和桥梁;建设供水、供电设施、重建其他基础设施;对难民的救助、运送人道主义救援物资、提供人道主义救援、保护和分发其他人道主义救助;安置难民、遣返难民、帮助难民重返家园;保护联合国人员和人道主义人员及物资;调查侵犯人权状况;援助经济复兴等等。

二、联合国维和行动的法律性质

联合国维和行动是联合国维护世界和平与发展的一项重要手段。面对日益复杂的国际安全形势,维和行动至今还未形成完整、规范的国际制度,同时由于没有法律文本的规范,对于其法理依据及法律性质均未有定论。目前,概括而言,关于维和行动的性质的界定主要有如下几种。

第一，按照《宪章》第 7 章第 40 条界定维和行动的性质。这种观点认为维和行动的法律依据来源于《宪章》，而其性质即是针对正在进行的地区冲突，由联合国安理会负责实施的、代表联合国意志的临时行为。但有的学者认为："按照《联合国宪章》第 7 章第 40 条来为维和行动提供法律已远远不够，尤其无法证明冷战后大规模国际干预行动的合法性。"[①]

第二，依据《宪章》第 1 章第 1 条中所规定的联合国宗旨界定维和行动的性质。虽然《宪章》本身没有对维和行动作出明确的规范，但是《宪章》的宗旨和原则却暗含了联合国具有采取有效办法维持和平的权力，这种权力即国际法所指"隐含权力"，而维和的性质显然也就是联合国针对冲突地区实施的有效集体措施了。

第三，依据《宪章》有关条款，认为维和行动是联合国所采取的整个集体行动的一部分，是一种临时性行动，是解决争端的一种手段。如有学者认为，维持和平行动是为了促成和平创造条件的一种临时性措施和辅助手段，但不能将其混同于争端的和平解决。它是广义上的联合国维持国际和平与安全的"集体办法"的相关及附属部分。全部"集体办法"分布在《联合国宪章》的有关条款中，为联合国从和平解决国际争端到应付侵略行为提供了一整套措施，包括：政治、外交、法律办法、区域办法、临时办法，直至强制行动。维持和平行动是联合国依据宪章为维持或恢复国际和平及安全所采取的范围较广的行动的一部分。[②]关于维和行动的性质和目的，联合国第五任秘书长德奎利亚尔曾指出："维和行动的做法是把非暴力原则引入军事领域，是取代冲突的一种体面的办法，是一种减少纷争和冲突的手段，目的是通过谈判找出实现和平的方法。"也就是说，维和行动在性质上并不属于使用武力的范畴，其目的是遏制威胁和平的局部冲突的扩大，或者防止冲突的再起，从而为其最终的政治解决创造条件。也有学者认为，联合国维和行动是超越了《宪章》规则的创新行动。[③] 维和行动

---

① 黄仁伟：《冷战后联合国维和机制改革的影响及其与国家主权的冲突》，《上海社会科学院学术季刊》1995 年第 4 期。

② 盛红生：《联合国维持和平行动法律问题研究》，时事出版社 2006 年版，第 80—81 页。

③ 董番舆、赵相林主编：《中国涉外法律实务大辞典》，北京工业大学出版社 1993 年版，第 125 页。

是联合国最成功的创新活动,但维和行动至今未形成一种规范的国际制度,它只是联合国解决地区争端所采取的一种手段。还有学者认为,维和行动所实施的纯属政治和外交手段,与"执行和平"是依据争端的不同情势而确立的两种不同范畴的行动。①

第四,维和行动来源于近60年来在实践中形成的国际惯例。由于现行国际法律文本中关于维和行动没有明确的规定,而将其法律依据归于《宪章》则显牵强。而维和行动从一开始就是在广大会员国的默认和支持下进行的,它在实践中形成了自己的惯例和行动原则,并为各会员国所认可,具有国际法约定的默示授权性质,因而其性质属于国际习惯。②

第五,维和行动是安理会或者联合国大会共同决议的结果。该观点以1962年国际法院针对联合国西伊里安行动所做的解答为代表,认为维持国际和平与安全不仅是安理会的"专属权利",而联大同样也与国际和平与安全问题有关。③ 这类观点实际上否定了安理会在维和行动上的否决权,扩大了维和行动的决策权,以此为指导的维和行动必然会有强权或滥权的可能。

第六,认为维和行动具有多元性质。有学者还认为,维和行动的首要法律特征就在于它是联合国国际法体系下的合法行为,具有中立性和非强制性。……维和行动的法律特征在于其行动目的的非干涉性和军事行为的有限性。……维和行动的第二个法律特征即在于其不以利益为驱动,对世界的不安定因素予以普遍关怀,执行范围和执行主体具有国际性。维和行动的法律性质除了中立性、非强制性、临时性、地区性等一般性质之外,还应具有以下特征:联合国所属准军事行动性质、国际法约定的默示授权性质、维护国家间独立平等的工具性质。④

---

① 张国辉:《对完善联合国维和行动法律机制的思考》,《东方论坛》1999年第1期,第62页。

② 任元元:《试论联合国维和行动的法律性质》,《武警学院学报》2007年第1期,第37页。

③ 张学森、刘光本:《联合国》,上海财经大学出版社2005年版。

④ 任元元:《试论联合国维和行动的法律性质》,《武警学院学报》2007年第1期,第37页。

第七，认为联合国维和行动是一种非法干涉行为。联合国在实践当中发展出来了一系列的所谓"维持和平行动"的规则和制度，尽管这种行动的正当性依据在联合国宪章里找不到明确的规定，一个根本的问题就是，这种行动既不是在宪章第 2 条第 7 款中所规定的例外——宪章第七章的框架下行事，也不是真正按照宪章第六章的规定开展行动，因此，严格地说这些维和行动的开展本身就是对一国的内部事务的干涉。当然这个问题是一个值得进一步探讨的问题。①

通常认为，维和即联合国维持和平行动，是由联合国安理会或大会通过决议创建，由联合国秘书长指挥，使用武装或非武装军事人员（包括警察部队和文职人员），从事解决国际冲突、恢复和维持国际和平的一种集体行动。② 简而言之，就是联合国根据有关决议向冲突地区派遣军事人员以恢复或维护和平的行动。

三、联合国维和行动的法理基础和法律依据

联合国维持和平行动不仅是政治行动，而且也是涉及有关各方具体权利与义务的法律行为。既然是法律行为，就要有据以作出此项行为的法律依据。可问题是，《联合国宪章》第六章规定了解决争端的和平手段，第七章规定了经济制裁、武器禁运和使用武力等强制性手段，虽然《联合国宪章》中明确将维护国际和平与安全的主要责任授予联合国安理会，但是在《联合国宪章》案文中并没有出现或提及类似"维持和平行动"语句，而只是强调联合国的宗旨为"维持国际和平与安全"。因此，联合国维持和平行动虽然非常重要，但《联合国宪章》中对此并没有明确的规定。无论是第六章规定的和平性国际干预，还是第七章规定的强制性国际干预，都没有提到联合国维持和平行动。联合国出版物《蓝盔》一书称："很难将各种维和行动列于宪章的某个单独的条款之下。"③故而，关于联合国维持和平行动的法理依据问题的观点各异。对

---

① 李伯军、钱凤莲：《论联合国体制下的干涉问题与国际法》，《求索》2006 年第 11 期，第 96 页。

② 参见陈世跃：《浅析联合国维和行动》，《国际关系学院学报》2001 年第 1 期，第 18 页。

③ *The Blue Helmets：A Review of United Nations Peacekeeping*（2nd edition），New York：the United Nations Department of Public Information，1990，p. 5.

于联合国维和行动的法理基础和法律依据,无论联合国还是其他国家或组织抑或国际国内的学者,都存在不同的看法。

(一)联合国维和行动有其自身的法理基础和法律依据

联合国维持和平行动的"制度化缺失"[1]并不能否认维和行动的合法性。联合国维和行动的法律基础是《联合国宪章》赋予联合国的广泛权力,法律依据是《联合国宪章》的有关规定。有学者认为,联合国维和行动的理论依据是,联合国在现场的公正存在有助于减缓紧张局势,让当事各方可通过谈判达成解决冲突的方法。……由于维和行动是联合国成立之后产生的新事物,《联合国宪章》中并没有明确的维和条款。但是,不能因为宪章中很难找到对维和行动直接论述的条款就认为维和行动不具备任何法律依据。事实上,联合国维和行动的基本依据的确来自于《联合国宪章》,即联合国的宗旨之一就是"维持国际和平及安全;并为此目的:采取有效集体办法,以防止且消除对于和平之威胁,制止侵略行为或其他和平之破坏;并以和平方法且依正义及国际法之原则,调整或解决足以破坏和平之国际争端或情势"。可以认为,《联合国宪章》的有关规定已经为联合国后来在实际中进行维和行动提供了间接的但也是基本的法律依据。……可以认为联合国维和行动符合宪章的宗旨和原则,它依据宪章而产生,其法律基础来源于宪章赋予联合国的广泛权力[2],是一种以特殊方式使联合国的影响延伸到冲突地区并使冲突逐步降级的一项手段。……由于维和行动源于宪章赋予的广泛的权力(也可以称为隐含权力),在执行过程中,维和行动的实施和组织还必须有其他规定作为法律依据的补充。考虑到每次维和行动都面临着不同的情况,需要更具体的法律依据来规范,因此许多维和行动要以个案的方式来处理……事实证明,联合国并不是无所不能的……多样性的特点。[3] 还需指出的是,联合国关于维和行动的依据也是不断完善的,其中也包括一些惯例的形成。如联合国维和行动在其

---

[1] 参见李义中:《维和行动的制度化缺失问题浅探》,《世界经济与政治论坛》2001年第2期。

[2] *The Blue Helmets:A Review of United Nations Peacekeeping*(2nd edition),p.5.

[3] 赵磊、高新满等:《中国参与联合国维持和平行动的前沿问题》,时事出版社2011年版,第10—13页。

长期的实践过程中有三项基本准则已经为国际社会认可：即当事国同意原则、公正、中立原则和非强制原则。事实证明，这些原则是联合国维和行动取得比较好的效果的基本保证。①

第一种观点认为，联合国维和行动的法律依据是《联合国宪章》第 1 条即联合国的宗旨。《宪章》第 1 条所列宗旨第一项："维持国际和平及安全；并为此目的：采取有效具体办法，以防止且消除对于和平之威胁，制止侵略行为及其他对和平之破坏；并以和平方法且依正义及国际法原则，调整或解决足以破坏和平之争端或情势。"只要留心联合国维和行动实践的主要方面，就不难发现，维和行动与宪章的这一宗旨是一致的，可以说宪章的这一条就是联合国维和行动的法律依据。② 但是，有学者认为，《宪章》的宗旨和原则作为抽象的准则，并没有为维和行动提供具体的、明确的行为规则，把第一条作为维和行动的依据是说不通的。③

第二种观点认为，联合国维和行动的依据主要来自《联合国宪章》第 29 条的规定，属于安理会认为必需的"辅助机关"。

第三种观点认为，联合国维和行动源于《联合国宪章》第六章和平解决战争的办法。《联合国宪章》第六章规定在争端发生后各国应和平解决争端，"任何争端的当事各方，在争端的继续存在足以危及国际和平与安全时，应首先以谈判、调查、调停、和解、公断、司法解决、地区机构或地区协议等措施来解决争端，或当事各方自行选择其他的和平方法"。联合国安理会"应该调查任何争端或可能引起国际摩擦或争端的任何局势，以断定该项争端或局势的继续存在是否足以危及国际和平与安全"。

第四种观点认为，联合国维和行动属于《联合国宪章》第七章第 40 条规定的临时办法。第七章规定，在和平解决争端的努力失败的情况下，运用集体

---

① 唐永胜：《联合国维和机制的演变及决定其未来走势的主要因素》，《世界经济与政治》2001 年第 5 期，第 65—66 页。

② 宋玉波：《联合国维和行动的国际法根据和问题》，《现代法学》1995 年第 5 期，第 93 页。

③ 左清华：《联合国维和行动对国际法的挑战》，《法制与社会》2011 年第 7 期（上），第 245 页。

安全的强制性措施维持或恢复国际和平。宪章第 40 条可看作是维和行动的法律依据,因该条规定在诉诸第 41 条(不使用武力的措施)或第 42 条(使用武力的措施)规定的行动之前,安理会可以采取"所认为必要或合宜之临时办法"①作为一种"临时办法"防止冲突局势的恶化。因此,从维和行动的建立程序、职责范围、活动实践来考察,以宪章第 40 条来解释维持和平行动,似乎比较符合宪章的精神。有学者还提出以宪章第 40 条为依据的可能性,这种可能性被下列事实所证实:在所有实质性问题上,维持和平部队的性质和基本特征是与宪章第 40 条规定的各项要件相符的;维持和平部队的预防性、非强制性、中立性、过渡性,都可以在该条找到相应的根据。因此,宪章第 40 条是安理会建立维持和平部队最合适的法律基础。同时,依宪章第 40 条建立维持和平部队必须遵守该条所规定的各项实质要件。② 宪章第 40 条适宜作维持和平部队的宪章依据:第一,维持和平部队的目的与第 40 条目的的一致性。第二,维持和平部队的职能与第 40 条下的措施的一致性。第三,维持和平部队的非强制性与第 40 条的法律效力的一致性。第四,维持和平部队的中立性与临时办法不损害当事国权益原则的一致性。第五,维持和平部队过渡性与第 40 条办法的临时性的一致性。③ 甚至有学者认为,冷战后,在联合国维和行动中,宪章第七章所规定的强制措施被频繁使用而且扩大化运用,以至于有的学者把维和行动称为《联合国宪章》的第 7.5 章。④

第五种观点认为,联合国维和行动的法律依据来源于《联合国宪章》"第六章半的规定"。从形式上看,第 40 条属于第七章的内容,但从本质上讲维持和平行动因为不具有强制力,与第七章规定的其他强制行动又有所不同。联合国秘书处的解释是:在宪章关于调解的条款和关于强制行动的条款之间有一个空白,维持和平行动发展成为填补这种空白的实际办法。联合国维和

---

① 李铁城:《联合国五十年》,中国书籍出版社 1995 年版,第 194 页。

② 黄慧康:《联合国维持和平部队的若干法律问题》,《法学评论》1986 年第 3 期,第 15 页。

③ 黄惠康:《论联合国维持和平部队的法律基础》,《中国社会科学》1987 年第 4 期,第 172—174 页。

④ 刘明:《国际干预与国家主权》,四川人民出版社 2000 年版,第 79 页。

行动既不同于宪章第六章规定的斡旋、调解等外交和平解决争端手段,也不同于第七章规定的制裁、军事行动等强制手段,而是介于两者之间的一种国际干预行动,是一种动用军事人员但不采取武力行动的一种特殊手段,是第三种解决方式——在国家同意的基础上、由联合国组织的部队和人员介入冲突地区、运用非武力的方式解决国际争端,这在一定程度上弥补了第六章和第七章的不足,既遏制了冲突、为最终和平解决争端创造条件,又避免了使用武力。正因为如此,联合国第二任秘书长、维和行动奠基人之一哈马舍尔德称,"维持和平行动应列入新的一章中,即'六章半'"。① 这一称呼背后多少反映了一些对维和行动法律依据的疑惑。因此,在宪章第六章与第七章之间,联合国为实施集体安全保障而推出了维和行动这一折中的临时性预防措施。维和行动是联合国成立以后,在调解和处理地区冲突实践中创造并不断发展起来的,是介于《联合国宪章》第六章与第七章规定的两种手段之间的特殊措施。"六章半行动"形象地指出了维和行动这种介于第六章和第七章之间的居中性质。

第六种观点认为,联合国宪章的第六、第七两章有内在的逻辑联系,从而构成联合国维和行动的法律基础。②

第七种观点认为,虽然宪章没有明文规定安理会可以根据宪章的哪些条款建立一支联合国统率下的维持和平部队,安理会的有关决议也未明确指出所依据的宪章条文,但从维持和平行动的性质和基本特征来看,第 1 条第 1 项、第 36 条第 1 项和第 40 条最为合适。第 1 条第 1 项规定了联合国的宗旨,第 36 条第 1 项规定:"属于第 33 条所指之性质之争端或相似之情势,安全理事会在任何阶段,得建议适当程序或调整方法"。第 40 条规定:"为防止情势之恶化,安全理事会在依第 39 条规定作出建议或决定办法以前,得促请关系当事国遵行安全理事会所认为必要或合宜的临时办法。此项临时办法并不妨碍关系当事国之权利、要求或立场。安全理事会对于不遵行此项临时办法之

---

① *United Nations Peace-keeping*, New York: United Nations Department of Public Information, 1993, p. 6.

② 谢丹:《论人权法在联合国维和行动中的适用问题》,《西安政治学院学报》2012 年第 2 期,第 84 页。

情形,应予适当注意"。这 3 条作为一个整体而构成维持和平行动的宪章依据。分析起来,这三条可以分为两个层次:第 1 条第 1 项可以看作第一个层次。联合国作为一个普遍性的国际组织,负有维持国际和平的重大任务,而建立维持和平行动便构成它们执行和平任务的一项主要的活动。换言之,联合国为实现其宗旨应具有一种隐含权力,即:建立维持和平行动的权力。如西方有些学者认为的那样,联合国组织可以负担各项施行规则虽没有委任给它但为了达成其宗旨所必需的那些任务。我国一些学者也认为,宪章的第 1 条对各个条款的解释与适用具有重要意义。它是宪章精神的高度概括,它给联合国本身及其会员国规定了各项带原则性的法律义务和应该遵循的行动方针。① 第 36 条第 1 项和第 40 条可以作为第一个层次,它是维持和平行动具体措施的规范化。如果说第 1 条第 1 项"维持国际和平及安全"是联合国的基本目的,为了达到这一目的,宪章规定了两个步骤,这两个步骤所指出的预防与制止破坏和平行动的集体措施以及解决争端的和平方法,在宪章的第 7 章与第 6 章中进一步分别作了具体的规定;那么,就维持和平行动而言,第 1 条第 1 项是原则性的规定,第 36 条第 1 项、第 40 条则是这一原则性规定的具体化。由上可见,这两个层次条款,既有维持和平行动的原则性规定,又有维持和平行动的规范性措施,相互为用,互相依托,犹如一台钢筋混凝土的三脚架一起构筑了维持和平行动的法律基础。因此,根据以上分析可以得出如下结论:宪章第 1 条第 1 项、第 36 条第 1 项和第 40 条是安理会建立维持和平行动最适当的具体宪章依据。因为,第一,维持和平行动的目的与这 3 条目的的一致性。第二,维持和平行动的职能与这 3 条下的措施的一致性。第三,维持和平行动的非强制性与这 3 条的法律效力的一致性。第四,维持和平行动的中立性与临时办法不损害当事国权益原则的一致性。第五,维持和平行动的过渡性与第 40 条办法的临时性的一致性。②

第八种观点认为,维持和平行动并没有某条固定的法律依据,每次维持和

---

① 参见梁西:《国际组织法》,武汉大学出版社 1993 年版,第 52 页。

② 杨泽伟、苏彩霞:《〈联合国宪章〉与联合国维持和平行动》,《甘肃政法学院学报》1997 年第 3 期,第 72—73 页。

平行动的依据都有不同,分别涉及《联合国宪章》第 11、14、18、24、29、40、41、42、48、99 条等。

第九种观点认为,联合国维持和平行动的国际法依据主要来自国际习惯规则、《联合国宪章》的有关条款以及联合国与各有关国家和冲突方之间的协议。(1)国际习惯规则。国际习惯是国际法的主要渊源之一,是调整国际关系和约束国家行为的不成文的国际法。联合国维和行动是联合国在实践中创建和发展起来的一种行动,它的行动依据、基本原则、具体制度、经费来源等内容都具备成为国际习惯的基本条件。作为最大的政府间国际组织,联合国承担着国际法原则规则主要的造法任务,即使《联合国宪章》没有明确规定,联合国也可以在实践中逐步编纂和发展国际法。目前,安理会有关维和的决议、秘书处维和部下发的各种文件、大量国家对维和事务的实践与参与、冲突地区国家的广泛接受和同意、国际性司法机构的裁决和意见等,都宣示和证明着维持和平行动具备国际习惯的法律基础。(2)《联合国宪章》的有关条款。《联合国宪章》第 29 条规定和第 40 条所规定的"辅助机关"和"临时办法"都没有明确哪种类型或种类,这种规定实际上赋予了安理会行动很大的空间。既然安理会为了完成职务之需要可以设立"辅助机关",既然在强制执行行动之前,安理会可以采取所认可的临时办法来防止情势恶化,那么设立怎样的"辅助机关"、采取何种"临时办法",就应由安理会的实践来决定。显然,"《联合国宪章》为维持和平行动提供了一个延伸和灵活的国际法律框架"。① (3)联合国与各有关国家和冲突方之间的协议。条约是国际法的主要渊源,也是判断国际法主体的行为是否合法的重要标准。在法律上,联合国是一个独立的法律人格,它独立地参与国际关系,是国际关系中可以承担义务、享受权利的重要主体之一。联合国可以就其职能范围内的所有事项与其他国际法主体包括国家签订各种协议,彼此遵照执行。联合国维持和平行动中的同意原则实际上是通过与有关当事国的协议来体现的。这里,有关当事国既包括了派出维和人员的派遣国,也包括了接受维和人员的驻在国。联合国维持和平行动

---

① Martin Dixon et al, *On International Law* (4th Edition). London: Oxford University Press, 2003. p. 571.

的这种协议性,是维和行动区别于《联合国宪章》第七章的强制执行行动的关键所在。事实上,联合国有相当一部分维和行动是在冲突国家的强烈要求下实施的。可见,维和行动不是用于制裁某个会员国,而是联合国与各有关国家国际合作的产物,它是国际组织和国家在自由同意的基础上充分行使组织权利和国家主权的结果。①

第十种观点认为,联合国维持和平行动的法律依据来源于国际法院的司法判例。1962 年国际法院针对联合国西伊里安行动做出解答,认为维持国际和平与安全不仅是安理会的"专属权利",而联大同样也与国际和平与安全问题有关。② 但是,有学者认为,这种观点实际上否定了安理会在维和行动上的否决权,扩大了维和行动的决策权,为大国强权以维和行动为借口干预别国内政提供依据,以此为指导的维和行动必然会有强权或滥权的可能。根据《国际法院规约》第 38 条,"司法判例"不是国际法的渊源,而是"确定法律原则之辅助资料",且根据第 59 条,"法院之裁判除对于当事国及本案外,无拘束力。"所以,法院的判决只对案件当事国和本案件有拘束力,对后来发生的案件并没有拘束力,但国际法院在审判中对于国际法原则、规则、制度的认证和确定国际法院作出的解答往往被以后案件所援引,有助于国际法原则、规则和制度的确定。因此,法院判例的结果并不能成为一种权威性的法律依据。③

第十一种观点认为,目前学界公认的联合国维持和平行动的法律基础表现为以下几种形式:国际公约、双边条约、国际组织决议以及国内法。双边条约是指联合国与东道国之间的双边协定。联合国维持和平行动的主体是联合国,但东道国同意乃是一重要原则。即使联合国做出采取行动的决议,如果东道国不同意,行动便无法开展。④ 这反证了联合国法依据本身只是必要条件,无法单独构成采取行动的充分条件。只有结合在双边协定中表明的东道国的

① 万霞:《冷战后联合国维持和平行动的法律分析》,《外交评论》2005 年 6 月总第 82 期,第 50—51 页。
② 张学森,刘光本:《联合国》,上海财经大学出版社 2014 年版。
③ 左清华:《联合国维和行动对国际法的挑战》,《法制与社会》2011 年第 7 期,第 245 页。
④ 中国国际战略学会军控与裁军研究中心:《当代国际维和行动》,军事译文出版社 2006 年版,第 17—18 页。

同意才构成充分条件,无论这种同意表现为正式的国际书面文件还是"君子"协定式的口头承诺。① 国际组织决议是涉及联合国大会的决议。从法理上讲,联合国大会的决议不具有法律约束力,但某些特定的决议按其目的和内容是要宣示国际法原则、规则和规章、制度的,这些决议及其包含的宣言的法律效力是值得注意的。② 在国际实践中,各国时常引证联合国大会决议和其他国际组织的决议来确定或解释国际法的各项规范。因此,现时联合国大会的建设性决议(其次是其他国际组织的决议),不仅对于建立国际法的新规范具有重要作用,而且对于判定或解释国际维持和平行动具有一定的效力。③ 如有学者认为,1950 年的《联合维持和平决议》可以作为建立维持和平行动的法律基础。在联合国维和行动进行的过程中,安理会形成的有关决议和文件也逐渐成为具有法律效力的原则、准则、规范和决策程序,而且也得到了国际社会的承认。作为联合国维持和平行动的法理依据,国际组织决议和国内法以及单纯的国内法是源于两个个案,前者是以卢旺达内战双方达成的《卢旺达和平协定》为现实模板,后者是联合国安理会的五个常任理事国就柬埔寨问题达成的《全面政治解决柬埔寨冲突》为先声。④

还有学者论道,联合国维持和平行动需要国际法律的指导和支持,同时自身也产生了一系列的法律文件,包括《联合国宪章》、双边条约、联合国决议、区域组织或区域安排作出的决议或决定、东道国的邀请文件。⑤《联合国宪章》没有明确的关于维和行动的条款,但是宪章所确立的宗旨、原则和精神,又确实为维和行动提供了法律上的依据。近年来联合国实施或授权其他国际组织实施的维和行动有些就是根据《联合国宪章》相关规定采取的行动。双

---

① 刘恩照:《联合国维持和平行动》,法律出版社 1999 年版,第 142 页。

② 中国国际战略学会军控与裁军研究中心:《当代国际维和行动》,军事译文出版社 2006 年版,第 17—18 页。

③ Paul F.Diehl, *International Peacekeeping*, Baltimore and London:The Johns Hopkins University Press, 1994, p. 22.

④ 庞森:《联合国维和行动趋势与挑战》,《世界经济与政治》2007 年第 6 期,第 63 页。

⑤ 林子琛:《军队参与联合国维持和平行动的国内立法问题研究》,《湖南公安高等专科学校学报》2009 年第 4 期,第 85—86 页。

边条约有如《联合国人员与联合国有关人员安全公约》和《维和部队地位协议》。《联合国人员与联合国有关人员安全公约》明确规定,每个缔约国承担确保联合国人员和有关人员的安全和保障的义务。为支持联合国维和行动,保护我国维和人员的生命安全,我国人大常委会于 2004 年 8 月 28 日批准加入了《联合国人员和有关人员安全公约》,但同时声明对该公约第 22 条第 1 款予以保留,不受该款约束。至 1956 年联合国第一支维和部队派往西纳半岛执行维和任务起,联合国就与埃及政府签订了《维和部队地位协议》,以明确维和人员在任务区的权利义务、司法管辖及安全等事项。目前,联合国在派出维和特派团之前与东道国签订《维和部队地位协议》已经成为联合国启动维和行动的先决条件。①

第十二种观点认为,联合国维和行动的依据是《联合国宪章》赋予联合国的一种暗含权力,法律依据隐含在宪章有关条款中。虽然联合国的组织文件中没有明确赋予和规范,但是维和行动显然也就是联合国针对冲突地区实施的有效集体措施,可从联合国的宗旨和原则中推论出来。《联合国宪章》作为影响最大的国际公约,已成为现代国际法的最重要渊源。《宪章》的宗旨和原则暗含了联合国具有采取有效办法保护集体安全的权力,这种权力即国际法所指的隐含权力,建立联合国维持和平行动的授权就隐含于此。② 联系宪章的宗旨与原则,可以推导出这样一种结论,即为了维持国际和平与安全,联合国有权采取维持和平行动,而不论这种权力是宪章明文规定的,还是"暗含"在有关条款的措辞中。③ 为达成宪章的宗旨,联合国有权采取包括维持和平行动在内的、必要的国际行动,其基本法律依据隐含在宪章的有关条款之中。

(二)联合国维和行动缺乏明确的法理基础和法律依据

这种观点认为,维持和平行动的法律依据不明确也不充分,在法律依据方面仍是空白,目前它正在"真空地带"游荡。关于维和行动的合法性,联合国

---

① 赵宁:《当代国际维和行动》,军事译文出版社 2006 年版。

② John Halderman, "Legal Basis for UN Armed Forces", *American Journal of International Law*, Vol. 156.(1962),p. 972.

③ 孙萌:《联合国维和行动违法责任研究》,知识产权出版社 2006 年版,第 18 页。

秘书处在《联合国手册》(第十版)中解释说:"在宪章中关于调解的条款和关于强制行动的条款之间有一个空白。维持和平行动发展成为填补这种空白的实际办法。"我国学者据此认为"维和行动的法律依据并不充分"。① 目前维和行动无国际法依据,国际法备显乏力。② 从国际社会的实践需要来看,这些干涉行动具有一定的合理性和正当性。但另一方面,联合国在这方面又苦于找不到明确的法律依据,例如典型的就是联合国自 1948 年以来所开展的维持和平行动就是如此。③

该种观点认为,联合国维和行动的法律依据是惯例、习惯和指导原则。众所周知,联合国维持和平行动是在实践中产生和发展的,符合宪章的宗旨和原则的,但是维和行动的理论基础并不充分,这主要是针对联合国维持和平行动缺乏明确的国际法上的规范。一般来讲,宪章第 40 条可看作是维和行动的法律依据,因该条规定在诉诸第 41 条(不使用武力的措施)或第 42 条(使用武力的措施)规定的行动之前,安理会可采取"临时办法"防止冲突局势的恶化。遗憾的是,这样一种"临时办法",竟然"临时"了半个多世纪,至今维和行动仍只存在一些习惯性的做法和惯例,并无一整套完整、严密的理论体系和有约束力的规则。④ 联合国维持和平行动还是存在明显的制度化缺失:它既不同于宪章第六章规定的和平解决争端的纯外交手段,也不同于第七章的强制行动。⑤ 有的学者认为,维和行动在《联合国宪章》中没有相应的明确规定,也没有专门的国际法律文件加以规范,有关的原则、规则和操作方法都是在实践中形成的惯例。⑥ 由于既没有一个正式的、统一的定义,又没有一套见诸法律文

① 顾德欣:《自卫权的解释与运用的政治先于法律》,《走向 21 世纪的联合国》,世界知识出版社 1996 年版,第 90 页。

② 左清华:《联合国维和行动对国际法的挑战》,《法制与社会》2011 年第 7 期,第 245 页。

③ 李伯军、钱凤莲:《论联合国体制下的干涉问题与国际法》,《求索》2006 年第 11 期,第 97 页。

④ 万霞:《冷战后联合国维持和平行动的法律分析》,《外交评论》2005 年第 6 期,第 50 页。

⑤ 郭丹妮:《浅析联合国维和行动面临的几个问题》,《法制与社会》2012 年第 10 期上,第 174 页。

⑥ 贺鉴、蔡高强:《从国际法视角看冷战后联合国维和行动》,《现代国际关系》2005 年第 3 期,第 31、25 页。

书的行为准则,因此使得维和行动的指导原则、组织原则及指挥运行机制混乱不清。有的学者认为,长期以来,联合国维和行动缺乏法理上的支持,维和行动的法律依据往往是《联合国宪章》中的一些指导性原则及在长期的维和行动中形成的一些惯例和习惯。① 还有学者认为,维和行动的法律效力来源于国际惯例。维和行动产生的法律效力并不是来源于联合国大会的决议,而是来源于实践中形成的惯例。联大决议本身不具有法律效力,一个本身不具有法律效力的决议不可能赋予一项事物法律效力。事实上,维和行动在最初产生时就得到了当事国的许可,其他广大会员国也给予默认。此后很长一段时间内,维和行动的实践得到了绝大多数会员国的支持,并形成了一套基本完整的制度。正因为如此,维和行动可以看作是"实践中形成的惯例",即在联合国框架内,通过长期的国家和国际组织的实践形成的惯例,从而构成了维和行动的国际法依据。②

对于认为维和行动的法律依据来源于在实践中形成的国际惯例的观点,有学者认为,由于现行国际法律文本中关于维和行动没有明确的规定,这种观点就将其法律依据认定为联合国在 60 多年维和实践中,在广大会员国的默认和支持下形成的国际惯例。但是国际惯例不同于国际习惯,它是单纯的重复的类似行为,没有法律拘束力,只有逐步被各国国内法认定后,才可以转变为国际习惯,从而形成法律拘束力。③

四、联合国维和行动法律依据的完善

(一)联合国维和行动的法律渊源

维和必须依法,依法才能维和。从目前来看,无论是联合国、联合国维和人员及武器装备的派遣国、提供国、过境国还是东道国、其他当事国及相关国家或地区,无论是相关国家的国内组织还是相关国际组织,无论是联合国维和

---

① 秦岭:《联合国维和行动的历史与发展及新时代背景下其面临的问题与对策》,苏州大学 2011 年法律硕士学位论文,第 11 页。

② 任元元、汪欣:《联合国维和行动立法问题研究》,《武警学院学报》2010 年第 1 期,第 29 页。

③ 王铁崖:《国际法》,法律出版社 1995 年版,第 14 页。

人员、联合国其他相关人员,还是相关国家或地区的人员、其他国际组织或地区组织的人员,在联合国维和准备到维和开始和结束的整个维和行动中,除需要尊重或遵守相关的国内法和国内习惯以及国际习惯以外,还必须尊重或遵守其他相关的国际规定、规则、章程、国际公约、协议、协约、条约、公告、惯例、习惯等,有如《联合国宪章》、联合国安全理事会或联合国大会的相关决议、1946 年《联合国特权和豁免公约》、1949 年《日内瓦四公约》、1950 年《联合国完成和平决议》、1954 年《关于发生武装冲突时保护文化财产的公约》、1977年《日内瓦四公约》的两个《附加议定书》、1990 年《维持和平行动部队地位协定范本》、1991 年《联合国与提供联合国维持和平行动人员和装备的会员国之间的协定范本》、1995 年《联合国人员和有关人员安全公约》、1999 年《联合国秘书长关于联合国维持和平部队遵守国际人道主义法的公告》、2005 年 5 月联合国维和行动部的军事部发布的《为联合国维持和平行动发展交战规则指南》、2008 年《联合国维和行动原则与指南》、《国际法院规约》、《维和部队地位协议》、《联合国手册》、《联合国维和部队出兵国政府指南》,以及依据以上宪章、决议、公告、公约、协议、范本等所签署的相关部队地位协议及人员和装备提供协议、联合国与相关国家签订的类似《卢旺达和平协定》和《全面政治解决柬埔寨冲突》等的协议、维和实践中所形成的同意和中立及自卫原则等等。有学者指出,其还包括适用于军事行动的一般国际公约之原则和精神等,否则,将可能构成法律责任并受到一定的追诉。①

(二)联合国维和行动法律依据的完善

虽然在宪章中表明安理会及区域组织对地区冲突采取临时办法以防止局势恶化是正当的,并且在以后的实践中也多次采用了维和行动的方式,然而,迄今为止,联合国及其安理会并没有制定出任何有关维和行动的完备的法规和制度,以致维和行动的发动、组织、实行、撤出以及责任承担等均无法可依。即使可以认为《联合国宪章》为维和行动提供了基本的法律依据,维和行动在实践中也形成了一些原则,但总体而言,维和行动缺乏系统的法律规定,对维

---

① 贾万宝:《联合国维和行动中的法律责任问题探析》,《西安政治学院学报》2009 年第 6期,第 88 页。

和行动的条件、维和过程中的武力使用、维和部队的法律地位、维和人员的特权与豁免、适用人道主义法问题、维和部队成员的违法责任及联合国赔偿责任等方面都没有明确的规定,这使得维和行动有着一定程度的不可预见性,不利于对维和行动的有效规范。① 而且,尽管《联合国宪章》对联合国在维持和平与安全时可以采取的国际干预办法作了框定,并规定了联合国以及各会员国应该遵循的维和原则,但是,由于《联合国宪章》关于和平解决争端的行动仅仅停留在政治或者道义的层面上,对当事国家并没有强制的约束力,所以,《联合国宪章》对当事国很难起到任何的约束作用。作为一种"临时办法",维和行动从一开始就具有明显的不规范性和不确定性,而这就为它后来根据形势变化和实际需要不断扩展自身留下了很大的想象空间和可能的余地。② 维和行动在法律依据的缺乏与实践中的有效之间带有一种模糊的正义性。在一定情况下,这种模糊性会为区域组织和个别国家规避宪章,借维和之名干涉他国主权或从事其他反人权行动提供可乘之机。没有法律约束的干涉行动必然导致武力的滥用、大规模的侵犯人权现象,严重的国际犯罪也就在所难免。五十余年来的维和实践中所出现的人权危机不得不说是这种法律依据的缺乏所带来的恶果。此外,联合国宪章中现有的关于维和行动的原则性规定和制度也并未完全得到一些国家,尤其是主要大国的尊重与恪守。③ 联合国虽然一直致力于推进维和行动法律规范化,但一直没有正式设立一部联合国各方都认可和遵守的维和法律规范。现实维和行动的法理依据只能从《联合国宪章》相关章节推理得出。但这只是在法理适用上的一种推理,不是真正意义上的法律。目前,很有必要在世界各国的共同努力下,借鉴国际立法的成功经验,使联合国的维和行动逐步走向规范化和法制化,遏制维和被滥用的趋势。

---

① 闫利娟:《联合国维和行动的法律框架探讨》,《现代商贸工业》2011 年第 24 期,第 109 页。

② 李义中:《维和行动的制度化缺失问题浅探》,《世界经济与政治论坛》2001 年第 2 期,第 55 页。修志君、张国辉:《联合国维和行动法律机制的完善与发展》,《青岛大学师范学院学报》2004 年第 4 期,第 59 页。

③ 张旭、刘鹏:《维和行动与人权保护——以国际刑法为视角的思考》,《法制与社会发展》2002 年第 4 期,第 18 页。

维和行动的发展不能没有界限和行动准则,联合国应全面总结 60 年来的维和经验教训,国际社会应当尽快制订一项内容全面、完整、切实可行的、便于维和各方共同遵守的具有普遍约束力的维和行动准则和程序规则,以使维和行动具有法律基础,从决策、执行到监督、评估全过程均做到有法可依,解决现存的适用法律冲突问题,逐步使联合国维和行动纳入到法律法规的框架下,步入制度化、规范化的良性运行轨道上。为解决联合国维和行动法律依据问题,目前在国际上学者提出了许多建议。

第一,修改《联合国宪章》。① 但有学者认为,在当前背景下,修改《联合国宪章》不合时宜,不可行,时机尚未成熟。② 首先,从宪章地位看,宪章是联合国的根本法。它虽然是一个国际组织独立的章程,但它所确立的宗旨、原则及有关规定,是全世界公认的指导一切国际关系的基本准则,在国际法中具有核心地位。因此,宪章在国际事务及国际关系中占有举足轻重的作用,除非十分必要,一般不宜修改。其次,从宪章内容看,宪章作为联合国的基本法,规定的主要是指导国际事务的基本原则,为保持宪章的稳定性和伸缩性,一般不宜对具体的法律事项直接进行明文规定。再次,从宪章的适用性看,历史证明,宪章有足够的伸缩性,使联合国能够处理 1945 年旧金山会议时意料不到的局势和问题,还没有到非改不可的地步。最后,从宪章修改的风险性看,主要大国也可能借修改之机,对立宪施加政治影响,为自己的霸权主义战略寻找合法依据,反而使立法目的受到歪曲。③ 而且,从目前的国际形势来看,地区冲突层出不穷,维和行动变得十分必要,而且呈现出越来越复杂的特征,因此,仅仅在宪章中做出原则性规定是不够的,还需要对维和行动的具体实施做出具有法律意义的规定。④

第二,在《联合国宪章》中独立一章规定联合国维和行动。由于维和行动

---

① 慕亚平、陈晓华:《世纪之交议维和》,《法学评论》2001 年第 6 期。
② 左清华:《联合国维和行动对国际法的挑战》,《法制与社会》2011 年第 7 期,第 246 页。
③ 任元元、汪欣:《联合国维和行动立法问题研究》,《武警学院学报》2010 年第 1 期,第 30 页。
④ 张旭、刘鹏:《维和行动与人权保护——以国际刑法为视角的思考》,《法制与社会发展》2002 年第 4 期,第 20 页。

无法可依,从而在维和行动中出现了一系列亟待解决的问题。目前,联合国维和行动范围随着国际形势的变化,也不断地扩大。尤其是作为第一代维和任务,已经从传统的监督停火、撤军、隔离部队等职能扩展到难民安置、保护人道主义救援行动、监督选举、预防性外交等多方位、多职能的行动。但这些任务在宪章中没有明确的法律条文可以援引。直接性的法理缺失可能会动摇维和行动的合法性基础,并带来一系列维和行动中的实际问题。作为当前维持国际和平与安全的一种重要措施,国际社会应该按照《联合国宪章》的宗旨和原则,力争尽快制定维和行动相关规则,使维和行动从第六章和第七章的夹缝中走出来,成为独立的一章,从而成为《宪章》的有机组成部分。①

第三,制定专门的联合国维和行动法典。学者建议尽快制定维和行动法典,要充分借鉴《国际刑事法院规约》等国际立法的成功经验,对维和行动做出明确而具体的规定,从而使维和行动兼具实体法和程序法的双重性质。②还有学者认为,目前并不具备修改《联合国宪章》的时机,制定维和行动法典是较理想的选择。由于法律依据的缺失,缺乏有效的行为规范和控制机制,每次维和的具体行动不仅无章可循、无法保持统一的标准,而且还为某些怀有不轨企图的大国肆意妄为大开方便之门,很容易被大国操纵,一些大国还对人道主义干涉与维和行动盗用,使一些维和行动违背了"维护和平与安全"的初衷,以至于出现威胁和破坏国际和平与安全的现象。历史表明,一些西方国家的惯用伎俩就是利用规则的缺失,企图通过造成既成事实来确立先例,进而将先例推演成国际习惯。这是必须加以制止和避免的。这要求安理会加快制定维和行动法典,准确定位维和行动,制订出一套明确的维和行动标准和指导原则,以弥补其不足,这样做可以使维和行动的实施规范化,防止被某些大国控制和滥用,偏离维和行动的目标。这套维和行动的标准和指导原则至少应该包括:对维和行动的法律地位、概念、形式、目的、立场、行动原则要有明确的说

---

① 郭丹妮:《浅析联合国维和行动面临的几个问题》,《法制与社会》2012年第10期,第173—174页。
② 宋喆:《全球化背景下联合国维和行动的法律机制建设探讨》,《南京林业大学学报(人文社会科学版)》2006年第4期,第62页。

明;对安理会、大会、秘书长、出兵国的权利和义务做出明确规定;完善制裁制度、待命制度、财源制度、指挥制度等。① 有学者建议,新的维和行动法典一方面要对维和行动概念、性质、类别、组织方式、行动准则、责任承担等问题作原则性规定,确立维和行动的基本原则;另一方面要借鉴战争与人道法和《国际刑事法院规约》等国际立法的成功经验,对维和行动做出明确具体的规定,使维和行动法典兼具实体法和程序法的双重性质。可以预见,一部完善的维和行动法典将会使维和行动走向规范化、法制化。② 有学者指出,新的维和行动法典除了明确确定维和行动的基本原则外,还必须明确以下两点:(一)明确定位维和行动的性质。首先,维和行动是一种有限的军事行动,它虽然是军事行为但目的是和平而非战争,与一般军事行为完全不同……其次维和行动也不是强制行动……另外,维和行动是维护国际和平与稳定的一种国际合作形式,而不是一种国际制裁或者国际干涉。(二)明确确立维和行动的实施条件和指挥机构,严格按照实施条件的标准进行维和行动,减少维和行动的盲目性和随机性,防止维和行动被滥用。③ 还有论证认为应建立一套有关维和行动的法律制度(以下暂称维和行动法)。维和行动法应包含总则与分则两部分。总则对维和行动的概念、性质、类别、组织方式、行动准则、责任承担等问题作原则性规定。在总则中,笔者认为应注重强调以下几方面内容:第一,要重新定义维和行动,将其与强制执行和平区分开来。……第四,赋予国际刑事法院对维和行动中的人权危机的调查、起诉与审判权,使维和行动中出现的严重的国际罪行最终得到法律的制裁。在分则中,应对维和行动的发动、实施步骤、行动准则等加以详细规定。由于维和行动不可避免的带有使用武力的倾向,因此,笔者建议分则的拟定最好以国际刑法中关于战争犯罪的条文为蓝本,对维和部队在武装冲突中的行动加以一定的限制,并明示违反这些将带来刑事制裁的后果。海牙公约体系、国际军事法庭确立的有关原则、日内瓦公约及其

---

① 张静:《论冷战后联合国的维和行动》,北京语言大学 2006 硕士学位论文,第 16—18 页。
② 贺鉴、蔡高强:《从国际法视角看冷战后联合国维和行动》,《现代国际关系》2005 年第 3 期,第 31、25 页。
③ 左清华:《联合国维和行动对国际法的挑战》,《法制与社会》2011 年第 7 期,第 246 页。

议定书以及《国际刑事法院规约》都可以成为分则条文的主要渊源。有理由相信,一套完善的维和行动法将使维和行动走向规范化、法制化,也可以大大降低人权危机发生的几率。①

但是,有学者认为制定法典的条件还不具备。法典是最为完整、严密、统一和规范的立法形式。它有一个立法前提,即必须是在实践的规范性经验基础上,相关立法主体对立法事项的一整套概念、原则、制度和理论体系都形成比较成熟和统一的认识。从军事维和行动看,它仅仅还停留在临时措施和实践惯例的层面上,从一开始就具有明显的不规范性和不确定性,对其法理依据、行动定性、权责定位等问题目前还存在诸多争论,没有一套严密的理论体系和约束规则加以支持。再加上目前军事维和行动处理的问题越来越复杂(比如,它面对的除有关国家的正规军外,还有许多军阀、种族集团的对抗,国家的分裂,领土的纠纷以及武装匪徒的横行等),需要国际社会继续不断地在实践中加以回答。在此情况下,目前关于维和行动的立法条件尚不完全成熟,相关立法只能是过渡性的。较为合适的立法形式是以一个过渡性的国际公约的形式对目前军事维和行动中急需解决的事项予以明确。并在经过一段时期的适用之后,结合新的实践经验和较为成熟的理论体系支持,再探讨制定法典的可能性。②

第四,由联合国主持缔结维和公约。国际公约的缔结可以分为两种:外交会议的缔结和国际组织的缔结,通常都是通过召开国际会议,在形成草案的基础上,由国家讨论和磋商,最终确定出明确各国权利义务的国际公约。就维和公约的缔结而言,除有利于立法权的共享、程序公正和承认与执行问题外,由联合国主持缔结还有以下优势:一是联合国主持缔结公约已经形成较为规范的程序。一般是先由委员会选题,或是由联大、经济及社会理事会提出选题,然后由国际法委员会草拟条约草案后,经联大决定召开外交会议,讨论协商

---

① 张旭、刘鹏·《维和行动与人权保护——以国际刑法为视角的思考》,《法制与社会发展》2002 年第 4 期,第 20 页。

② 任元元、汪欣:《联合国维和行动立法问题研究》,《武警学院学报》2010 年第 1 期,第 30 页。

后,向各国开放签字和批准。二是联合国主持缔结公约已经积累了丰富的经验。战后50余年,联合国及其专门机构在这一方面所取得的成就令人瞩目,单在国际法委员会条款草案基础上缔结的多边条约就已达17项,其中11项已生效。三是有利于维和行动实践经验和教训的总结。维和行动的实践主体是联合国,在半个世纪的实践过程中,维和行动具有哪些值得总结的经验和需要吸取的教训,也只有联合国最为熟悉。与此同时,联合国也可借鉴由其主持的如《国际刑事法院规约》等其他国际立法的成功经验来促进维和条约立法。因此,由联合国主持缔结维和条约,从条约的立法条件上看最为有利。①

第五,完善立法,规范和健全维持和平的法律机制。由于国际法对于维和行动没有一个比较明确的界定,联合国维和行动是为维持国际和平与安全、缓和与遏制冲突所采取的一种临时的辅助性国际干预手段,而且,虽然维和行动是基于《联合国宪章》的宗旨和原则,但是宪章并没有关于维和行动的明确条款、相关的概念及其具体实施的原则,迄今所遵循的仍是实践中形成的不成文准则,因而缺乏充分的国际法依据。冷战后的诸多维和行动把《联合国宪章》第七章所规定的"强制性措施"日益扩大化,显而易见,这就明显超越了《联合国宪章》规定的范围了。② 要使联合国维和行动更具权威性和法律效力,完善立法,制定实施维和行动的基本准则和指导原则,用法律形式明确决定、参与、接受维和行动的有关各方的权利义务关系是很有必要的。③ 在确立维和行动四原则的基础上,要建立完善的维和行动法律约束机制。首先,确定维和行动介入的指导思想。其次,妥善解决维和行动的法律依据。长期以来,维和行动的现实依据是过于理想化而且比较空泛的《联合国宪章》,而《联合国宪章》并没有回答"究竟是什么构成对国际安全的威胁,这就使得安理会在解释和判

---

① 任元元、汪欣:《联合国维和行动立法问题研究》,《武警学院学报》2010年第1期,第31页。

② 宋喆:《全球化背景下联合国维和行动的法律机制建设探讨》,《南京林业大学学报(人文社会科学版)》2006年第4期,第61页。

③ 宋玉波:《联合国维和行动的国际法根据和问题》,《现代法学》1995年第5期,第95页。

断安全威胁和威胁行动的时候表现出过大的伸缩性和不确定性"①,缺乏具体的程序化的法律依据,维和行动的权威性和效率必将大打折扣。再次,尽快制定维和行动法典……从而使维和行动兼具实体法和程序法的双重性质。事实表明,缺乏完善的约束机制,一些"先例"就有可能演变为"惯例"继而成为人们默认的"规则",这是十分可怕的行为。假如对维和行动没有统一规则,维和行动必然会被滥用。② 建立健全法律机制重点要解决的是维持和平行动的定位问题,制定系统、准确、切实可行的法律、规章和制度。

On the Legal Grounds of UN Peacekeeping Operation

Abstract:The academic circles diverged on the legal natures of UN Peace-keeping Operations.The focus of the debate is whether PKO is provisional meas-ures,collective measures,part of the collective measures,or a means of settlement of international dispute,international customs or the outcome of consensus of inter-national community,or an illegal intervention.Commentators on the positive side ar-gued that PKO is authorized by the UN Charter and shoud be deemed legal,while the commentators on the negative side argued that the legal grounds of PKO is un-clear and vague,and only some sort of customs,and directives could provide some guidance.There are various ways to enhance the gournds of legality of PKOs.

Key words:UN Peacekeeping Operations;Legal Grounds;Legal Nature

---

① 刘渝梅:《对联合国面临的问题、挑战及其改革的若干思考》,《国际政治研究》2005 年第 4 期,第 85 页。

② 宋喆:《全球化背景下联合国维和行动的法律机制建设探讨》,《南京林业大学学报(人文社会科学版)》2006 年第 4 期,第 62 页。

论军事法律的命令性与军事命令的法律性

● 陈　聪*

内容提要：军事法律与军事命令具有天然的联系，军事法律具有命令性，军事命令亦具有法律性。同时，军事法律和军事命令又具有各自的独立性。在军事实践中，军事法律与军事命令往往有相互交融的倾向。命令性因素关涉军事主权者的意志，法律性因素关涉现代规则治理精神。军事命令的法律性与军事法律的命令性将"意志性"和"规则性"两者沟通起来，形成军事法治的独特精神。

关键词：军事法律　军事命令　法律规范

引　言

难题一：法律与军令何者优先？从法律的权威性看，法律应当是现代社会的最高规则；但是，在军事社会中，绝对服从命令是一项基本原则。绝对服从命令的职业伦理义务与服从法律的守法义务发生了冲突，如何取舍？

难题二：在现代社会，公开性是法律的一项形式要求，不具公开性的法律不成其为法律。但是，由于军事利益的需要，现实中存在着大量的保密的军事法规，如何阐述和论证军事法的秘密性？

在对军事法的拓荒性研究中，学者们遭遇了若干急流险滩。应当说，急流险滩的出现本身就意味着军事法研究的深入，同时这也成为我们实现理论突破的机遇。以上难题凸显了军事社会中权力之治与规则之治的激烈冲突。难

---

*　陈聪，解放军理工大学讲师，法学博士。

题一是关于军事命令的内容效力问题,难题二是军事法律的形式合法性标准的问题。在这两个难题中,军事社会中权力运行的独特性挑战了法治社会规则的通行标准。

笔者认为,权力之治与规则之治的关系问题是军事法学中的一个基础性问题,是正确认识和分析军事社会中大量法律现象的前提。在军事社会中,军事法律①是规则的典型形式,军事命令是权力的典型形式。笔者试图运用规范分析的方法,通过对军事法律的命令性和军事命令的法律性的论述,揭示军事社会中权力与规则的合理定位,为权力和规则冲突的消解和军事法难题的破解提供一孔之见。

军事法律和军事命令作为指引军事活动的最主要的两类依据,具有天然的联系。军事法律与军事命令的关系通常被解释为,军事法律是作出军事命令的依据,军事命令是执行军事法律的具体行政行为。其实,军事法律与军事命令的关系具有复杂的一面,军事法律具有命令性,而军事命令具有法律性。厘清这一关系是正确理解军事法治的前提。

一、军事法律的命令性

"法即命令"始于博丹和霍布斯,边沁、奥斯丁将之发扬光大,其后成为西

---

① 关于何为军事法,学界并无统一的认识。一些学者将军事法定义得较为狭窄,如美国学者伯恩·爱德华在其《军事法》中认为,军事法是"为确保在服役过程中执行命令和纪律的各种规范的体系";另一类则将军事法定义得相对宽泛,苏联学者戈内尔在《军事法学》中对军事法定义为"调整武装力量建设、生活和活动方面的各种关系、规定军人服役制度、军人和其他参与军事关系的人员的义务权利和责任的法律规范的总和"。我国学者的观点也不一致,如周健采相对狭义的观点,图们采相对广义的观点,而张少瑜认为,"军事法有广狭二义,广义的军事法调整国防建设和武装力量建设与活动中的社会关系,包括军队内部的关系和军队以外的涉及国家军事利益的关系,狭义的军事法仅指军内法"。参见李佑标等:《军事法学原理》,人民法院出版社 2005 年版,第 4 页;周健:《军事法原理》,法律出版社 2008 年版,第 45 页。由于本文旨在分析军事社会内部权力及规则的问题,故本文中的军事法采相对狭义的观点,指国家制定或认可并由国家强制力保证实施的,用以规范军事统率权及调整相关社会关系的法律规范总和。

方法学一个多世纪的主流观点。其经典表述如奥斯丁在《法理学的范围》一书中所言,"一项法律是一个强制约束一个人或一些人的命令,它普遍地强制要求为一类行为,或者不为一类行为"。① "法即命令"的理论在 20 世纪 40 年代以来经新分析法学的批判而衰落。笔者并非循奥斯丁之旧路,论证军事法律的本质即命令,而是在军事法规范中寻找命令因素。

(一)军事法规范的逻辑起点是军事权,而军事权本质上是一种命令权

奥斯丁的命令理论依赖于一个关键的假设,他认为,在每个社会里,都可以找到一个特定的集团或机构,能够最终控制所有其他集团。这就是主权者的假设。主权者可以是一个人,或者是一定的集团,社会的其他人习惯地服从这一种主权者,而主权者则没有服从其他任何人的习惯。② 借助于主权者的假设,奥斯丁将社会当成像人的脊椎骨一样的由主权者与臣民所构成的垂直结构,将法律解释为主权者的命令或主权者择以代为下达命令之次位者的命令③,以此建构了他的实证法理论。

主权者的假设所遭遇的最大挑战是,在现代社会中,政治控制是多元的,难以找到一个拥有如此强大的控制权的主权者。哈特批评道,"不受法律限制之主权者的设想,连许多现代国家的法律性格都无法正确地加以呈现,而在这些社会中,没有人会质疑法律的存在"。④ 德沃金也批评说,"例如在美国,人们会说'人民'是主权者。但这几乎是毫无意义的,而且它本身并不提供任何检验标准,用来确定'人民'曾经命令了什么,或者用来把他们的法律命令从社会或道德命令中区分出来。"⑤

但是,当我们把目光限缩到军事社会中来重新审视奥斯丁所说的主权者时,这一假设却是可以成立的。军事活动是一种直接而大量占用、调动和组织

---

① [英]约翰·奥斯丁著:《法理学的范围》,刘星译,中国法制出版社 2002 年版,第 20 页。

② [英]哈特著:《法律的概念》,许家馨、李冠宜译,法律出版社 2006 年版,第 48 页。

③ [英]哈特著:《法律的概念》,许家馨、李冠宜译,法律出版社 2006 年版,第 44 页。

④ [英]哈特著:《法律的概念》,许家馨、李冠宜译,法律出版社 2006 年版,第 65 页。

⑤ [美]罗纳德·德沃金著:《认真对待权利》,信春鹰、吴玉章译,中国大百科全书出版社 1998 年版,第 36 页。

各种社会资源进行人类对抗的活动,这必然要求形成一种强大的公共权力予以支配。① 因而,军事社会具有权力本位的特点,军事首长或组织对部属下达法定性任务或决定的军事指令,受令者绝对服从命令。② 基于此,军队的最高统领者自上而下发布命令,实施控制。在军事社会中,这种绝对单向的政治控制,使得军事主权者的假设成为可能。

军事法作为军事社会控制、规范的手段,主要通过义务性规范来实现自己试图达到的目的。因此,与一般法律将权利作为逻辑起点不同,军事法必然以军事权力作为逻辑起点。对军事权的来源、授予、运行进行规范、控制和强化的法律就是军事法。③ 军事法的内核是军事权,军事权有广义和狭义之分。狭义上的军事权仅指由武装力量组织为主体的军事指挥权和军事行政权,也就是军事统率权;广义上则包括国家权力机关、行政机关乃至国家元首等行使的建军权、宣战权、媾和权等内容,这些权力本身并不涉及军队自身的管理与统御④,已超出本文所讨论的军事法规范,而属于国家宪法的范畴。作为军事法核心的军事权本质上就是一种命令权,即军事主权者对军队掌控和指挥的权力。

这里的命令权是一种分层级的纵向权力,形成与一般法律规范相区别的权力模式。一般法律规范建构的权力模式⑤是网络式的权力结构模式,法律是规范权力之网,而权力只是这一网络上的一个个结;而军事法规范建构的权力模式是"宝塔式的权力结构模式,其所有的权力最终都向一个集主权与治权于一身的主体负责。"⑥这种权力结构模式恰好对应于垂直性的军事社会结构,该社会结构正是一种指令性的社会结构。从这个角度看,军事法规范作为连接军事权和军事社会结构的中介,不可避免地带有命令的因素。

---

① 傅达林:《军事权初论》,《当代法学》2008 年第 5 期。
② 张山新:《军事法概念新解》,《当代法学》2006 年第 1 期。
③ 傅达林:《军事权初论》,《当代法学》2008 年第 5 期。
④ 傅达林:《军事权初论》,《当代法学》2008 年第 5 期。
⑤ 魏治勋:《禁止性法律规范的概念》,山东人民出版社 2008 年版,第 285—286 页。
⑥ 周永坤:《宪政与权力》,山东人民出版社 2008 年版。

（二）从运行角度看，军事法规范的实效依赖于命令

新分析法学派对奥斯丁命令理论进行批判的另一个重要方面是"命令—义务—制裁"的法律模型。奥斯丁的命令理论主张法律是以制裁为后盾的命令，其中命令是法律规范结构的主体部分，而关于制裁的规定则是附属部分。而在凯尔森看来，制裁的规定就是规范本身，命令只构成规范的条件性语句。对于哈特来说，他从法律规范的不同功用的视角，赋予法律规范结构以多元性的模式。对于法律规范内部结构的不同理解，指代着对法律如何运作的不同看法。

如果我们静态地观察军事法律规范的内部结构，很难发现其与其他法律规范在语言结构方面的显著区别。比如"女军人禁止烫卷发"，其语言结构与"禁止杀人"这样一项刑法规范似乎并无区别。从这个角度，我们不宜武断地将军事法律规范归结于某一种特殊的结构模式，也无法从静态的语言结构中发现军事法律规范的特殊之处。

我们把视角转向军事法规范的运行。一般而言，军事法规范的实效主要取决于三个方面：一是对法律的信仰与忠诚，即哈特所说的"内在观点"；二是害怕受到制裁，即哈特所说的"外在观点"[1]；三是军事社会中独特的严格服从上级的习惯。在这三个方面中，制裁和服从习惯都体现了军事法规范的命令性。与刑法规范不同，军事法规范中很少有明确的制裁。比如，军事法规范规定了下级遇见上级要敬礼，但并未规定不敬礼如何制裁。如果下级遇见上级没有敬礼，下级不会面临制裁吗？尽管这里军事法规范没有规定制裁，但制裁必然会产生。因此，制裁并非来自军事法规范之中，而是来自军事法规范之外，取决于军队的等级权威。特别需要注意的是，这种制裁不是由于违反法律产生，而是由于不服从命令。[2] 此外，在军事社会中，团体成员对军事法规范的遵守，很大程度上基于服从上级的习惯，这也是命令的惯常运行方式。诺内特和塞尔兹内克在批评压制型法时说，"如果'绝对的服从'达到了连强制也

---

① 杨春福主编：《法理学》，清华大学出版社 2009 年版，第 303 页。

② 法律规范的判断是"合法—非法"的判断，命令的判断是"服从—不服从"的判断。

不必要的程度,那么压制也就登峰造极了"①,但这恰恰是军事社会的常态,也是军事管控所要追求的目标,可以说是军事法规范所追求的价值之一。②

通过考察军事法规范的运行可以发现,"命令—服从/制裁"这一军事命令运行的逻辑结构,一定程度上也存在于军事法规范的现实运行中。这是军事法规范具有实效的重要原因。更进一步的例证是,在我国,连军事法规、军事规章的制定和生效都要依赖军事命令的形式。《军事法规军事规章条例》第九条规定:"总部可以根据法律、军事法规、中央军委的决定和命令,制定适用于全军的军事规章。"《中国人民解放军机关公文处理条例》规定,"命令用于发布军事法规、军事规章"。这并不是说军事法规、军事规章即为命令本身,但这一程序足以证明军事法规范的实效对军事命令的依赖性。

综上,从军事法规范的内在方面和外在方面两个角度都可以发现,军事法律规范作为一种特殊的法律规范,具有强烈的命令性。军事法律的命令性,其实源于军事法律的权力性和意志性。

(三)军事法规范的法律本性

军事法律具有命令的一些特质,但军事法律何以成其为法律,而不是沦为命令? 军事法律的法律本性主要体现在其一般性、稳定性和立法程序性。

军事法律具有一般性。法律的一般性是指法律的适用对象的普遍性不针对个别而特殊的事件和行为立法。军事法律规范从人们各种各样的行为中概括出各类典型行为模式,然后赋予其法律后果,以此规范人们的行为。富勒将法律的一般性视为是法治的原则之一,凡是规则就必须具备一般性。③ 其实,即便是奥斯丁也认为,并非每一种命令都是法律,只有一般性的命令,即强制某个人或某些人必须为某类行为或不为某类行为才具有法律的性质。与军事

---

① [美]P.诺内特、[美]P.塞尔兹内克著:《转变中的法律与社会:迈向回应型法》,张志铭译,中国政法大学出版社 2004 年版,第 V 页。

② 一种法律是否是压制性的,取决于能否不受制度约束地动用强制力,而与统治者的暴戾或仁慈并无决定性关联。军事法治的目标不可能是形成自治性法或回应型法,而是压制型法。

③ 郭忠:《法律规范特征的两面性——从法律目的实现的角度分析》,《浙江社会科学》2012 年第 6 期。

命令时常针对个别对象不同,军事法律具有一般性。

军事法律具有稳定性。法律的稳定性是法律之所以成为法律的显著特征。正如卡多佐所言:"当这种一致性相对稳定,成了有着合理的确定性的预期对象时,我们便说这里存在着法律,……就像对待自然过程中的情况一样,我们给这种持续不断的一致性冠以法律规律之名。"①与军事命令的高度灵活和易变不同,军事法律从本性上说是稳定的。

军事法律制定的程序性。军事法律的制定有着严格的立法程序,这是军事法律成其为法律的形式要求。比如,公开是法律制定程序的一项重要要求,军事法律应当具有公开性。② 而军事命令却是需要保密的。

二、军事命令的法律性

军事命令是军队中的上级向军队中的下级发布的具有特殊执行力的权威意思表示。军事命令的最典型形式是作为军队机关公文的军事命令。根据中央军委 2005 年颁布的《中国人民解放军机关公文处理条例》,命令用于发布军事法规、军事规章,确定和调整体制编制,部署军事行动,调动部队,授予、变更和撤销部队番号,调配武器装备,任免干部,授予和晋升军衔,选取士官,授予荣誉称号等情形。该条例仅规定了以机关公文形式发布的军事命令,即书面军事命令,并未涵盖军事命令的全部。除书面形式的军事命令外,军事命令还包括口头形式、信号形式等方式,如"十点前必须到达 101 高地"就可以是一种口头形式的军事命令,信号弹发射后发起总攻就是一种信号形式的军事命令。甚至沉默也能构成一项军事命令,哈特曾经举过这样一个例子,"一位依常例服从于长官的中士命令他的士兵去做一些杂役,并且对不服从者加以惩罚。而将军知道此事,并且听任事情持续下去;虽然如果将军向中士下令停止这些杂役,中士也会服从他,但是他没有这么做。在这个情形中,将军可能

---

① 郭忠:《法律规范特征的两面性——从法律目的实现的角度分析》,《浙江社会科学》2012 年第 6 期。

② 这是从应然角度得出的结论,从实然的角度看,并非所有军事法律都是公开的,下文会论述为何部分军事法律不具公开性。

被认为默示地表达了他的意志:这些士兵应该要做这些杂役。"①因此,军事命令的表现形式是多种多样的,其本质就是上级的权威意思表示。

命令大量出现于军队,是因为命令是有利于保持军队高度集中统一的组织和活动方式。② 军事活动事关生死存亡。上级下达命令与下级执行命令,正是实现军队集中统一、保持步调一致的桥梁,只有通过这一桥梁,军事法律规范和军事统帅机关的意志才能迅速有效地化为全军将士的行动,从而使军队最大限度地发挥其战斗力,因此,一切军队都非常强调执行命令。③ 一般认为,军事命令的本质是军事行政行为。④ 本文此处讨论军事命令的法律性,并非致力于论证军事命令亦为法律,而是试图发现军事命令的某些方面具有法律的一些特性。

第一,军事命令具有高度权威性,具体表现为不可违抗性。军事命令一经发出,必须得到贯彻执行。"军令如山"、"军人以服从命令为天职"即是这一效力的典型表达。对受令者来说,军事命令必须绝对服从,立即执行,并承担法律上的义务。⑤《内务条令》第 63 条规定:"部属对命令必须坚决执行,并将执行情况及时报告首长","如果认为命令有不符合实际情况之处,可以提出建议,但在首长未改变命令时,仍须坚决执行"。可见,军事命令具有不可违抗性。

军事命令的不可违抗性面临的重要挑战是,长期以来关于非法的军事命令是否应当被执行的争论,即军事法律与军事命令何为第一性的问题。⑥ 如果我们在思考这一问题时,自觉地将军事法律作为高于军事命令的一类规则

---

① [英]哈特著:《法律的概念》,许家馨、李冠宜译,法律出版社 2006 年版,第 45 页。

② 夏勇:《论军队中命令的执行》,《中国军事法学论丛》2007 年卷,第 177 页。

③ 夏勇:《论军队中命令的执行》,《中国军事法学论丛》2007 年卷,第 179 页。

④ 夏勇:《论军队中命令的执行》,《中国军事法学论丛》2007 年卷,第 175 页。

⑤ 薛刚凌、周健主编:《军事法学》,法律出版社 2006 年版,第 167 页。

⑥ 需要说明的是,第二次世界大战后自然法学派对该问题的一系列反思,甚至提出了"枪口抬高一寸"的良心义务,将"良知"作为高于实在法的准则,虚构出了一种国际实在法。但这只是基于政治审判的权宜之计,或者说,是一种事后的价值判断。对于受令者而言,在执行任务之时如何能做出这一价值判断?

体系,会轻易得出不应执行军事命令的简单结论。依其逻辑:按照现代法治理念,法律是社会中的最高准则,遵守法律是最高义务,违反法律的其他指令当然无效。但是,我们强调军事命令的权威性,是指军事命令的最高性。服从命令是军人的一项根本义务,也是第一义务,这一义务与军事权的产生相生相伴,与军队统帅结构不可分离。军队靠着金字塔的结构,一层一层地往上服从,而另一个方面,也是由上而下一层一层地向下命令之。军队金字塔阶层的顶端,便是军事主权者,这整个阶梯体系,可称为统帅体系。①

这其实解释了为何军事命令具有不可违抗性。军事主权者的权威授予了次位者,次位者继续向下授予,形成军事命令赖以生效的权威体系。这一权威体系类似于凯尔森所说的"动态规范体系"②,"一个动态体系的诸规范,只能由那些曾由某个最高规范授权创造规范的那些个人通过意志行为而被创造出来。这种授权只是一种委托,创造规范的权力从一个权威被委托给另一个权威;前者是较高的权威,后者是较低的权威。动态体系的基础规范是用来创造这一体系的诸规范的基本规则。"③在我国,军事命令的权威性源于"党对军队的绝对领导"这一政治命题,"绝对领导"建构了无条件服从的命令层级。从理论上说,如果下级有判断上级命令合法性的权利,上级的命令就根本不具备权威性,军令必然受到削弱。如德沃金和杜明教授所说,"命令是一个效力仅来自于其制定者的权威或权力的陈述。一个命令不给予它的接受者独立地评价命令之后的道理的机会;不管这个命令是不是明智的,也不管它对命令所含的智慧有什么样的看法,接受者都必须服从这个命令。"④所以,从约束力的角度看,军事命令是最有权威驱动下级行为的,而且这种驱动是绝对的和无条件的,甚至优于军事法律。在现代法治国家,权威性是法律性的一个重要方面。

① 陈新民:《法治国公法学原理与实践》(下),中国政法大学出版社2007年版,第56页。
② 这一权威体系与凯尔森所说的"动态规范体系"的区别是,"动态规范体系"建立在基本规范上,而军事命令的权威体系建立在基本权力上。
③ [奥]汉斯·凯尔森著:《法与国家的一般理论》,沈宗灵译,中国大百科全书出版社1996年版,第127—128页。
④ [美]罗纳德·德沃金著:《认真对待权利》,信春鹰、吴玉章译,中国大百科全书出版社1998年版,第6页。

第二,军事命令具有一定程度的规范性。从一般意义上看,某事物具有规范性即意味着它能够为人们从事它提供正当理由。道德规范、宗教规范都具备规范性的可能。但我们讨论作为法律特征之规范性,要求的是法律上的应当问题。凯尔森将法体系内的规范分为三个层次:基本规范、一般规范与个别规范,其区分标准就是规范效力的大小和产生的根据。个别规范处于规范具体化的链条当中,"它决定一个人在一个不重复发生的状态下的行为并从而只对一个特殊场合才有效而且只可能被服从和规范一次。"①军事命令也表现为"应为"命题,具有规范的特性。但我们不能将军事命令等同于凯尔森所说的个别规范。一方面,虽然军事命令往往是对特定对象的特定指令。但是,有些军事命令也具有适用对象普遍性和反复适用性,比如:"听不见号声,就得死守"、"不允许拿群众一针一线",所以军事命令也有一般规范的特性。另一方面,军事命令并非总是位于军事法规范的层级之下,一个典型的例证是,在我国,军事法律和军事规章依赖于军事命令的发布而生效。所以,部分军事命令属于凯尔森所说的个别规范,而有些军事命令属于一般规范。军事命令亦具有法律上的规范性。②

第三,军事命令具有强制性。法律规范是强制规范,这是其区分于其他规范的重要方面。③ 在奥斯丁看来,强制正是法律之根本特征。④ 凯尔森虽不认同奥斯丁关于法律是强制性命令的命题,但他比奥斯丁更强调法律的强制性,将强制性的制裁行为作为法律规范区别于其他规范的特点。凯尔森说:"应

---

① [奥]汉斯·凯尔森著:《法与国家的一般理论》,沈宗灵译,中国大百科全书出版社1996年版,第40页。
② 有学者认为军事命令应当分为用以下达有关作战、训练任务、调动部队的指挥性军事命令,颁发条令、条例等立法性军事命令,任免干部、授予荣誉称号、变更编制体制等行政性军事命令。其中,行政性军事命令和指挥性军事命令大多是个别规范,立法性军事命令则多为一般规范。参见田思源、王凌:《国防行政法与军事行政法》,清华大学出版社2009年版,第187页。
③ [奥]汉斯·凯尔森著:《纯粹法理论》,张书友译,中国法制出版社2008年版,第56页。
④ [奥]汉斯·凯尔森著:《纯粹法理论》,张书友译,中国法制出版社2008年版,第289页。

为某行为,否则便将遭受制裁,这是法律规范的主要形式。"①军事命令也具有法律的强制性。强制以制裁为核心,军事命令的制裁有两种基本的表现形式,一是基于法律规范的制裁,如军事法规范规定的警告、记过、降职、降衔等纪律处分和"战时违抗命令"、"拒传、假传军令"等导致的刑事处罚等;二是基于军队等级权威的制裁,这种制裁并无法律明文规定,但却实际存在并对命令的执行发挥重要作用。

第四,军事命令具有位阶性和层次性。军事命令只可能是上级向下级下达,不可能由下级向上级发布,也不可能由同级之间发布。一般按照由高而低的层次逐级下达,在特殊情况下使用越级下达的形式。《内务条令》第十条第三款规定:"命令通常按级下达,必要时也可越级下达,越级下达命令的首长,应将命令告知受令者的直接首长。部属接到越级下达的命令,必须坚决执行,并报告直接首长。"这说明,下达军事命令的基础是直接的上下级权力关系。在军事命令的体系中,只有当次位者的命令是为了上级的某个命令而依序下达时,次位者的命令才是合法的命令。军事命令与各级有权主体的地位层次相适应,由高至低处于顺次递接的不同等级。这种层次性和位阶性,与法律规范的层次性和位阶性十分相似。

按照拉兹的观点,"法律的三个最重要的特点分别是它的强制性、体系性和规范性",其他法律哲学家"观点上的差别可以被认为是对这三个特点的不同说明"。② 而军事命令既具有高度的权威性和强制性,又具有一定的体系性和层次性,所以说军事命令必然具有法律性。军事命令具有法律规范的一些特质,但军事命令何以成其为命令,而不是法律规范? 也就是说,军事命令维持其本性的基础何在? 我们认为,行政程序性、可证伪性和非公开性应为军事命令维持其本性的特点。

军事命令的行政程序性。军事命令的本质属于军事行政行为,因此军事

① [奥]汉斯·凯尔森著:《纯粹法理论》,张书友译,中国法制出版社 2008 年版,第59 页。
② [英]约瑟夫·拉兹:《法律体系的概念》,吴玉章译,中国法制出版社 2003 年版,第201 页。

命令的发布具有鲜明的行政程序的特征,无须经过繁琐的立法程序。而法律规范的产生则必须经过"提出议案—审议议案—表决通过—公布"等一系列严格的立法程序。

军事命令具有可证伪性。法律规范仅有"善"、"恶"之别,而无"对"、"错"之分。因此,法律规范是永远不能从逻辑意义上的真实概念角度被判定是"正确的"或"真实的",只能从法所追求的目的角度,也就是从基本的价值秩序角度来判断法律规范可能是适当的、有益的、必要的。[1] 但是,军事命令却具有可证伪性,即有些军事命令可以从逻辑上被证明为错误的或虚假的军事命令。比如,甲部队已位于 101 高地,甲部队的上级发布一道军事命令:"请急行军至 101 高地",这一命令显然可以被证明为错误的命令。刑法中"假传军令"的存在也证明了命令的可证伪性。

军事命令的非公开性。军事命令是军队内部的指令,关涉军事活动的秘密性。因此,军事命令没有公开的义务,相反,相当比例的军事命令具有保密性的要求,比如战斗命令就具有强烈的保密性,即便是平时的一些书面命令也有机密、秘密等形式。这与法律规范具有公开性形成鲜明的对照。

三、军事命令与军事法律过度融合的危害及其消解

前文已述及,军事法律具有命令性,军事命令具有法律性,同时,军事法律和军事命令又各自具有其独立性。但是,在军事实践中,军事法律与军事命令往往有过度融合的倾向,即军事命令的法律性过强,掩盖其本身独立的命令本性;或军事法律的命令性过强,掩盖其本身独立的法律本性。二者相互融合的倾向有着多方面的原因:

一方面,命令与法律本身具有内在的关联。从语法形式上看,规范性语句可划分为命令语句和确定语句。[2] 一则命令语句可以是一项军事命令,也可以是一项军事法规范。比如,"不拿群众一针一线"这一语句,无法从语法形式上判断其是一项命令还是一项法律。军事法中有相当部分的内容,是对武

---

① [德]魏德士著:《法理学》,丁晓春、吴越译,法律出版社 2005 年版,第 59 页。

② [德]魏德士著:《法理学》,丁晓春、吴越译,法律出版社 2005 年版,第 53 页。

装力量包括其人员所作出的指令性安排。① 事实上，从被约束者的角度看，很难把直接命令与普遍规则截然分开。施克莱认为，之所以要对法和命令进行区分，是为了表明行政行为在特征上与法不同，只有那些规定了社会对和平与秩序最低限度需要的普遍立法，才真正配称得上是法。②

更为重要的是，军事社会和军事活动的内在特点决定了军事法律与军事命令相融合的倾向。军事的基本性质是暴力性，暴力的核心是武力对抗与较量，军事暴力包括军队组织上的暴力性，手段（战争）上的暴力性，目的（保存自己，消灭敌人）上的暴力性。③ 基于对暴力的强化和管控，军队必然是高度集中统一的武装集团，有着特别严格的等级组织关系和活动程序，因此军事社会结构和军事活动规律有其自身特点。而法律规范具有一般性，其行为模式只是对众多典型行为的概括，因此会忽略各种小概率行为。柏拉图反对法治的理由之一就是法律的一般性特点会导致法律无法应对复杂多变的人的行为。诺内特和塞尔兹内克概括的更为精辟："命令是一种特定规则，法律是一种一般规则。从短期来看，如果依靠的是特定的规则而不是更一般的法令，那么控制就比较容易建立。"④因此，作为一般规则的法律具备命令的特性，更适合需要强烈控制的军事社会。而命令具备法律的强行性、权威性等特性，不但能获得现代形式法治的正当性，也更强化命令的执行力，才可自上而下一以贯之。战争需要集权，面临军队的高度集中统一和军事活动的快速反应的双重要求，法律和命令的交融不可避免。

再者，军事法律源于军事命令的演变。其实，早期的军事法本质上就是军事命令。如《尚书》中的甘誓被认为是夏朝的军事法，启在举兵讨伐有扈氏时，于临战前召集左右臣属，首先宣布有扈氏的罪状，声明出师原因；继而对部

---

① 张山新：《军事法概念新解》，《当代法学》2006 年第 1 期。
② ［美］朱迪丝·N.施克莱著：《守法主义》，彭亚楠译，中国政法大学出版社 2005 年版，第 21 页。
③ 杨韧：《军事法研究的价值取向与方法论》，《武警学院学报》2003 年第 5 期。
④ ［美］P.诺内特、［美］P.塞尔兹内克著：《转变中的法律与社会：迈向回应型法》，张志铭译，中国政法大学出版社 2004 年版，第 70 页。

属提出作战要求,强调服从命令,各司其职;最后申明奖惩,约以纪律。① 这篇被称为是军事法早期形态的军事文告是典型的军事命令。从历史角度看,军事法的发展历程其实就是军事命令的法律性不断增强的过程。现代军制改革的一般趋势证明,军事制度将有越来越多的内容以法律法规的形式表现出来。② 军事法律源于军事命令的演变过程,其实就是权力向法律的转变过程,权力和规则在这一转变中交融。

最后,军事权本身就兼具自然属性和规范属性。自然属性的军事权③先于国家而产生。一个显而易见的事实是,在国家产生之前,原始部落的军事首领便具有了统率军队的权力。通常情况下,在政权更迭过程中,自然属性的军事权也会先于某一国家政权出现。毛主席就曾经论证过"枪杆子里出政权"。国家政权形成后,自然属性的军事权受到国家法律的制约,向规范意义的军事权转变。当然这种转变未必彻底,如某些国家中保留的民兵组织仍具有自然属性。也有军事权直接基于规范而产生,如英国1215年的《大宪章》规定:"国王如违背之,由25名贵族组成委员会有权对国王使用武力。"这里的军事权则是一种派生性权力,完全具有规范意义。因此,围绕军事权运行的军事法律和军事命令都将兼具自然属性和规范属性。

综上,军事命令与军事法律出现一定程度的交织和融合是不可避免的。无论是军事法律还是军事命令,都难以独立地服务于军事权的行使。同时,由于军事驾驭的一元性,军事命令与军事法律的交融也不可能仅以双方并存的方式出现,因为军事社会中难以构成军事法律和军事命令两套完全独立的秩序体系。因此,军事命令和军事法律以相互融合的方式交织。

但是,两者过度的融合却会导致军事命令和军事法律丧失自身的独立性。军事法律的命令性和军事命令的法律性过度突出,必将使军事法治渐行渐远。一个最为典型的例子是,非公开的军事法规范的大量存在。

根据《军事法律军事规章条例》的有关规定,军事法规和军事规章原则上

---

① 周健:《中国军事法史》,法律出版社2008年版,第21页。

② 杨韧:《军事法研究的价值取向与方法论》,《武警学院学报》2003年第5期。

③ 这种"军事权"不具有规范意义,其实质只是军事暴力。

也应当公开,但是,对于涉及国家军事秘密的军事法规和军事规章则应当不公开。这一规定将军事法规和军事规章的公开性作为一种原则,而保密性作为一种例外。① 由于军事斗争的对抗性和残酷性,军事机密事关国家安全。军事法规范中的军事组织编制、作战及其能力、武器装备部署、后勤保障、具体的军费预算、国防科研和生产等军事统计资料、军事技术规则以及其他的军事机要②确实有保密的必要。但是,公开性是现代法律的基本特征,公开是法律成其为法律所必经的程序。按照富勒的观点,公开是法律的内在道德之一,不具公开性的军事法规范不是真正的法律。这里,军事法律的命令性过度突出,反而掩盖了法律本性,使其不成为法律。

此外,在实践中还存在着不具一般性的军事法规范、不具稳定性的军事法规范等现象,这些属于军事法律命令属性过度突出的问题。相反,军事命令的法律性过度突出,也会掩盖其命令本性,错误入侵军事法律范畴。因此,尽管军事法律与军事命令具有一定的兼容性,共同服务于军事权的行使。但是,军事法律和军事命令的过度混同,确为军事法治所面临的重要障碍。

因此,防范军事法律和军事命令的过度融合,关键在于使军事法律的命令性与军事命令的法律性维持在适当的程度。军事法律虽然具有命令性,但首先具有法律本性,必须符合法律的基本形式要求。比如前述不宜作为军事法规范公开的秘密规范,就不符合法律的基本形式要求。完全可以对此类规范进行区分,如无保密的需要,则应当按照法律的要求进行公开;如确有保密的需要,完全可以采用军事命令的形式来执行,并实施保密。军事命令具有法律性,但首先具有命令本性,不能随意入侵军事法律的范畴。

四、追求纯粹的军事法律或军事命令的危害及其消解

在关于军事法的研究中,有一种观点认为,军事法应以军事需要为核心价值,"决定军事法学价值取向的应当是军事需要,法学在其中充当的只是方法论的角色","法的价值不能过多地渗入军事法的精神之中,法的要素介入军

---

① 李佑标等:《军事法学原理》,人民法院出版社 2005 年版,第 18 页。
② 夏勇、汪保康:《军事法学》,黄河出版社 1990 年版,第 30 页。

事法只能是次要的、辅助的或者说起着技术性的指导和材料上的支持"①。与之相对应,也有学者提出,"脱离了现代法价值理念的指导,军事法便如同无源之水、无本之木,最终陷入军事极权化的误区,也无力为武装力量提供秩序与战斗力。"②这两种观点相互对立,前者强调军事需要,后者强调法治要求。

在笔者看来,正是军事法的命令性的存在和军事命令的法律性的存在,使得军事需要和法治要求这一对内在相斥却又共生于现代军事秩序中的价值激烈碰撞,难分高下。军事法作为命令性和法律性相结合的复合体,在内在实质方面倾向于命令性,在外在形式方面倾向于法律性,不宜忽视任何一个方面。

将命令性因素排除出军事法规范,形成纯粹的基于法律的规则治理,将不可避免地"带来现代官僚政治的精神气质"③。亦如施密特所言,"仰赖抽象法规的规范论思维,容易使得法矮化为功能性的法规,因而制造了国家官僚体制。"④这种官僚体制在军事社会中恰恰是极不具效率的。如昂格尔指出,"规则性的法律并非社会生活的普遍特点,它仅限于这种情况,即国家与社会的分离已经得以确定,而且,针对普遍性程度不同的各种人和行为,某些行为标准已经采取了明确的命令、禁止、许可的形式。"⑤事实上,军事社会与政治国家恰恰是不可分离的。政治对军事组织的控制是一切国家的最后底线,即使是西方国家,军事也必须在与市民社会的分野中得到极端重视。⑥ 军事的终极形式是武装威慑与对抗,军事的终极目标是国家社会的安全,军事活动之有意义不仅在于武装威慑的有效和战争的胜利。⑦ 可见,纯粹基于法律的规则治

---

① 杨韧:《军事法研究的价值取向与方法论》,《武警学院学报》2003 年第 5 期。

② 毛国辉:《军事法:法学与军事学冲突之解决与建构》,《南京政治学院学报》2004 年第 5 期。

③ [美]P.诺内特、[美]P.塞尔兹内克著:《转变中的法律与社会:迈向回应型法》,张志铭译,中国政法大学出版社 2004 年版,第 71 页。

④ [德]卡尔·施密特著,苏慧婕译:《论法学思维的三种模式》,中国法制出版社 2012 年版,第 6 页。

⑤ [美]昂格尔著,吴玉章、周汉华译:《现代社会中的法律》,译林出版社 2001 年版,第 48 页。

⑥ 杨韧:《军事法研究的价值取向与方法论》,《武警学院学报》2003 年第 5 期。

⑦ 周健:《军事法原理》,法律出版社 2008 年版,第 37 页。

理,与军事社会格格不入。

此外,在一般领域,主权者可以是一个虚化的概念。但是在军事领域内,必然存在实际的、具体的军事主权者。① 就排除了命令性因素的纯粹军事法规范而言,所有的规范须由其上一位阶的规范来证成,从最底端的规范上升到最顶端的规范,最高规范本身仍是规范或法律,不可以质变为规范以外的权威。在此等法理建构下,规范不但可对抗军事主权者,更可以在本质上凌驾军事主权者。② 若此,军事主权者不成其为主权者,军事统率将成泡影。规则统治的关键在于将对人的信仰转化为对非人格化的法律规则的信仰。因此,军事法治的目标绝不可能是追求"法律的统治",仅可能是"依法统治"。

将法律性因素排除出军事命令,军事命令亦会从军事主权者的"决断"矮化为一般的执行法律的军事行政行为,这将削弱军事命令在现代军事社会中的正当性和执行力。对于追求集中统一、令行禁止的军事社会来说,这是毁灭性的。

因此,我们在反对军事法律与军事命令过度融合的同时,也应防范二者的过度分离。军事法律与军事命令具有天然的联系,权力与规则正是通过二者的适度融合而达致平衡状态。在依法治军成为主流话语的今天,我们不宜抛开军事需要来谈论法治要求,也不应为了法治要求而忽略了军事需要。

结　论

总之,在军事社会中,命令性因素关涉军事主权者的意志,法律性因素关涉现代规则治理精神。"意志性"和"规则性"成为现代军事治理中的两个核心概念,军事命令的法律性与军事法律的命令性将"意志性"和"规则性"这两者沟通起来,形成军事法治的独特精神。在紧急状态或战争状态下,"意志性"呈增强之势,"规则性"呈弱化之势。平时则反之。这种命令的法律性与

---

① 这一结论系从经验得出,军事主权者系指军令权的权力主体,军令权的权力主体一定是一个具体概念。

② ［德］卡尔·施密特著:《论法学思维的三种模式》,苏慧婕译,中国法制出版社 2012 年版,第 14 页。

法律的命令性的互动服务于军事权的增强与节制。

On the Ordering Nature of Military
Law and Legal Nature of Military Oder

Abstract：Military Law has an intrinsic connection with military order.Military Law in a degree is of a military order nature,and military order bears the value of law.Meanwhile,military law and military order have their respective characheristics and is independent from each other.In military practices,military law and military order intertwined and integrated.Odering factor is connected with the will of a sovereign,while the factor of law is in light of the spirit of contemporary rule of law. The connection of both forms the unique spirit of military rule of law.

Key words：Military law；Military Order；Legal Norms

对外缔结军事条约的理论与实践

● 朱建业*

内容提要:通过参加军事条约的缔约实践工作,作者认为,军事条约是处理缔约国之间军事方面权利义务关系的法律基础,是对外军事交往的重要依据,是开展军事外交斗争、维护国家安全利益的重要武器,是国家间军事关系的体现和国际军事合作的发展成果,是负责任大国形象的重要展示和标志,是重要的国际法渊源。作者提出,对外缔结军事条约,必须坚持维护国家主权、安全和重大利益原则,平等协商原则,信守条约原则,尊重通行的国际法和国际惯例原则,以及依法缔约原则。作者指出,在缔约工作中要准确把握条约的基本要素,严格遵循缔约程序,处理好缔约工作的技术事项等。作者建议,必须牢固树立责任担当意识,必须强化缔结军事条约的意识,必须及早开展对现行军事条约的清理汇编工作,必须大力加强军事条约的遵守和实施工作,必须明确缔结军事条约的归口管理部门,以及必须积极抓好缔结军事条约的队伍建设。

关键词:军事条约　理论　实践

笔者自 2005 年 4 月起,作为中华人民共和国国防部法律专家组组长和军事代表团团长,先后主持了《中华人民共和国和俄罗斯联邦关于举行联合军事演习期间其部队临时处于对方领土的地位的协定》(以下简称"中俄部队地

---

* 朱建业,中国国际贸易促进委员会/中国国际商会调解中心调解员,北京仲裁委员会仲裁员,深圳国际仲裁院仲裁员。

位协定")和《上海合作组织成员国关于举行联合军事演习的协定》(以下简称
"上合军演协定")的谈判磋商工作,并承办了缔约、提请全国人大常委会审议
和上述条约实施等项工作。作为新中国首次由国防部长签署、并经由最高国
家权力机关审议批准的两部军事条约的直接参与者、见证者和实践者,对我
国、我军对外缔结军事条约工作的理论与实践有了深刻的感悟和思考。

一、对外缔结军事条约的成功范例

进入新世纪,为履行新世纪新阶段历史使命,我军在对外军事交流与合作
中,积极开展多边或双边联合军事演习。为保证联合军事演习的顺利举行,我
国先后与俄罗斯联邦和上海合作组织其他成员国谈判、磋商、签署了两部法律
协定。其中,2005 年 8 月 6 日和 8 月 8 日,"中俄部队地位协定"由中俄两国
国防部长分别在中国首都北京和俄罗斯首都莫斯科签署并临时适用,保证了
"和平使命—2005"联合军事演习的顺利举行。2007 年 6 月 29 日,第十届全
国人大常委会第二十八次会议,审议批准了"中俄部队地位协定"。2007 年 6
月 27 日,"上合军演协定"在吉尔吉斯斯坦首都比什凯克召开的上海合作组
织成员国国防部长会议上签署并临时适用,保证了"和平使命—2007"联合反
恐军事演习的顺利举行。2008 年 12 月 27 日,第十一届全国人大常委会第六
次全体会议,审议批准了"上合军演协定"。两个协定的签署和生效,为今后
举行上海合作组织框架内的联合军事演习奠定了法律基础,是上海合作组织
在防务安全领域合作机制化、法制化的重要法律文件,体现了上海合作组织成
员国加强政治互信和战略协作的共同意愿,具有长远的政治和战略意义。在
协定审议过程中,全国人大常委会组成人员对上述两部协定给予高度评价,认
为它是我国签署的第一部双边国际军事条约和第一部多边国际军事条约,既
是我国军事外交工作的新突破、新实践,也是我国缔约工作的新尝试;是我国
进行国际军事立法合作的成功范例,为我军进一步加强涉外军事行动法制建
设提供了有益借鉴。对完善我军应对多种安全威胁、完成多样化军事任务的
法律保障,提升我军维护国家安全与发展利益的能力和完善我国涉外法律体
系具有重要意义。两部协定生效以后,还先后成功保证了中俄内卫部队联合
反恐军事演习、"和平使命—2009"联合反恐军事演习、"和平使命—2010"联

合反恐军事演习和"和平使命—2012"联合反恐军事演习的顺利举行。

二、缔结军事条约的意义

军事条约是国际法主体间缔结的确立缔约各方在军事方面相互权利和义务的各种书面协议的统称,是国家和国际组织对外交往特别是军事交往的重要表现形式。"国际游戏规则"大多是通过条约加以规定并体现的,条约在国际交流与合作中扮演着十分重要的角色,军事条约在国家对外交往特别是军事交往中发挥着重要的作用。我们缔结了什么条约或者加入了什么条约,就意味着接受了什么样的"国际游戏规则",同时,根据这些"国际游戏规则",我们就可以享受相应的权利,并承担相应的义务。

新中国成立以来,随着我国对外交往的不断发展,我国缔结的条约数量不断增长。缔结的军事条约也由双边到多边、从原则性声明、宣言到务实性的协定、协议。改革开放以前,主要对外军事条约包括,1952年声明承认《日内瓦四公约》,并加入《关于禁用毒气或类似毒品及细菌方法作战议定书》;1953年7月27日签订《朝鲜停战协定》,标志着中国人民抗美援朝战争胜利结束;1954年7月20日签订《印度支那停战协定》,标志着中国参加的援越抗法战争胜利结束;1960年11月4日中华人民共和国和缅甸联邦共和国签署《关于联合勘察队第四勘察、竖立界桩中的警卫问题协议》和1961年1月22日签署《中缅双方关于捕歼蒋匪的协议》等。党的十一届三中全会以来,我国开展全方位的军事外交关系,逐步形成开放、务实、活跃的军事外交新局面,先后加入或者签订的军事条约主要包括,1981年签署《禁止或限制使用某些可被认为具有过分杀害力或滥杀滥伤作用常规武器公约》;1984年加入《禁止细菌(生物)及毒素武器的发展、生产及储存以及销毁这类武器的公约》;1992年加入《不扩散核武器条约》;1996年签署《全面禁止核试验条约》;1993年9月、1996年11月和2005年4月与印度先后签署《关于在中印边境实际控制线地区保持和平与安宁的协定》、《关于在中印边境实际控制线地区军事领域建立信任措施的协定》、《关于在中印边境实际控制线地区军事领域建立信任措施的实施办法的议定书》;1997年加入《关于禁止发展、生产、储存和使用化学武器及销毁此种武器的公约》;1996年和1997年,与俄罗斯联邦、哈萨克斯坦、吉尔吉斯斯坦和塔吉克斯坦签署《关于在边境地区加强军事领域信任的协定》和《关于在边境地区相互裁减军事力量的协定》;2005年和2007年,与俄罗斯联邦和上合五国签署了关于举行联合军事演习的两部协定。

军事条约对国际关系、地区局势和缔约国间的关系,以及国内形势有重大影响。

第一,军事条约是处理缔约国之间军事方面权利义务关系的法律基础。从某种意义上说,条约就是国家间的法律,也可以说是国家间的合同,它在国家间创设了权利和义务。"条约必须遵守"是通行的国际法原则。与其他外交行为相比较,条约具有规范性、制度性、长效性和严谨性等特点,而军事条约更加具有相互制约性。20世纪90年代以来,中国国防部分别与朝鲜、俄罗斯联邦、蒙古、哈萨克斯坦、吉尔吉斯斯坦、缅甸、越南等国相关部门签署《边防合作协定》,建立三级会晤机制,及时通报边境信息,协商处置重要边境事务。2007年6月签署的"上合军演协定",是上海合作组织成员国防务部门军事交往与合作的法律基础。据此,2007年7月,中方和其他四方参演部队成建制、携带重装备和武器弹药顺利进入俄罗斯联邦境内,参加在车里雅宾斯克举行的"和平使命—2007"联合反恐军事演习。

第二,军事条约是对外军事交往的重要依据。对外重要事项尤其是对外重大军事行动,应当有条约依据。1950年,蒋介石残余部队在缅甸联邦共和国北部地区建立长期盘踞的根据地,利用中国人民解放军不能出境作战、缅甸政府无力清剿的条件,欺压抢掠、骚扰破坏,不仅对缅甸而且也对中国边境地区造成巨大危害。为解决国民党残余部队的问题,同时也为了消除缅甸政府对中国军队的疑虑,中缅两国于1960年11月签署《关于联合勘察队第四勘察、竖立界桩中的警卫问题协议》,允许中国军队在缅甸境内正面宽约300公里、纵深20公里的区域内,协同缅甸联邦国防军,发起中缅边境勘界警卫作战,打击国民党残匪。由于国民党残匪向缅纵深地区逃窜,加之人民解放军入缅后严守协议、秋毫无犯、不入民宅、不向寺庙射击,并且为当地居民治病,被缅甸人民赞颂为"从来没有见过的好军队",缅甸政府完全打消对解放军的顾虑,遂于1961年1月再次签署《中缅双方关于捕歼蒋匪的协议》,人民解放军深入缅境内100公里,消灭了国民党大部分残匪。根据联合国安全理事会通过的第 1816 号、第 1838 号、第 1846 号、第 1851 号决议,授权各国根据《联合国宪章》第七章规定,在索马里境内"采取一切必要的适当措施,制止海盗行为和海上武装抢劫行为",以及 1982 年《联合国海洋法公约》和 1988 年《制止危及海上航行安全非法行为公约》等相关规定,2008 年 12 月 26 日,中国海军舰艇编队启程前往亚丁湾、索马里海域执行护航任务。截至 2012 年 12 月,人民海军已先后派出 13 批舰艇编队执行护航任务。

第三,军事条约是开展军事外交斗争、维护国家安全利益的重要武器。当前处理国际事务的通行国际话语,是要以"基于规则的制度"或方式来解决争端。人们言必称规则,并试图以之指导、规范各方的行为。① 依据 1943 年 12 月《开罗宣言》、1945 年 7 月《波茨坦公告》和同年 8 月的《日本投降书》,钓鱼岛作为台湾附属岛屿应与台湾一并归还中国;根据有关国际条约的规定,坚持沿海国的国家主权和领土完整不可侵犯,我政府公务船舶和军舰有权对所属领海、毗连区、专属经济区和大陆架开展维权、警戒和有效管理活动。2012 年 6 月 29 日,大韩民国和日本国同时宣布,将于当日下午签署《军事情报保护协定》。该协定对以日韩两国军事领域为中心的机密情报保护做出了全面的规定,以双方互相提供军事情报和外交机密情报为前提,规定了旨在防止情报泄露给第三国的手续。但是,由于韩国社会各界认为,日本政府没有在对慰安妇等历史问题和独岛(日本称竹岛)问题改变立场的情况下,不宜签署该协定,并且这一协定也将不利于朝鲜半岛局势,对该协定表示强烈反对。迫于巨大的内外压力,韩国政府不得不紧急宣布推迟签署该协定。

第四,军事条约是国家间军事关系的体现和国际军事合作的发展成果。条约起到了体现国家间关系发展成果的作用,军事条约则是国家间军事关系发展和防务合作的重要标志。近年来,中国与俄罗斯联邦先后签署的《关于预防危险军事活动的协定》、《中华人民共和国主席和俄罗斯联邦总统关于互不首先使用核武器和互不将战略核武器瞄准对方的联合声明》、《关于相互通报发射弹道导弹和航天运载火箭的协定》等,都标志着中俄两国两军战略互信与务实合作不断深化。

---

① 阮宗泽:《中国应更多参与"规则"博弈》,《人民日报》(海外版),2012 年 10 月 15 日。

第五,军事条约是负责任大国形象的重要展示和标志。随着我国综合国力的提升和国防科技事业的发展,中国作为一个负责任的大国,以开放和自信的姿态,积极而逐步地加入"国际游戏规则"的倡导、拟制之中。1964年10月16日,中国在成功爆炸第一颗原子弹后,就向全世界庄严承诺:在任何时候、任何情况下不首先使用核武器,无条件不对无核武器国家和无核武器地区使用或者威胁使用核武器,主张全面禁止和彻底销毁核武器,并于1994年1月向其他有核国家提出《不首先使用核武器条约》(草案);中国一贯主张确保外空安全、和平利用外空、防止外空武器化,积极推动制定有关国际条约,从1984年起,多次向联合国大会提出关于防止外空军备竞赛的决议草案,并于2002年6月和2008年2月,两次向日内瓦裁军谈判会议提交《防止在外空放置武器、对外空物体使用或威胁使用武力条约》(草案),主张尽早开展实质性谈判、缔结一项新的国际法律文书,以弥补现有外空法律体系的漏洞。以上,都充分体现了中国作为负责任大国的良好形象。

第六,军事条约是重要的国际法渊源。国际法渊源包括国际条约、国际习惯和一般法律原则等几种形式,自20世纪初期以来特别是第二次世界大战以后,国际社会开始致力于有组织的国际法编纂工作,先后订立了大量的国际条约。这些条约体系,构成了当代国际法的基本框架。而军事条约则是国际法渊源中有关军事规则的最主要的渊源。

三、对外缔结军事条约需要把握的原则

(一)维护国家主权、安全和重大利益原则

主权是指对内的最高权力,对外独立自主的权力,是不受任何其他国家控制的。对内方面,对一切事物和人有最高权力,国家有权决定其政治、经济、社会和文化制度,也就是属地最高权和属人最高权。对外方面,主权体现为不从属其他权力,即独立权或对外主权。① 对外缔结军事条约,必须维护国家主权、安全和重大利益。在这方面,中国是有惨痛教训的。1945年8月14日,在第二次世界大战即将取得完全胜利、日本国即将投降的前夕,中华民国政府

---

① 邵津:《国际法》,北京大学出版社2001年版,第31页。

与苏联政府签订了《中华民国苏维埃社会主义共和国联盟友好同盟条约》（以下简称"同盟条约"），以及《关于中国长春铁路之协定》、《关于大连之协定》、《关于旅顺口之协定》和《关于中苏此次共同对日作战苏联军队进入中国东三省后苏联军总司令与中国行政当局关系之协定》四个附件，并互换了关于外蒙古问题的照会等。该照会称："兹因外蒙古人民一再表示其独立之愿望，中国政府声明，于日本战败后，如外蒙古之公民投票证实此项愿望，中国政府当承认外蒙古之独立，即以其现在之边界为边界"，中国从此失去面积为156.65万平方公里的国土。《关于中国长春铁路之协定》规定，中国长春铁路（即中东铁路及南满铁路由满洲里至绥芬河及由哈尔滨至大连、旅顺之干线等合并成为中国长春铁路）归中华民国和苏维埃社会主义共和国联邦共同所有，并共同经营，期限为30年；《关于大连之协定》规定，大连为自由港，对各国贸易及航运一律开放，期限为30年；还规定，大连所有港口工事及设备之一半，无偿租与苏方，租期为30年；《关于旅顺口之协定》规定，旅顺口作为纯粹海军根据地，仅由中苏共同使用，并且仅由中苏两国军舰及商船使用，苏联有权驻扎陆海空军，并决定其驻扎地点，期限为30年；《关于中苏此次共同对日作战苏联军队进入中国东三省后苏联军总司令与中国行政当局关系之协定》规定，所有在中国领土内属于苏联军队之人员，均归苏联军总司令管辖。苏联政府还通知中华民国政府，所有东北工矿企业均为苏军对日作战的"战利品"。作为第二次世界大战的主要战胜国、联合国四大创始国之一的中国，为什么会在战后签署了这样一个丧权辱国的卖国条约呢？原因就是，蒋介石的民国政府以出卖国家领土主权、权益，换取苏联对其打内战的支持。这是中华民国政府在全体中国人民、全世界一切华侨华人和整个中华民族心目中永远抹不去的深重罪孽。历史的教训永远不要忘记，在对外签订军事条约时，必须以国家的领土主权、完整、安全和权益为最高原则。

（二）平等协商原则

条约是缔约方协调意志的产物。由于条约是缔约各方自主意愿的表示，因此，对外缔结军事条约，必须坚持平等协商，切不可盛气凌人、以势压人，必须充分尊重缔约各方的话语权和自主意愿。因此，"凡是在平等自愿基础上缔结、符合国际法基本原则的条约，就应得到遵守；反之，凡是违背平等自愿、违背国际法基本原则的奴役性的条约,则应坚决反对"①。第二次世界大战以后,美国利用其战胜国的优势地位,先后与日本国、大韩民国和菲律宾共和国签署了"部队地位协定"。其中,1960 年 1 月 19 日,美国与日本国签署《关于日本国同美利坚合众国之间的相互合作及安全保障条约第六条所规定的设施、区域及合众国军队在日本国地位的协定》(以下简称日美地位协定),并于同年 6 月生效。在日美地位协定中,日本国被迫做出了许多事关国家主权的重大让步,规定了美国在日本驻军的各项优惠措施,包括,美国的船舶及飞机出入日本国港口或机场时可以免收进港费或降落费,美国船舶及飞机、政府所有车辆(含装甲车辆)以及军队及其家属出入日本国港口、机场和道路不征收使用费及其他征税,美国军队对日本政府拥有、管理或控制的一切公益事业及公共服务享有优先使用权,美国军人可以免受日本国有关护照和签证的法律限制,对美军及其人员家属进口的一切资料、用品及备品等免征关税及其他税费,对美军免征物品税、通行税、汽油税、电力煤气税,对美军人员及其家属免征各类租税或捐税、所得税或法人税,等等。尤其是规定对驻日美军人员以及为美军服务的美国籍民间人员在日本执行公务时发生的事件和事故,美国享有优先司法管辖权;即使对于美军在执行公务以外的犯案,如果美方先行拘留嫌疑人,在日方正式提出起诉前无需将嫌疑人移交日方,严重侵犯了日本国的司法管辖主权。可见,驻日美军的特权处处存在。正如日本冲绳国际大学教授前泊博盛所指出的,"抑制驻日美军犯罪的机制基本无效,美军有一种可以在日本为所欲为而不受惩戒的印象"。据日本政府公布,从 1952 年到 2007 年间,驻日美军共发生大小交通事故 2 万多起,造成 1027 名日本人死亡,但因有"日美地位协定"的庇护,日本司法无法直接拘留侦讯美军的犯罪嫌疑人。②据统计,自 1972 年至 2011 年,被刑事告发的美军相关人员在冲绳犯案达 5747件;最近 5 年,平均每年发生 60 件,然而 2011 年的美军人员的犯罪起诉率仅为 13%。为此,不仅日本人民而且包括日本地方政府在内,都强烈要求修订

---

① 邵津:《国际法》,北京大学出版社 2001 年版,第 339 页。

② 吴广义、王智新:《强奸案再次引出驻日美军问题》,《世界知识》2008 年第 7 期。

赋予驻日美军实际"治外法权"的日美地位协定。① 类似情况还多有存在,例如,1966 年 7 月 9 日签署的《大韩民国美利坚合众国行政协定》也是一部不平等条约,严重侵犯了韩国主权,极大伤害了韩国的民族自尊心,要求修改该协定的呼声日益强烈;1999 年 5 月生效的《菲律宾共和国和美利坚合众国访问部队协定》也是一部不平等条约,菲律宾国内要求废除和修改协定的呼声不断。由于美国是海外军事基地和海外派兵最多的国家,正如它们所认为的,在无协定的情况下,向海外派遣美军,会使他们自动从属于接受国管辖之下。为避免这种情况,军事当局应努力缔结能确保更大权利的协定。这就是美国极力推动与接受国签署其驻扎海外部队地位协定的根本原因,也是在与接受国谈判、签署部队地位协定时极力维护美军的权益的根本目的。截至目前,美国已与 90 多个国家签订有"部队地位协定"。最近的一部是 2009 年 12 月 17 日与波兰签署的《美国驻军地位协定》,该协定不仅为美国在波兰领土上派驻军队创造了必要的法律条件,而且包括导弹防御系统部署问题,还涉及双方在未来 10 年中的其他军事合作内容。②

2005 年和 2007 年,中国国防部在分别与俄罗斯联邦国防部谈判磋商"中俄部队地位协定"和与上海合作组织成员国其他五国谈判磋商"上合军演协定"时,尽管各方社会制度、历史背景、文化传统、发展阶段不同,存在认识上的差异和分歧,语言也不同,但是,缔约各方完全是新型国家间的关系,即各国不分大小一律平等,各方的地位一律平等。在谈判磋商阶段,始终坚持维护国家主权利益、互相尊重、友好协商的原则,遇到分歧意见不回避,致力于落实"互信、互利、平等、协作"的新安全观。各方代表围绕参演部队及人员的界定、参演部队的指挥关系、参演部队及武器装备的出入境管理、参演部队与东道国的权利义务、损失赔偿和司法管辖权分配等问题,展开深入讨论。其间,各方都可以充分表达意见,并进行充分讨论。对不同意见,坚持说服说理,以理服人,从不强迫、强制其他方接受意见。通过反复讨论、协商,直到各方达成完全一致。两部协定的签署和生效,反映了中俄两军友好关系的新发展、反映

---

① 冯武勇:"冲绳之悲",《解放军报》2012 年 10 月 19 日。
② 温宪、王恬、李增伟、黄文帝:《美国将首次驻军波兰》,《人民日报》2012 年 7 月 27 日。

了上合组织成员国防务部门间友好关系的新提升,不仅保证了上海合作组织框架内联合军事演习的顺利举行,也为以后签署其他军事条约奠定了良好的基础,而且还为平等、新型的国家关系,为各国军队间的平等交往谱写了新的篇章。当然,谈判也是力量的较量,也要讨价还价,有斗争也有妥协,也会各有得失。因此,平等协商并不意味着放弃在谈判磋商军事条约时的主导作用,而是在平等协商中发挥主导作用,在平等协商中有大的作为。

(三)条约必须遵守原则

条约必须遵守原则是缔约各方所必须遵循的基本原则。条约是国际法主体间缔结的以国际法为基本准则、并确立缔约各方权利与义务关系的书面协议,它标志着缔约各方的庄严承诺,同时,条约既是国际法的主要渊源之一,也是缔约方国内法的一部分。为此,缔约各方必须在条约缔结生效后,按照条约的约定,行使自己的权利,履行自己的义务,而不得违反。如果条约缔结后,缔约方可以恣意破坏,条约也就没有什么实际意义了,而国际信义和正常的国家关系就会受到损害,国际法本身也很可能趋于崩溃。遵守军事条约更应如此。特别是随着条约、公约的陆续制定,国际社会对条约的后续执行机制更加引起重视。有的条约建立了履约机制,对缔约国履行条约义务的情况进行监督,要求缔约国向公约机构提交履约报告,或者接受公约机构的核查,包括飞行突击检查。尤其是近年来,一些公约强化了履约监督职能,例如对控制大规模杀伤性武器扩散方面加大了履约和监督力度。此外,国际司法机构趋于增多,进一步强化了国际争端解决机制。除国际法院以外,陆续建立了国际海洋法法庭、"起诉应对 1991 年以来前南斯拉夫境内所犯的严重违反国际人道主义法行为负责的人的国际法庭"(简称"前南法庭")、"起诉应对 1994 年在卢旺达境内和卢旺达国民在邻国所犯种族灭绝罪或其他严重违反国际人道主义法行为负责的人的国际法庭"(简称"卢旺达国际刑事法庭")和国际刑事法院。有的区域组织还设立了人权法院,直接受理侵犯人权的案件。总之,越来越多的条约规定了司法解决争端条款。

新中国成立后,以毛泽东为首的第一代国家领导人极为重视遵守条约的原则。在新中国成立时,《中国人民政治协商会议共同纲领》第 55 条规定:"对于国民党政府与外国政府所订立的各项条约和协定,中华人民共和国中央政府应当加以审查,按其内容,分别予以承认,或废除,或修订,或重订。"中央人民政府宣布要对国民党政府与外国订立的一切条约和协定进行审查,并重申了废除不平等条约的不可争辩的权利。1949 年 12 月,毛泽东主席在新中国成立不久、国内面临重大而繁重的任务时出访苏联,以坚决的、不容置疑的态度要求与苏联缔结中苏两国间新的条约,以取代苏联与中华民国签订的不平等条约。经过艰苦努力,两国于 1950 年 2 月 14 日签订了《中华人民共和国与苏维埃社会主义共和国联盟友好同盟互助条约》(以下简称"同盟互助条约"),同时签订了《关于中国长春铁路、旅顺口及大连的协定》。根据同盟互助条约换文规定,《中华民国苏维埃社会主义共和国联盟友好同盟条约》及其附件失效(1953 年 2 月 25 日,"中华民国外交部"宣布正式废除该条约);同盟互助条约规定苏联截止到 1952 年年末,将交还所有通过 1945 年中苏"同盟条约"在中国东北所取得的权益,并承诺在经济上和军事上对中国进行援助。毛泽东主席的这次出访,不仅废除了让中国人民感到耻辱的不平等条约,而且大连、旅顺,以及中长铁路等都全部归还中国,苏联军队最终于 1955 年 5 月 26 日全部撤出中国。这是中国外交史上前所未有的重大胜利,是"中国人民从此站立起来了"的经典手笔,也是"条约必须遵守"原则的生动写照。

(四)尊重通行的国际法和国际惯例原则

人类社会在漫长的演进过程中,随着政治、经济、科学文化和文明的发展,逐步形成了一整套国际习惯法的原则、规则和规范。第二次世界大战后,为了维护国际和平与安全,采取有效的集体措施,以防止并消除对于和平的威胁,制止侵略行为或其他对和平的破坏,1945 年 6 月 26 日在美国旧金山签署了《联合国宪章》。到目前,全世界共有 190 多个国家批准或加入联合国,承认《联合国宪章》的效力,接受《联合国宪章》的约束。中国是联合国的创始会员国,是联合国安全理事会的五个常任理事国之一。近 70 年来,以《联合国宪章》为基础建立起来的联合国,以及以《联合国宪章》为核心建立起来的国际法体系,在维护世界和地区和平方面,发挥了重要的作用。《联合国宪章》第 2 条第 2 项规定,"各会员国应一秉善意,履行其依本宪章所担负之义务"。1970 年制定的《国际法原则宣言》进一步明确,"每一国均有责任一秉诚意履行其在依公认国际法原则与规则系属有效之国际协定之义务。"因此,世界各国在制定双边或者多边条约时,都要开宗明义地宣布,"恪守《联合国宪章》的宗旨和原则,以及公认的国际法准则"。需要强调指出的是,随着国际社会加大对武装冲突中犯有严重违反国际人道主义法行为的人的刑事法律打击力度,追究他们个人的刑事责任。为此,在对外缔结军事条约时,必须特别注意恪守国际人道主义法的原则、规则和规范,而不能违反这些原则、规则和规范。

(五)依法缔约原则

缔结条约是一个国家的主权行为,是国家意志在对外领域的集中表现,"外事无小事"、"外事授权有限",同时,主权的不可分割性决定了缔约权的不可分散,因此,"外交大权在中央",来不得丝毫随意性和一点点马虎。为此,在缔约实践中,必须严格遵守国家的有关法律规定,并遵守国际社会的有关规定。根据《中华人民共和国宪法》和1990年12月28日公布施行的《中华人民共和国缔结条约程序法》规定,全国人大常委会"决定同外国缔结的条约和重要协定的批准和废除";国家主席根据全国人大常委会的决定,"批准和废除同外国缔结的条约和重要协定";国务院"管理对外事务,同外国缔结条约和协定";外交部在国务院领导下管理同外国缔结条约和协定的具体事务。从而明确了全国人大及其常委会、中央军事委员会、最高人民法院、最高人民检察院,以及地方各级人民政府原则上都不能以自身名义缔约。同时,我国缔结条约程序法还规定了对外缔结条约和协定的三种名义,即中华人民共和国、中华人民共和国政府和中华人民共和国政府部门。究竟采取什么样的缔约名义,应当按照条约涉及的具体领域、内容和重要性决定。根据实践经验,通常将涉及政治、外交、国家主权或者重大利益的事项,以中华人民共和国名义缔结条约,在国内法位阶上相对于法律,履行国内批准程序,包括友好合作条约、和平条约等政治性条约,有关领土和划定边界的条约,有关司法协助、引渡的条约协定,同中华人民共和国法律有不同规定的条约协定,缔约各方议定须经批准的条约协定等;将行政管理事务等,以中华人民共和国政府名义缔结协定或者议定书,在国内法位阶上相对于行政法规,履行国内核准或者备案程序,包括互免签证协定、投资保护协定、民航运输协定、能源合作协定、旅游合作协定、设立文化中心协定、贷款协定等;将政府部门职权范围内的具体业务事项等,以中华人民共和国政府部门名义缔结谅解备忘录或者协议,在国内法位阶上相对于部门规章,履行国内登记程序,包括政府部门间的交流合作协定、议定书以及执行计划等。在已缔结的军事条约中,"中俄部队地位协定"和"上合军演协定"等两部军事条约,就是委派中华人民共和国国防部长签署,经国务院总理提请全国人大常委会审议批准,并由国家主席公布。在此之前,根据我国缔结条约程序法关于"以中华人民共和国名义或者中华人民共和国政府名义缔结条约、协定,由外交部或者国务院有关部门报请国务院委派代表。代表的全权证书由国务院总理签署,也可以由外交部长签署"的规定,我国国防部长作为中国政府代表签署上述两部协定的全权证书由中国外交部长签署,并在签约时提交各方签约国。此外,在对外缔结军事条约时,还必须遵守缔约方都承认的有关国际法方面的规定和国际习惯法规则。在联合国的主持下,1969 年 5 月 28 日正式签署的《维也纳条约法公约》,是迄今为止国际社会对条约法系统的、全面的编纂,具有条约法典的性质。经第八届全国人大常委会第三十五次会议决定,1997 年 5 月 9 日中华人民共和国加入该公约。在加入书中,中国宣布对该公约第 66 条的规定予以保留,同时声明台湾当局于 1970 年 4 月 27 日盗用中国政府的名义对该公约的签署是非法的、无效的。

四、缔结军事条约注意事项

缔结军事条约是一项非常严肃的军事外交行为。它既关系到缔约各方的切身利益,也关系到我国的国家主权和重要的国际权利与义务;既是军事外交工作的一部分,也是军事法制工作的一部分。做好这项工作意义重大、责任重大,难度也很大,为此,必须高度重视,认真负责,严格按照我国法律和有关程序的规定开展军事条约的谈判磋商、起草、缔结、批准和生效工作。其主要注意事项包括如下:

(一)准确把握条约的基本要素。条约是指两个或者两个以上国际法主体之间经协商一致订立的用来确立、修改或者终止彼此间权利义务的书面协议的总称。而主要调整彼此间军事方面权利义务的条约,就是军事条约。其基本要素由四个方面组成。第一,条约主体必须具有国际法主体资格。传统的国际法主体主要是指国家,由于国家是国际法的基本主体,条约主要是国家之间的协议。在当代,国际组织之间也可以订立条约。因此,人民解放军各总部、军兵种、武警部队与外军有关部门、军兵种签订的协议、纪要和备忘录等，就不能称为军事条约。第二，条约的宗旨必须是确立、修改或终止缔约方权利义务关系。就是说条约规定了缔约各方应该做什么、不该做什么。有没有约定具体的权利和义务，是判断一个协议是否为条约的重要标准。如果仅仅是空泛的、不需要实质履行的声明、宣言等，就不能称为条约。第三，条约必须是协商一致达成的书面文件。缔约各方必须充分磋商、谈判，在各方意思表示真实、协商一致的基础上，才能达成协议，并用白纸黑字写清楚。通常口头协议、君子协定等不是条约。第四，条约必须符合国际法基本原则和自愿同意原则。缔约各方在缔结条约时，必须恪守联合国宪章的宗旨和通行的国际法准则，并以此作为缔约所遵循的依据；缔约各方在谈判磋商时，必须充分尊重各方意愿，充分行使话语权，充分发表意见，协商协调不同意见，争取求同存异，不能强人所难，尤其不能搞一言堂。

（二）严格遵循缔约程序。国际上，缔约活动通常包括谈判、签署、批准接受赞同、交换或者交存批准书、条约的登记与公布等项程序。根据我国缔结条约程序法的规定和缔约工作实践，缔结军事条约工作的主要程序包括如下几个步骤：第一，缔结军事条约的立项。缔结军事条约，不是心血来潮、不是临时起意、更不是仓促安排，必须有计划、有准备，事先在内部对缔结军事条约的必要性、可行性和所要解决的事项等进行充分论证，论证报告和有关方案应当获得批准。第二，军事条约草案的谈判与审批。通常情况下，缔结军事条约时必须由一方先提出草案文本，再围绕草案进行谈判磋商、修改完善，直到达成一致。与外国谈判缔结军事条约，在草案初步定稿后，必须首先履行内部审批手续。根据通常做法，以国家和政府名义缔约的军事条约，草案需由军队有关主管部门会同外交部，联合呈报国务院和中央军委审核批准；以国防部名义缔结的军事条约，一般由中央军委审核决定，必要时征求外交部的意见，对于涉及重大事项或者涉及国务院其他部门职权范围内的事项，还需要报请国务院审核批准。第三，军事条约的签署。为签署军事条约，签约人必须事先完成国内审查批准程序，使缔约代表获得政府首脑或者外交部长的授权，并签署授权证书。经过授权的政府代表，才有资格签署军事条约。第四，军事条约签署后的国内法律手续。军事条约签署后，必须经过国内批准程序。有的需要经过国家最高权力机关审议批准,有的需要经过国家最高行政机关的核准,有的需要向国家最高行政机关备案,有的需要向外交部登记。只有在履行了国内审批手续,并向其他缔约方通知已完成本国国内审批手续以后,缔约工作才告一段落。其中,双边军事条约需要缔约国双方都完成其国内审批程序,才能正式生效;多边军事条约需要缔约各方都完成其国内审批程序以后,才能正式生效。还需要注意的是,根据全国人大常委会审议条约、协定的工作程序,军事条约应当由军委有关总部和外交部联合呈报国务院、中央军委审核后,由国务院总理签署议案提请全国人大常委会审议;全国人大常委会首先将议案交付全国人大外事委员会审议,再由外事委员会向全国人大常委会提出审议意见;召开全国人大常委会全体会议时,由国防部长到会向全国人大常委会就提请审议的议案作说明(需要指出的是,如果安排军队其他领导同志到会作说明,因其在国务院没有职务,则法律依据不足);最后,军事条约交付全国人大常委会组成人员表决,表决数超过半数的由国家主席根据全国人大常委会的决定批准军事条约。第五,条约、协定正本的保存。根据我国缔结条约程序法的规定,国家和政府间缔结的条约正本需交由外交部保存,政府部门间的条约正本由本部门保存。第六,条约的公布和登记。经过批准的军事条约,在全国人大常委会公报上公布;有些军事条约,还需要向联合国秘书处或者其他国际组织登记,"上合军演协定"就向上海合作组织秘书处作了登记。

(三)关于条约的加入与保留。条约的加入,是指未在条约上签字的国家参加已经签订的多边条约,从而成为缔约国的一种方式,也是该加入国接受条约拘束的一种法律行为。[①] 同时,由于多边条约参加国较多,参加时间前后不一,缔约国之间关系复杂,缔约国有不同的历史传统和文化背景,各国的政策与利益也不尽相同。因此,条约加入国在参加条约时不能接受已存在的某些条款,于是产生条约的保留问题。新中国成立以后,我国陆续加入了多边国际条约。据统计,改革开放以前,我国参加30项多边条约;改革开放以后,我国新参加了300多项多边条约。这些条约为我国与外国和国际组织在政治、经济、军事、文化等领域开展合作提供了坚实的法律基础。在加入多边国际条约

---

① 邵津:《国际法》,北京大学出版社 2001 年版,第 333 页。

时,根据我国的实际,为维护我国的国家利益,对条约的个别条款以书面形式声明保留。例如,1956 年 11 月,我国在加入《改善战地武装部队伤者病者境遇之日内瓦公约》和《改善海上武装部队伤者病者及遇船难者境遇之日内瓦公约》时,均对公约第 10 条声明保留,即"拘留伤者、病者(遇船难者)或医务人员及随军牧师的国家请求中立国或人道主义组织担任应由保护国执行的任务时,除非得到被保护人本国政府的同意,中华人民共和国将不承认此种请求为合法。"我国在加入《关于战俘待遇之日内瓦公约》时,分别对公约第 10 条、第 12 条、第 85 条声明保留。我国在加入《关于战时保护平民之日内瓦公约》时,分别对公约第 11 条、第 45 条声明保留。1983 年 9 月,我国在加入《1949年日内瓦四公约两项附加议定书》时,对第一议定书第 88 条第 2 款声明保留。

(四)关于条约文本的倒版问题。所谓倒版,就是凡是并列提及缔约双方的国家名称、元首名、签署代表、文字等时,中方保存的条约正本均应将中方的列在前面,外方保存的正本均应将外方的列在前面。通常情况下,条约的下列四处内容应当倒版,即,约名中的国家名称、约首(序言)中的国家名称、约尾中的作准文字和双方签署代表。

(五)关于缔结军事条约中的港澳因素。缔结条约是国家的主权行为。根据中国政府解决香港、澳门问题的伟大构想,中国政府分别与英国、葡萄牙签订了"中英联合声明"和"中葡联合声明",并制定了《中华人民共和国香港特别行政区基本法》和《中华人民共和国澳门特别行政区基本法》。上述法律文件规定,除外交、国防事务由中央人民政府负责外,特别行政区实行高度自治。在缔约方面,具体体现为:中国缔结的条约,中央人民政府可以根据港澳特区的情况和需要,在征询特区政府意见后,决定是否适用于特区;对于中国政府尚未参加但已适用于港澳的国际条约,中央人民政府根据需要授权或协助特区政府作出适当安排,使其继续适用于港澳特区;经中央人民政府协助或授权,港澳特区可与各国或各地区缔结互免签证、投资保护、民航、司法协助等方面的协议;港澳特区可在经济、贸易、金融、航运、通信、旅游、文化、科技、体育等领域以"中国香港"、"中国澳门"的名义,单独同世界各国、各地区及有关国际组织签订和履行有关国际协议。由于"中俄部队地位协定"和"上合军演协定"属于中央人民政府负责管理的国防事务,根据香港特别行政区基本法、澳门特别行政区基本法的有关规定,应当适用于香港特别行政区、澳门特别行政区。根据国务院批准的《关于多边条约适用于香港特别行政区和澳门特别行政区办理程序的规定》,外交部已在全国人大常委会批准上述两个协定之前,分别通知香港特别行政区和澳门特别行政区,两个协定将适用于香港特别行政区、澳门特别行政区。

五、做好缔结军事条约工作的思考

党的第十八次全国代表大会指明了今后一个时期国防和军队建设的指导思想和发展道路。党的十八大报告指出,"中国军队始终是维护世界和平的坚定力量,将一如既往同各国加强军事合作、增进军事互信,参与地区和世界安全事务,在国际政治和安全领域发挥积极作用"[1],为我军开展对外军事交往和合作指明了方向。

(一)必须牢固树立责任担当意识。第二次世界大战结束后,联合国随即建立,它和与此相关的一系列国际会议、活动、国际协定、条约、声明等等,构成了战后国际秩序的架构与规则。当前,国际形势正发生深刻变化,冷战体系的终结与金融危机加速了国际力量的此消彼长,将国际格局推向新的十字路口,各方都在围绕"转型"二字做文章,盘算如何引导国际局势朝着与己有利的方向演变,其中最重要的方法之一,就是拿起"规则"这一武器,参与或主导制定新的国际规则,为确保自身权益的最大化作顶层设计。[2] 中华人民共和国作为联合国的常任理事国,作为有影响的大国,作为负责任的大国,应当为维护世界和平和人类社会的发展进步、为新的国际秩序的建立做出自己应有的努力和贡献。特别是改革开放以来,中国的国际地位举足轻重,更应当在国际秩序建立方面发挥更大的作用。中华人民共和国国家武装力量作为世界大国的军队,应当逐步走上世界舞台,为中国的大国地位给予强有力的支撑,并且为国际军事交往和合作发挥更大的影响力。特别是随着新军事革命的深入发展,新技术、新武器、新战法的大量涌现,原有的很多战争法规则已经失效或者

---

① 中国共产党第十八次全国代表大会文件汇编,人民出版社 2012 年版。

② 阮宗泽:"中国应更多参与'规则'博弈",《人民日报》(海外版),2012 年 10 月 15 日。

实际失效,出现了现代战争作战法规的"真空"。为此,我军必须以敢于担当的气概,在国际军事合作领域内加强有关军事行动"国际游戏规则"的制定,增强话语权,争取主动性,并运用东方人的智慧、文明理念和文化传统,坚决改变"西方人制定规则,东方人遵守规则"的历史沉疴,为努力营造互信、协作的军事安全环境发挥更大的作用。

（二）必须强化缔结军事条约的意识。当今世界,在与国际组织、外国或外国人交往时,法律是工具,法律是武器。而开展国际军事合作与交往、参与涉外军事行动中,更需要依法依约实施。据此,我军高级领帅机关必须适应世界形势的变化、适应中国国际地位的提高和中国军队日益强大、日益"走出去"的实际,增强做好对外缔结军事条约的意识。必须清楚地看到,履行新世纪新阶段我军历史使命,是强化对外缔结军事条约意识的基本依据;适应提高应对多种安全威胁、完成多样化军事任务能力的需要,是加快对外缔结军事条约的基本目的;建设世界一流的大国军事力量,争取制定军事行动"国际游戏规则"的话语权和主动性,是积极参加对外缔结军事条约的基本任务。中国的传统习俗是习惯于依靠协调、协商解决问题,在对外交往中也习惯于依靠个人魅力、依靠个人关系来疏通有关事项,不习惯、不敢于、不善于通过制定条约、协定等设定有关活动环境、规范各方的权利义务关系。在制定了两部军事演习条约并得到成功施行以后,我们一些领导和领导机关仍然缺乏在对外军事交往与合作中的法律意识和签约意识。在以后举行的几次上海合作组织框架以外的联合军事演习和联合训练时,由于没有在事前谈判签署制定有关规范军事演习和训练的条约、协定和纪要,都曾经在最后实施阶段遇到法律方面的麻烦,诸如民航飞机不允许参演部队登机、海关对参演部队和武器装备不予放行等,最后只得紧急通过高层行政手段加以协调解决。随着我军对外军事交往与合作的快速发展,中国军队与外国军队的军事演习和训练将呈现增多的趋势,如果不在事关国家主权、安全等重大问题方面事先做好法律设计,明确相互间权利义务关系,提供法制方面的保障,一旦发生问题必将造成不良影响。

（三）必须及早开展对现行军事条约的清理汇编工作。新中国成立伊始,我国就开始签署军事条约的实践,并陆续加入了一些军事条约和协定,特别是近30多年来,我国在对外军事交往和军事合作中,陆续签订了很多的条约、协定、议定书、纪要、备忘录等。当前这方面存在的问题主要是:第一,签约底数不清。究竟签署了多少军事条约,其中以中华人民共和国、中华人民共和国国务院、中华人民共和国国防部、解放军各总部、军种等名义签署的条约协定,究竟各有多少,底数不清。第二,条约现状不清。在已签署的条约协定中,究竟哪些是有效的,哪些已经失效,哪些实际失效;哪些是保密协定,哪些是非保密协定,各自规范的内容是什么?这些都是不清楚的。第三,条约履行情况不清。条约是否得到严格遵守,执行中还存在什么问题,是否需要进行修订、修改等,这些也是不清楚的。同时,我们还要做好对已有国际军事条约和公约的研究分析工作,其中,凡是对我有利的、可以遵守的以及加入对我形象有好处的多边条约、公约,就可以适时加入;对我不利而无法遵守的条约、公约,就不予参加或对有关条款予以保留。

(四)必须大力加强军事条约的遵守和实施工作。遵守条约是缔结条约的必然结果,诚信是缔结条约的内在要求。条约一经生效,缔约国各方就必须接受条约的约束,善意履行条约规定的义务。这对于维护国际法律秩序,开展国际交往与合作,确保本国利益,都有重要的意义。同时,遵守条约也可以避免国际责任的发生。因为,国际法的强制力主要依靠国家的自助行为,条约一方违反,他方可以采取相应的对抗措施。1969年缔结的《维也纳条约法公约》规定,缔约国各方必须接受国际条约的约束。该公约第26条规定:"凡有效之条约对其各当事国有约束力,必须由各该国善意履行",第27条规定:"一当事国不援引其国内法规定为理由而不履行条约"。可见,条约一旦生效,就不允许缔约国的任何一方以任何借口停止或终止,也不允许选择对其有利的部分履行,选择对其不利的部分而拒绝履行,必须按照条约的真实含义全面有效地履行。一国如果违反条约义务特别是对其他缔约国的权利造成损害时,将承担相应的国际法律责任。《中华人民共和国国防法》第67条规定:"中华人民共和国在对外军事关系中遵守同外国缔结或者加入、接受的有关条约和协定。"因此,必须强化依法依约办事的意识,在国际军事合作与交往中、在涉外军事行动中学会并且善于运用法律手段。

(五)必须明确缔结军事条约的归口管理部门。对外缔结军事条约是一项责任重大的工作,必须明确相关的职责与分工。当前的现状是,第一,签约职责权限不明确。虽然对外签署军事条约、协定需要履行必要的内部审批手续,但是由于国防部、四总部及其有关二级部都可以对外谈判并签署条约协定,对签约所要遵循的原则、归口管理部门、职责权限与分工、方法与制度、纪律,以及签约全权代表的委派(包括全权证书的签发)等,都缺乏一整套规则。第二,签约缺乏计划性。根据实际情况,需要和哪一国或者哪一个国际组织谈判签署条约,签署哪方面的条约,签约时间考虑等,没有统一规划和计划,多属于临时安排。很多情况下是对方首先提出签约设想,并且率先提交草案文本,我方则被动应对。第三,签约程序不规范。按照什么样的签约程序起草、谈判、磋商、修改、审定、草签、正式签字、审议、批准,以及交换和交存、核准、备案和登记等,都缺乏一整套规则。第四,签约技术不规范。签约的文字和技术规范、格式、印刷、条约纸、倒版、校对、装订、盖印等也不够规范,缺乏相关的技术规定。为此,要指定专司对外缔结军事条约工作的职能部门、赋予明确职责,切实开展工作,防止出现各自为政、各行其是、自作主张、自行谈判、自行签约,缺乏统一把关的问题。

(六)必须积极抓好缔结军事条约的队伍建设。做好对外缔结军事条约工作,建设一支高素质的缔约工作队伍是关键,因此,必须抓好立法人才队伍建设。从现状看,我军还缺乏一批既通晓国际法尤其是条约法,又精通外语,同时熟悉对外军事条约谈判、磋商技巧和经验的立法专家人才队伍。为此,有关部门要加大培训力度,增强实践锻炼,努力建设一支熟悉国际法、精通外国法律语言、具有对外缔结军事条约经验的法制人才队伍。

On the Theory and Practice of Concluding
Military Treaties between Countries

Abstract: Based on practical experiences of participating in concluding military treaties, the author calculates that Military treaty is the legal basis for handling with the relationships of military rights and obligations between States Parties, an important basis of foreign military contact, a major weapon in carring out military and diplomatic struggle, a safe guarding national security, an concrete manifestation of the friendship in military cooperation between countries, a development result of the international military cooperation, an important symbol of great national image who is full-responsible, and an important origin of international law. Author requests that, when concluding military treaties and agreements with foreign states, we must stick by our own principles of safeguarding national sovereignty, security and vital national interests, principles of equal consultations, principles of honoring its treaty obligations, principles of respecting the international law and the international convention, as well as the principles of acting in accordance with law. Author points out that, during making treaties with foreign countries we should accurately gauge fundamental parts of treaties, follow procedure strictly, deal with technical matters of the treaties, etc. Author suggests that we must firmly establish a sense of responsibility, strengthen the awareness of concluding military treaties, collate and compile the current military treaties as soon as possible, make great efforts to observe and enforce the military treatyies, define specific department who takes charge of concluding military treaties, and improve the quality of the team who takes part in concluding military treaties.

Key words: Military Treaty; Theory; Practice

关于《立法法》与军事立法相关问题探究

● 张建田*

内容提要:2000 年 3 月 15 日九届全国人大第三次会议通过、并于同年 7 月 1 日起施行的《中华人民共和国立法法》,明确规定了军事法规、军事规章的地位、权限及其程序,赋予军事机关立法权。《立法法》颁布后,对于促进军事立法工作,完善具有中国特色的军事法规体系发挥了重要作用。随着《立法法》进入修改阶段,需要进一步完善和充实相关内容,更好地将军事立法纳入国家法制统一的轨道,为国防和军队建设提供有效的法治保障。

关键词:立法法 军事立法

一、《立法法》制定中涉及军事立法规定的简要回顾

2000 年前,在《中华人民共和国立法法》(以下简称《立法法》)制定过程中,对于是否要规范军事法规问题,以及如何进行规范,学界和实务界存在着较大的意见分歧,主要持反对与赞同两种不同观点。

持反对观点的以地方学者居多。有的学者指出,考虑到国际上对民主政治或实行宪政的通常的理解,中央军委不宜享有立法权。[1] 还有的学者认为,宪法没有关于军委可以制定军事法规的规定,《立法法》不应增加这一规定。[2]

* 张建田,中国政法大学法学院教授,硕士研究生导师。

[1] 李步云、陈世荣:《关于起草立法法的若干建议》,《人大工作通讯》1995 年第 13 期,第 22 页。

[2] 胡鞍钢:《中国发展前景》,浙江人民出版社 1999 年版,第 114 页。

中国社会科学院法学研究所李步云研究员主持的《立法理论研究》课题组,经过两年多的工作,在认真调查研究的基础上,起草了《中华人民共和国立法法(专家建议稿)》,并于 1996 年 10 月 20 日出炉,共计 12 章 131 条。其中在起草说明中专门指出:有的同志不同意将军事法规的制定作为《立法法》的调整对象,理由是宪法并未授权中央军事委员会有权制定军事法规,这样做也不符合国际上通行的观念和做法。鉴于我国宪法所确立的国家体制和中央军事委员会的性质与地位,国家军事机关事实上已经制定近千件军事法规、军事规章的现实情况以及实现依法治军的客观需要,建议稿肯定了军事法规是属于"法"的范畴,中央军委有权制定军事法规,但同时又规定军事立法的各项制度由中央军委自行制定,而不由《立法法》具体调整。① 建议稿第 2 条第 3 款规定,军事法规的制定"应当遵循本法的立法精神与基本原则,具体制度由中央军事委员会作出规定"。第 128 条对本法所列用语的含义解释中,对军事法规解释为"中央军事委员会制定的规范性文件"。根据八届全国人大常委会的立法规划,全国人大常委会法工委从 1993 年下半年着手进行《中华人民共和国立法法》的起草工作,多次召开中央和地方有关部门以及法律专家座谈会,广泛征求意见。1997 年 4 月 9 日至 12 日,来自中央和地方有关部门的 80 多位专家、学者聚集在广东省东莞市,对全国人大法工委国家行政法室起草的《中华人民共和国立法法(试拟稿)》提出了一些修改意见。针对一些地方专家学者反对试拟稿对军事法规的概念和权限作规定,军队部门有的同志在会上认为,1997 年 3 月 14 日公布的《中华人民共和国国防法》根据实际需要已经赋予军委制定军事法规权,《立法法》应当予以肯定;并建议增加规定军委各总部、各大军区可以制定军事规章的内容,有的专家也建议在附则中规定军事法规的制定、修改和废止参照《立法法》的有关规定执行。② 1997 年 6 月 5 日形成的《中华人民共和国立法法(征求意见稿)》第 58 条规定:"中央军事委员会根据宪法和法律制定军事法规,在武装力量内部实施。军事法规的

---

① 李步云:《关于起草〈中华人民共和国立法法(专家建议稿)〉的若干问题》,《中国法学》1997 年第 1 期,第 12 页。

② 陈斯喜:《立法法起草工作研讨会综述》,《中国法学》1997 年第 3 期,第 123 页。

制定、修改和废止,参照本法的有关规定执行。"一些军队学者对上述规定认为还是比较原则,其中对各总部、军兵种、军区制定军事规章的权限没有涉及,况且"参照"的规定不够严谨,希望予以具体明确。1998年1月19日全国人大常委会法工委在人民大会堂浙江厅召开立法工作座谈会上,有40余名法学专家应邀参加会议并发言,对《立法法》、《监督法》等法律草案的内容提出修改意见,但没有涉及《立法法》中如何规范军事立法的具体问题。九届全国人大常委会第十二次(1999年10月)、第十三次会议(1999年12月)对《立法法(草案)》进行审议和听取专家意见时,形成了两种不同的观点。持反对意见的观点认为,如果要赋予军事法规的地位,应当修改宪法或解释宪法,至于《国防法》规定军事法规的条款其实是违宪的。为保证宪法的严肃性,不应在《立法法》中规定军事法规。有的学者认为,军事法规属于行政法规的范畴,可以考虑采取授权立法的办法,解决军事法规的地位问题。从国外的情况看,军队享有立法权的很少见,赋予军队立法权不是依法治军,而是依军治军,这是不妥的。持赞成意见的观点认为,草案对中央军委制定军事法规的内容只在附则中作了原则规定,并且未涉及军事规章,这样就使草案的结构显得不够完整,也未充分体现军队在国家政权中的重要地位,建议对中央军委制定军事法规的权限范围、程序作出明确规定。2000年2月22日全国人大常委会法工委领导介绍《立法法(草案)》的材料中,由于没有对军事法规、军事规章列入《立法法》中作出说明,引起军队有关部门的强烈反响。

在此期间,为配合《立法法》的制定工作,军队有关部门和专家学者开展军事立法权问题的研究,着重论述了中央军委及其下一级军事机关的军事立法权依据。其主要论点:一是中央军委及其各总部、各军兵种、各军区事实上一直在行使军事立法权,并制定了大量的军事法规和规章。据不完全统计,从1949年到1993年,由中央军委单独或与国务院联合发布的条令、条例等军事法规已有975件,由三总部、各军兵种、国防科工委、各军区发布的军事规章达19885件。二是国家军事机关制定军事法规、军事规章的权力不仅事实上存在,而且为国家法律和最高国家权力机关认可。例如,1984年通过的《中华人民共和国兵役法》规定:"由于服兵役而产生的权利和义务,除本法的规定外,另由军事条令规定","现役军人必须遵守军队的条令和条例"等,这些规定既是对军事机关制定条令、条例等军事法规权限的肯定,也是对条令、条例等军事法规效力的认可,在国家的其他一些法律中也有类似规定。三是国家军事机关行使军事立法权,符合我国立法体制改革的方向。中央军委制定军事法规、三总部和各大单位制定军事规章,与党的十一届三中全会以来,特别是1982年宪法确立的国家立法体制的改革方向是完全一致的。1990年4月,中央军委主席签署发布的《中国人民解放军立法程序暂行条例》,已对军事机关制定军事法规和军事规章作了划分,规定:"军事法规由中央军委制定,军事规章由军委各总部以及国防科工委、军兵种、军区制定";"调整对象属于国防建设领域,涉及地方人民政府、社会团体、企事业单位和公民的军事行政法规、军事行政规章,分别由中央军委会同国务院,军委各总部、国防科工委会同国务院有关部门联合制定"。四是国家军事机关行使军事立法权是由我国宪法确立的国防建设和武装力量领导体制所决定的。1982年宪法在规定国务院"领导和管理国防建设事业"的同时,明确规定了中央军委"领导全国武装力量",国务院和中央军委分别作为国家的最高行政机关和最高军事机关,在其职权范围内,根据宪法和法律制定军事行政法规和军事法规,是保证其有效地行使职权的需要。五是国家军事机关行使军事立法权是健全社会主义法制和实现依法治军的需要。一方面,最高国家权力机关包揽所有的立法制定活动是难以胜任的,必须在统一的原则下,按照权限逐级逐层地对军事活动进行规范、调整;另一方面,国家法律所确定的一些原则规定也需要通过军事机关制定的军事法规和规章来贯彻落实。据统计,在现行军事法律中,有半数以上都要求或者授权军事机关制定实施办法或细则的条款。在普通国家法律中,也有许多条款要求或者授权军事机关"另行规定"。①

针对有的学者提出宪法没有规定军事法规、军事规章,《立法法》也不宜作类似规定等观点,军队有关部门及其学者进行辩解。

首先,宪法没有明确规定,不等于否认军事法规、军事规章的客观存在。立法权既包括明示立法权,也包括默示立法权,前者是宪法条文明确规定的立法主体行使的立法权,后者是从宪法的条文中引申出或者条文精神中包含着

---

① 朱阳明:《论军事立法权的依据》,《中国法学》1995年第3期,第33—35页。

的立法权。根据宪法第93条"中华人民共和国中央军事委员会领导全国武装力量",这一条应当理解为中央军事委员会可就履行职权的需要制定相应的规范;中央军委的领导既有具体的管理,也有制定规范性文件的管理,应该说后者从管理方面来说更科学,也符合依法治国、依法治军的需要。同时,宪法第124条和第130条规定要设立军事法院和军事检察院,对于军队系统内部违法行为的追究,一般法律、法规没有规定或者不可能加以规定,应依据专门的军事法规、规章进行。其实,宪法制定于1982年,当时立宪指导思想对中央军委的规定写得比较原则,许多事项无法作出具体明确规定。至于中央军委的立法权为什么没有在宪法中规定的问题,早在1993年3月14日,中共中央向八届全国人大第一次会议主席团提交的《关于修改宪法部分内容的建议的说明》中就已经作了明确回答:"中央军委可以而且已经制定适用于军队内部的军事法规,宪法中可以不再作规定。"①在立法实践中,对于宪法没有明确的事项,由全国人大制定法律规定,在我国的其他立法中也是不乏其例的。例如,1982年之后,全国人大陆续授权国务院对改革开放中制定法律尚不成熟的问题,可以先制定单行条例或规定;授权广东、福建、海南和深圳、厦门等经济特区,可以制定单行的经济法规。

其次,建立完备的军事法规范体系,是贯彻依法治国方略、实行依法治军的基础和前提。毫无疑义,在这个体系中,宪法和法律是起主导作用的。依法治军首先要依据宪法和法律治军,但仅此是不够的。现代军事活动是一个十分复杂的系统工程,最高国家权力机关不可能包揽军事领域的所有立法活动。因此,一方面,必须在统一的原则下,采取国家权力机关立法、国家权力机关授权立法以及军事机关依职权立法等多种方式,逐级逐层地对军事活动进行规范和调整;另一方面,国家法律所确定的一些原则也需要通过军事机关制定军事法规和军事规章来贯彻落实。据统计,在现行有关国防和武装力量建设的法律中,有半数以上都要求或者授权军事机关制定办法或具体规定。其他法律中,也有许多要求或者授权军事机关"另行规定"的。事实上,中央军委、各

---

① 宋丹:《立法法应当如何面对军事机关的立法权》,《法制日报》2000年3月9日第7版。

总部及军兵种、大军区一直行使着军事立法权,制定了大量的军事法规、军事规章,有些法律还明确规定军委或军委总部等制定实施办法,肯定了其立法权。此外,从国外来看,不少国家都有专门的军事法调整军队内部事务。在我国,管理这么一支庞大的军队,不依法办事,仅靠具体指令,是无法想象的。①

针对有的学者坚持"军队立法外国少见"而一味要把军事法规、军事规章从中国特色社会主义法律体系中肢解出去的观点,有的学者严肃指出:这里且不论作为国家军事机关的中央军委算不算"军队",只须提出这样一个问题:难道只有外国有的中国才能有吗?我们要建立的不正是有中国特色的社会主义法律体系吗?建立有中国特色的社会主义法律体系当然要借鉴外国的经验,要吸取其中有益的东西为我所用,但其基本的立足点应该是中国的国家,应当反映和规范建立在宪法基础上的各项制度,既不能从概念推理出发,更不能以外国有没有为取舍标准。②

2000 年 3 月 15 日之前,由于提请第九届全国人大第三次会议审议的《立法法(草案)》只在第二条中原则性地提到"军事法规的制定、修改和废止程序,由中央军事委员会规定",一些全国人大军队代表明确指出是有缺陷的。首先,《立法法》作为规范立法活动,确立国家立法制度的基本法律,对各级、各类立法活动都应当作出规范。草案对法律、行政法规、地方法规、自治条例和单行条例、规章的各自权限范围、制定程序和适用规则等问题,均作了具体规定。但唯独军事法规、军事规章的权限范围和制定程序未作规定,在其关于适用范围的规定中也不包括军事法规、军事规章。这实际上是将军事法规和军事规章排除在国家的立法制度和法律体系之外。其次,草案的该项规定也是不完整的。一是没有提及军事规章;二是对军事法规只明确了"程序"问题由中央军事委员会规定,军事法规的制定范围、应当遵守的立法原则及其适用等均未作规定。如果对法律、行政法规、地方性法规、规章都采取相同的处理办法,那就不需要制定《立法法》了,这显然有悖于制定《立法法》的目的。为

---

① 曹康泰主编:《中华人民共和国立法法释义》,中国法制出版社 2000 年版,第 237—238 页。

② 安哲:"论军事法规、军事规章的法律地位",《中国国防报》2000 年 2 月 28 日第 4 版。

此,军队人大代表强烈要求将军事法规、军事规章纳入《立法法》调整范围,对中央军委制定军事法规,各总部、军兵种、军区制定军事规章的权限范围、程序、公布、备案、监督等作出明确规定。同年 3 月 15 日通过、7 月 1 日起施行的《中华人民共和国立法法》第 93 条分设四款对军事法规、军事规章作出了规定,其实对军队有关部门和一些人大代表的建议,采取了部分采纳的折中处理办法。

客观地说,2000 年 3 月出台的《立法法》,能够将军事法规、军事规章纳入其中,与当时军事立法工作取得显著进展的现状是分不开的。自改革开放以来,在党中央、全国人大、国务院、中央军委的亲自领导下,军事立法工作得到全面恢复和发展。1988 年中央军委法制局成立,标志着军事立法工作有了统一筹划和归口管理的部门,军事法规体系的研究论证和实施有了组织保障。1990 年和 1993 年中央军委分别制定《中国人民解放军立法程序暂行条例》和《军事规章、军事行政规章备案规定》,并从 1990 年和 1992 年起分别印发和组织实施了中央军委有史以来第一个年度立法计划和规划。从 1989 年至 1991 年,全军及其各大单位首次开展新中国成立以来军事法规军事规章清理汇编工作,摸清了底数,总结了经验,取得丰硕成果。1994 年全军法制工作会议上,中央军委把建立具有中国特色的军事法体系作为今后一个时期军事法制建设的主要任务之一提出,并明确了建立中国特色军事法体系的内容、目标和任务。1997 年《中华人民共和国国防法》公布施行,首次从法律上明确中央军委具有根据宪法和法律制定军事法规的职权,并要求中华人民共和国的武装力量必须遵守宪法和法律,坚持依法治军。随着一批重要军事法律、法规的制定和施行,客观上也为军事法规、军事规章纳入《立法法》的调整范围,排除异议、扫清障碍提供了可能。

二、《立法法》中亟待充实完善的军事立法相关内容

根据我国宪法、国防法和《立法法》的有关规定,我国实行的是特殊的军事立法体制,即全国人大及其常委会制定国防和军事方面的法律;中央军委制定军事法规,中央军委与国务院联合制定军事行政法规;各总部、军兵种、军区、武警部队制定军事规章,各总部与国务院有关部门联合制定军事行政规

章。这是中国立法体制的一大特色,也是长期以来军事立法工作现实情况的客观反映。与其他法律部门不同,我国军事法律、军事行政法规和军事行政规章中对于军地、军民双方均具有约束力,但由军事机关单独制定的军事法规、军事规章,只限于武装力量内部适用,对军队内部人员和单位才有约束力。从近些年来的军事立法实践看,有必要进一步充实和完善《立法法》的相关内容。

（一）单设"军事法规、军事规章"一章

制定《立法法》的一个基本的重要背景是党的十五大提出的"到 2010 年形成有中国特色社会主义法律体系"的目标。明确规定立法工作应当遵循的基本原则、各立法主体的权限范围、制定程序和适用规则,是建立中国特色社会主义法律体系的重要一环,并直接关系着建立一个什么样的法律体系问题。作为反映和规范我国军事制度(包括国防和武装力量领导体制、武装力量建设、武装斗争准备与实施等制度)的军事法律、军事法规、军事规章都是这个体系的不可或缺的组成部分。然而,现行的《立法法》第 93 条虽然将军事法规、军事规章列入规范范畴,但是规定过于笼统,相关的条款却人为地忽略或者隐匿不论,客观上形成立法的真空地带,不足以满足现实军事立法工作的实际需要。一是排列的位置不合适,将其作为附则部分明显有失妥当。二是在适用与备案中,未涉及军事法规、军事规章的地位和作为问题,从一定意义上说,还是将军事法规、军事规章排除在中国特色社会主义法律体系之外,这是不妥的。例如,没有规定军事法规、军事规章不得同宪法相抵触,法律的效力高于军事法规、军事规章,军事法规、军事规章超越权限的改变或撤销,军事法规、军事规章的备案等内容。三是"军事法规、军事规章的制定、修改和废止办法,由中央军事委员会依照本法规定的原则规定",涉及的一些立法基本制度和程序要求,有的已经超越军委的立法权限范围,需要上升到法律层面进一步细化。鉴于国务院与中央军委享有平等的各自独立的立法权力,建议《立法法》修订时调整体例结构,扩充第 93 条内容,可参照第三章行政法规的内容和体例要求,增设第四章"军事法规、军事规章",明确中央军委根据宪法和法律制定军事法规的权限,各总部、军兵种和军区制定军事规章(总部军事规章与军兵种、军区军事规章)的权限,并明确军事法规、军事规章的适用范围、组织起草、报请立项、审查、签署公布、标准文本和军事法规、军事规章备案审查等属于法律规定的事宜,使之能够与《军事法规军事规章条例》第 4 条"制定、修改和废止军事法规、军事规章,应当以宪法和法律为依据,遵循立法法确定的立法原则,符合法定权限、程序和立法体例规范的要求,维护社会主义法制的统一和尊严"的规定精神相符合。

（二）明确军事行政法规（规章）的位阶和立法程序

我国军事法调整的是在国防和武装力量建设及战争活动中发生的各种权利义务关系,既有社会属性,也有军事属性,这与其他法律部门调整的社会关系有所区别。长期以来,国务院、中央军委联合制定军事行政法规的情况客观存在,也是多年来行之有效的做法。目前两家制定的立法数量已经达到百件（包括前些年制定的少量涉密的规范性文件）,这一状况在国防白皮书中多次向世界披露。例如,1998 年 7 月 27 日国务院新闻办公室发表的《中国的国防》白皮书指出:1982 年后,中国在国家立法体制中进一步健全了军事立法体制,"中央军事委员会制定军事法规,或者与国务院联合制定军事行政法规;各总部、各军兵种、各军区制定军事规章,或者与国务院有关部门联合制定军事行政规章。"其中列举了军事行政法规数量已经达 40 多件。《立法法》对国务院、中央军委制定的行政法规和军事法规分别作出规定,但对二者之间联合制定军事行政法规的性质、权限范围和程序等基本问题没有涉及,加上国务院制定的《行政法规制定程序条例》《行政规章制定程序条例》与中央军委制定的《军事法规军事规章》规范内容有所不同,无论是编制立法计划、起草工作,还是审查、颁布程序,都可能出现不衔接、不协调的问题。1990 年中央军委制定的《中国人民解放军立法程序暂行条例》第四条曾经规定:"调整对象属于国防建设领域,涉及地方人民政府、社会团体、企业事业单位和公民的军事行政法规、军事行政规章,分别由中央军委会同国务院,军委各总部、国防科工委会同国务院有关部门联合制定。"2003 年 4 月 3 日中央军委发布的《军事法规军事规章条例》废止了该条例,在第 68 条提及军事行政法规草案,但这只是军委一家之言,使得军事行政法规、军事行政规章这一称谓至今仍然位阶模糊,缺乏应有的严肃性和权威性。由于 1997 年通过的《国防法》赋予国务院和中央军委的职责中,存在职责权限相互交叉的情形,因此,今后两家共同制定法规的情况依然存在,有必要从法律层面上,对国家最高行政机关和最高军事机关在联合制定军事(行政)法规的性质、情形,以及相关的立法程序和工作机制加以明确,通过修改《立法法》加以充实和完善。为了贯彻党的十八大提出的"加强军民融合式发展法规建设"的精神,更好地体现十八届三中全会《决定》中关于"健全立法起草、论证、协调、审议机制,提高立法质量,防止地方保护和部门利益法制化"等要求,强化军民融合式立法的透明度和公正性,建议在《立法法》修订中,正式赋予军事行政法规的地位(位阶),明确国务院和中央军委可以就国防和军队建设领域的特定范围和事项联合制定军事行政法规,并对基本程序问题予以规范,以解决目前存在但缺乏法律依据的尴尬局面。同时还要考虑国务院和中央军委分别制定的行政法规与军事法规就同一事项发生抵触时,在法律没有明确规定的情况下,应当怎么处理的问题。如设置双方协调解决机制;必要时,通过提请全国人大及其常委会建立的备案审查和裁决机制解决。

(三)妥善解决军事法规、军事规章的适用与备案问题

《立法法》在明确军事法规、军事规章的立法主体和权限范围的同时,并没有对军事法规、军事规章的适用与备案审查工作予以涉及,这种立法不周延的情况,曾经引起一些学者的质疑。有的学者就此指出:"立法实践表明,作为宪法和下位法的法律和作为法律下位法的规章、军事法规、军事规章也是有违宪违法可能的。另外,长期以来,军事法规、军事规章似乎是游离于现行法律体系之外不为人们关注的陌生事物。《立法法》在规定维护宪法权威性,也忽视了它的存在。"①《立法法》第 90 条在明确违宪违法立法审查的对象时,仅限于"同宪法和法律相抵触的行政法规、地方性法规、自治条例和单行条例",而没有将法律、部门规章、军事法规、军事规章列入违宪违法审查范畴,严格说来,既不利于体现国家法制的统一,也影响《立法法》的完整性和科学性,同时影响军事法规、军事规章的地位和作用。多年来,军事机关制定的个别法规、规章,与上位法相抵触的情况时有所见。例如,关于军队人员不得参与以营利为目的的文艺演出、商业广告、企业形象代言等活动,在中央军委颁发的《中

---

① 徐向华、林彦:《我国〈立法法〉的成功和不足》,《法学》2000 年第 6 期,第 14 页。

国人民解放军内务条令》(军事法规)中已明确规定。但是,总部印发的《军队文化对外有偿服务管理办法》规定,军队专业文艺表演团体,专业文艺、体育、影视、文化服务人员"个人参加有偿服务活动,应按规定向国家缴纳个人所得税;并向所在单位上交个人实际所得报酬的 20%,作为管理费用"。又如,国务院、中央军委制定的《国防专利条例》规定了与《专利法》相区别的特殊管理制度,其中第 35 条规定:"《中华人民共和国专利法》和《中华人民共和国专利法实施细则》的有关规定适用于国防专利,但本条例有专门规定的依照本条例的规定执行。"无形中确认"下位法优先于上位法"适用的问题。再如,根据《中华人民共和国招标投标法》第 28 条规定,投标人少于 3 个的,招标人应当重新招标,但中央军委制定的《装备采购条例》第 32 条规定,投标人"达到两家及以上的"即为有效投标,实际上允许装备招标采购中供应商达到两家即可进行招投标。尽管《招标投标法》第 66 条规定涉及国家安全、国家秘密等特殊情况,不适宜进行招标的项目,按照国家有关规定可以不进行招标,但是这只是赋予了军方决定是否招标的权利,而一旦采用公开招标采购方式时,似应遵守国家法律规定的招标投标的有关规定,否则就有瑕疵而影响其法律效力。此外,多年来,军队有些单位在法律明文规定的情况下,擅自突破立法权限范围,推出一些与上位法相抵触的法规政策措施的情况时有所见,如军队房地产管理规定、在校大学生缓征入伍问题、征兵时限的更改、现役军官职级待遇、文职干部(人员)管理、退役安置政策、中外联合军演协定等事项,都是在法律条款内容并没有作出实质性修改的情况下"先斩后奏",在一定程度上影响国家法律的严肃性。如何改变和纠正上述做法,应当从完善《立法法》的相关规定中予以解决。

2003 年制定的《军事法规军事规章条例》为了明确不同机关制定的军事法律规范在适用时的效力等级,解决执行过程中不同法律规范之间可能出现的矛盾,保证立法与执法的一致性,根据军队的层级领导关系,专门设置"适用与解释"和"备案"等章节,明确了军事法规的效力高于军事规章,总部规章的效力高于军兵种、军区规章,同时规定了军事法规、军事规章在执行中出现适用争议时的裁决机关和裁决方式,将军事法规、军事规章的解释分为立法解释和应用解释,军事规章备案审查的重点及处理方式等。但上述规定,有的已经超出中央军委的立法权限范围,有的规定不周延(如未对由军委批准、总部颁发的规定如何定性、备案等事项作出规定),加上囿于军队领导体制和工作机制等因素影响,在实际工作中并没有得到有效落实,导致立法抵触难纠正、备案审查流形式。《立法法》在健全和完善适用与备案法律制度时,应当从维护国家法制统一的角度出发,在考虑有的军事法规确因其规范的内容可能具有一定保密性的情况下(涉密的法规、规章可有条件地规定不列入备案的条件和程序),将军事法规(军事规章可授权报中央军委备案)列入适用、备案、裁决等制度范围,明确划定军事法规、军事规章的备案审查范围和工作程序。对于军事法规、军事规章与宪法、法律相抵触或者存在其他重大问题的,应当明确纳入法律规定的裁决处理机制,实行备案情况的报告和通报制度。同时,对军事法规、军事规章的废止、归并和修改完善工作,也应当视情一并规定。

多年来,军队对于军事规章备案审查的重点:主要掌握不能与宪法和法律相抵触;不宜规定地方政府及其部门、公民的职责权限;不能设置处罚措施,如罚款、拘留等;不能通过修订军事规章的办法擅自变更和修改军事法规规定的内容;不能擅自设置立法解释条款;等等。在具体备案工作中,对于超越立法权限、规范地方事务,随意设置罚款、收缴管理费、罚没等事项,以及限制人身权利的措施等问题的军事规章,均由军委法制机构予以及时指出,适时责成更正、重报,个别规章则通过不给予报备、不汇编等措施纠正。上述内容可以在《立法法》中单设的军事法规、军事规章一章中加以借鉴。例如,2009 年四总部制定的《参战军人战时失踪处理工作暂行规定》中,规定了失踪军人的申请主体为所在单位的军事机关和主管部门①,由于这一规定明显与我国《民法通则》、《民事诉讼法》等法律的有关规定不符,当年军委法制工作机构就没有给予备案。

(四)明确中央军委(军事机关)授权立法权限范围

《立法法》对授权立法的明确规定,仅限于全国人大常委会授权国务院制定行政法规一级,同时第 71 条规定国务院可以通过行政法规、决定、命令授权

---

① 徐占峰:《四总部联合颁发军事规章我军首次规范军人战时失踪处理工作》,《解放军报》2010 年 1 月 9 日第 1 版。

所属各部委制定部门规章。该法第 10 条还规定,被授权机关"不得将所授权力转授给其他机关"。《立法法》对中央军委的立法权限,只是在第 93 条原则规定"中央军事委员会根据宪法和法律,制定军事法规"。为了落实《立法法》的规定,科学划分中央军委与各总部、军兵种、军区的立法权限,维护中央军委制定军事法规的权威性,《条例》根据《国防法》第 13 条有关中央军委职权的规定和中央军委工作规则的有关内容,对应当由军事法规规定的立法事项作了明确。同时,考虑到立法实践中存在着制定军事法规的条件尚未成熟、但有关事项又亟须规范的情况,借鉴《立法法》的有关内容,规定中央军委可以根据需要,将应当由军事法规规定的事项授权有关总部先制定军事规章,并明确了相应的条件和要求,即"被授权的总部应当严格按照授权的目的和范围行使该项权力,不得将该项权力转授给其他机关。授权立法事项经过实践检验,制定军事法规的条件成熟时,由中央军委及时制定军事法规。军事法规制定后,相应立法事项的授权终止。"同时《条例》又将军事规章细分为总部军事规章和军兵种、军区军事规章,实际上是对国家法律规定军事规章内容的重新分类,并赋予其不同的法律效力。这显然是对《立法法》的授权内容作实质性的变更,严格说来是欠妥的。由于国务院的授权立法是法律明确规定的,但中央军委的授权立法并没有在法律上加以确认,需要予以完善。

进入新世纪以来,为了适应我国战略利益的拓展和我军对外军事交流与合作日益频繁的趋势,我国涉外军事行动显著增多,我军遂行任务的范围日渐扩大,如参与联合国维和行动、参加联合军事演习、参与涉外反恐军事行动、承担国际救援任务、军舰出访护航、执行涉外战备训练任务、军援军贸、军控履约等。这些全方位、多领域的军事行动,由于关系政治、军事和外交大局,事关国家威望和形象,也涉及复杂的法律问题,按照《立法法》规定的立法权限,并非一概可由军事法规、军事规章规范和调整,其中许多内容迫切需要上升到国家立法层面加以研究解决。同时我们也要看到,在党的十八大倡导民主立法、拓展人民有序参与立法途径的形势下,在国家法律制定周期通常较长、公开透明度较高的趋势下,涉及军事方面的立法内容政治性、敏感性强,加上武装力量建设和军事斗争固有的特殊需求,应当允许中央军委根据全国人大及其常委会的授权决定,可以制定某些军事行政法规(军事行政法规、军事法规)的权限,待立法条件成熟时再提请全国人大及其常委会制定法律。例如,根据《反分裂国家法》第 8 条规定的精神,实际上创设了国务院、中央军委采取非和平方式及其他必要措施所作出的决定和组织实施可事后报告、特事特办的制度和原则,其中就包含立法授权的内容。近年来,军委、总部在研究起草涉及战时的一些立法项目时,如战时刑事诉讼、海空管制和情况处置等,由于受立法权限的羁绊和制约,规范的内容极其有限,在一定程度上影响了军事斗争的准备进程。在立法实践中,应当认可在法律没有明确规定的情形下,中央军委制定的军事法规只要遵循《立法法》确定的立法原则,内容符合法定权限、程序和立法体例要求的,原则上都应当视为有效,这也是维护国家军事利益,满足武装力量自身建设和军事斗争的特定需要。由于军事法规、军事规章只在武装力量内部施行,调整对象的特殊性决定了其程序上的特殊性,如有的就不可能向社会广泛征求意见等,加上某些军事立法项目由于高度敏感、涉及国际关系等原因,只要立法时机成熟、军事斗争急需,应当允许简化起草、审议程序,确保及时出台,以依法维护国家军事利益的需要。

当然,在立法实践中,如果法律没有授权或者立法必要性并不突出的情况下,军队作出与法律明确相抵触的规定就不宜视为合法、有效。例如,《立法法》公布之后,中央军委于 2000 年 6 月 21 日发布新的《中国人民解放军房地产管理条例》,其中规定了军队和地方之间的有关军队房地产租赁、换建、合建、有偿转让、兑换等民事流转的内容,总后勤部据此也制定了大量有关军队房地产经营的军事规章和规范性文件,这意味着军地之间有关军队房地产流转方面的民事行为和行政行为都要遵守军队的规定,对于军队房地产流转法律关系中的地方民事主体无形中产生普遍适用的效力,这不仅有悖于《立法法》中"军事法规、军事规章在武装力量内部实施"的规定,而且相关内容与《行政诉讼法》、《物权法》、《合同法》、《土地管理法》等法律规定相抵触,该《条例》的法定效力就值得质疑。为此,为了维护宪法和法律的权威性,树立军队模范遵纪守法作表率的良好形象,《立法法》应当设置相关条款,规定中央军委可以通过军事法规、决定、命令授权所属各总部、军兵种、军区制定军事规章的具体情形和条件,并明确载明军事法规、军事规章不得同宪法相抵触、军事法规的效力高于军事规章,以及军事法规、规章与宪法和法律不一致时应当如何裁决和适用等内容。

(五)明确武警部队的规章制定权限问题

有一种观点认为,宪法规定中央军事委员会领导全国武装力量,武装力量包括中国人民解放军和武警部队,中央军委的军事法规、决定、命令在武装力量内部施行,有的需要通过制定军事规章进一步细化。因此,《立法法》第93条未规定武警部队制定军事规章的权力是欠妥的。[①] 笔者赞成上述观点。

多年来,武警部队执行任务比较繁杂,调整对象复杂,规范难度大,立法任务十分繁重。据不完全统计,2005年起草武警法时,已经制定的现行有效的法律、法规中,与武警部队相关的达到180件,其中法律类占15件,不少法律、法规还规定武警部队依据实际情况制定实施办法,占半数以上的法律、法规设置武警部队"参照""比照""按照"等笼统性条款。在中央军委(含与国务院)、四总部1976年至2007年发布的585件军事法规、军事规章中,有259件对武警部队进行规范,其中军事法规106件,军事行政法规23件、军事规章130件,可分为"直接规范"、"直接适用(含执行、依照执行、按照执行)"、"可制定实施细则"等4类情形。[②] 2008年全国人大常委会部署法律清理工作时,全军四总部、军兵种、七大军区和武警部队共15个大单位共提出77条意见,其中武警部队提出的意见最多,涉及50余项法律规定,达47条。多年来,武警部队由于承担任务的多样性,面临大量的建章立制工作需求,制定了许多涉及执勤、处置突发事件等规章制度,其法律效力有的并不仅限于自身内部,对社会也存在一定的影响力和约束力,政治性、敏感性和政策性都很强,由于受双重领导体制的影响,有的内容不可避免地还牵扯到行政法规与军事法规之间的冲突之中。武警部队虽然与人民解放军各大单位同属国家武装力量的重要组成部分,但属于相对独立的立法主体,这与人民解放军的管理体制有所不同。因此,应当通过《立法法》修订对武警部队的立法权限予以明确和完善,即在法律授予解放军各总部、军兵种、大军区的军事规章制定权的同时,还应

---

① 曹康泰主编:《中华人民共和国立法法释义》,中国法制出版社2000年版,第236页。

② 杜树云:《武警部队适用解放军法规规章的立法模式探索》,《武警学术》2010年第9期,第16页。

当授予武警部队制定军事规章的权限,以推动武警部队的法制建设。

2003 年中央军委制定的《军事法规军事规章条例》第 66 条规定:"中国人民武装警察部队制定、修改和废止军事规章的活动,适用本条例。武警部队的规章与军兵种、军区规章具有同等效力。"中央军委是否单独享有赋予武警部队军事规章制定权呢? 答案是否定的。笔者认为,上述规定明显超越了中央军委的权限范围,与现行武警的管理体制不尽一致,目前武警部队的情况比较特殊,包括三类八个警种:第一类为内卫部队,受武警总部直接领导和管理,包括各省、自治区、直辖市武警总队、机动师和总部直属单位;第二类列入武警序列受国务院有关部门和武警总部双重领导的警种部队,包括黄金、水电、交通和森林部队;第三类是列入武警序列但由公安部门管理的部队,包括边防、消防和警卫部队。根据现行有关文件规定,"人民武装警察部队属于国务院编制序列,由国务院、中央军事委员会双重领导","国务院对人民武装警察部队的领导,主要是通过国务院有关职能部门组织实施","中央军事委员会主要负责人民武装警察部队的组织编制、干部管理、指挥、训练、政治工作","在部队建设方面,人民武装警察部队根据人民军队的条令、条例和有关规章制度,结合人民武装警察部队特点,全面加强部队建设"等。[①] 需要指出的是,上述内容并未涉及武警部队的军事规章制定权限应当由谁确定的问题。根据 2009 年 8 月 27 日通过的《中华人民共和国人民武装警察法》的有关规定,武警部队实行统一领导与分级指挥相结合的体制;人民武装警察部队实行的警衔制度,调动、使用部队的具体批准权限和程序,以及执行防卫作战等任务,都得执行国务院、中央军委的有关规定。从中可以得出,鉴于我国目前的立法体制和武警部队的特殊管理体制,以及立法权限问题的重要性,武警部队的立法权限不宜由国务院、中央军委单独或者联合设定,只能由国家法律加以明确。

20 世纪 90 年代初,有的学者针对国务院及其地方国家机关是否享有相应的军事立法权曾经提出质疑,认为武警部队服从双重领导,在立法上主要体现为中央军委和国务院及其有关部门有权对武警部队的构成和活动制定军事

---

① 拓成祥、杜树云主编:《中华人民共和国人民武装警察法释义及适用指南》,中国法制出版社 2010 年版,第 9—10 页。

法规范,地方国家机关对当地武警部队的领导必须完全按照而不能超出中央军委和国务院(公安部)为武警部队统一制定的军事法规范,不能以任何形式另立章程。① 由此可知,武警部队接受"双重领导"的体制只要现实存在,在立法权限的授予上,除了宪法和法律的明确规定外,只能由国务院和中央军委共同授予,决非单独一家的权限范围可及。

（六）地方人民政府与军队联合制定军事行政规章问题

长期以来,在国防建设实践中,有相当数量的工作如抢险救灾、民兵预备役、军转退役安置、国防教育、交通战备、国防动员、维稳平息动乱等,需要军队和地方协作进行,离开了军地双方的密切配合,这些工作难以开展和运行。为解决这一问题,国务院各部委与军委各总部存在着联合制定军事行政规章的情况。1990 年 4 月,中央军委主席签署发布的《中国人民解放军立法程序暂行条例》规定:"调整对象属于国防建设领域,涉及地方人民政府、社会团体、企事业单位和公民的军事行政法规、军事行政规章,分别由中央军委会同国务院,军委各总部、国防科工委会同国务院有关部门联合制定"。2003 年出台的《军事法规军事规章条例》第 68 条规定:"拟定由国务院有关部门、中央军委有关总部联合发布的军事行政规章草案的活动,参照本条例的有关规定执行。"尽管国务院和地方有关部门至今对"军事行政规章"没有行文正式认可,但是立法实践中国务院有关部门与军委总部联合制定军事方面的部门规章和规范性文件的情况大量存在。例如,近年来出台的《武器装备科研生产许可条例实施办法》、《军队文职人员管理规定》等规章。

省级人民政府与大军区是否有权共同制定在本辖区适用的地方规章? 这个问题在过去的立法实践中曾经遇到过。例如,1991 年发布的《沈阳军区军事规章制定规则》第 2 条第 2 款规定:"由军区拟订,军区和辽宁省、吉林省、黑龙江省、内蒙古自治区人民政府联合发布军事行政规章的活动,可参照本规则执行。"20 世纪 90 年代,济南军区、兰州军区等单位出台的军事规章制定规则、办法等,也有上述类似的内容。在制定《军事法规军事规章条例》时,有一种意见认为军区和省级政府联合制定军事行政规章不仅是国防和军队建设的

---

① 夏勇:《地方国家机关有无军事立法权问题》,《法学杂志》1994 年第 3 期,第 42 页。

迫切需要,而且也是实践中长期存在的,符合国家和军队立法权限的规定,建议予以明确。笔者对此持不同意见。一是《立法法》已经明确军队各总部、军兵种和军区制定的军事规章只能在武装力量内部施行,并没有赋予军队这些单位与地方有关单位共同制定军事行政规章的职权,即使立法实践中客观存在,也应当由国家法律层面加以规范,并非是军队立法权限所及范围。二是与国务院、中央军委联合制定军事行政法规不同,省级人民政府与军区(不是卫戍区、省军区)领导关系和层级不对应,两者立法权限和范围也不同,双方在立法程序上将遇到一系列难以操作的问题。三是根据《立法法》的规定,军事规章主要规范军事机关的活动和部队官兵的行为,不宜对地方政府的职权和公民的行为给予规定,犹如地方法规、规章不宜对军事机关的职权和军人行为准则作出规定一样,即使规定了也不具有法律约束力。因此,各地在涉及部队与地方的关系中确实需要明确地方政府的职责和公民义务时,通常情况下,可由军队和地方按照国家法律、法规规定,结合本地实际情况,分别对所属单位和人员提出要求,明确规定,需要地方协作军队做好国防和军队建设相关工作的立法,可建议有关地方人大和人民政府在地方性法规和政府规章中予以规定,这是维护国防军事利益的需要,也是维护国家法制统一的需要。鉴于在现有时机不成熟的情况下,关于省、自治区、直辖市政府与军区联合制定军事行政规章问题不宜在修改《立法法》中予以明确。

围绕着地方人大和政府有无军事立法权问题,20 世纪 90 年代初曾经引起热议。一种意见在肯定地方性法规对驻军具有一定法律效力的同时,也指出并不意味着任何地方性法规对驻军都有约束力,在涉及驻军的指挥、管理、权利义务等方面,除了有明确的法律依据外,地方人大和政府制定的法规和规章不宜涉及。① 还有一种意见认为,除法律有明文规定的个别情况之外,地方国家机关通常没有军事立法权。地方国家机关依法制定地方性法规或其他规范性文件时,涉及军事国防事务或驻军活动,亦应注意军地协调,内容上不得与军事法发生冲突,驻军也应就涉及军事国防事务的有关问题与地方保持经常联系和及时沟通,并遵守不与军事法冲突的地方法法规和规章,驻军制定军

---

① 于仁伯等:《地方性法规与驻军关系问题》,《法学杂志》1993 年第 6 期,第 21—22 页。

事规章也要注意与地方性法规、规章保持协调。军地之间相互规定有冲突时，需逐级报告请示直至由国务院、中央军委共同研究解决，或由国家最高权力机关立法定之。① 笔者认为上述后一种意见是比较可取的。

总之，在《立法法》修改和完善过程中，涉及军事立法内容的充实和完善是一个关乎国家法制统一的不容忽视的重要问题。我们应当认真按照十八大报告提出的"治党治国治军的有机统一"的要求，秉承将军事立法工作逐步纳入国家法制化轨道的指导思想，统筹处理好军事立法特殊性与维护国家法制统一性的关系，妥善解决立法中维护国家军事利益与维护法治尊严相统一的问题，为深化国防和军队改革提供有力的立法制度保障。

On the Issues of Military Legislation

Abstract：The 9th National People's Congress promulgated The Law on Prescription on 15 March 2000, and the law entered into force on 1 July 2000, which included articles on military law, military regulations as well as the competence and procedure of them. These articles certain stipulate comeptences to military authorities. The Law promoted the military legislations and perfercted the military legal system of Chinese characteristcis. With the entry into amending procedure of the Law, certain articles shall be modified, and the military legislative activities should be incorporated into the unified orbit of the state, so as to provide sufficient legal guarantee to the construction of national defense and PLA.

Key words：Law on Prescription；Miliatry Legislation

---

① 夏勇：《地方国家机关有无军事立法权问题》，《法学杂志》1994 年第 3 期，第 42—43 页。

中国军事司法改革若干问题思考

● 谢　丹 *

内容提要：军事司法作为国家司法的重要组成部分和军事法制建设的核心内容之一，其改革在不断探索中进步，但也遇到了一些解决难度较大的认识障碍和实际问题。其中比较突出和重要的内容有：军事司法改革的必要性和迫切性、军事司法机关的组织立法、军事刑事诉讼制度的改革发展、军事行政司法救济制度的构建论证和军事司法队伍的管理建设等。本文在深入调研的基础上，结合实际对这些当前军事司法改革的重点、难点问题进行了系统解析，并提出了相应的对策性建议，以期引起法学理论界的必要关注，进一步加强研究和讨论，努力为我国军事司法制度的改革完善提供更加及时、丰富和有力的理论支持。

关键词：军事　司法改革

2012 年 10 月 9 日，国务院新闻办公室发表《中国的司法改革》白皮书，主要介绍了从党的十五大开始的三轮司法改革的主要内容及成就，但其中并没有提及作为国家司法制度重要组成部分的军事司法改革问题。党的十八大、特别是十八届三中全会对全面深化各方面的改革提出了许多新的、更高的要求，对国家司法改革及军事司法改革同样具有十分重要的指导意义。军事司法是国防和军队法制建设的核心内容之一，是维护国家军事利益不可或缺的特殊工具，也是"依法治军、从严治军"的重要保障和有力支撑。调查研究、发

---

*　谢丹，中国政法大学法学院教授，硕士研究生导师。

现问题是改革创新的基础和动力,克服困难、解决问题是推动事业进步的基本路径。因此,更加重视并深入探讨我国军事司法改革所面临的重点和难点问题,具有很强的现实针对性和重要的理论指导意义。

一、关于军事司法改革的必要性问题

我国现行的军事司法制度是否需要加以完善和改革？答案本来应当是不言自明的。那么为什么还要首先提出并讨论这个问题？无非是想进一步强调这种改革的重要性和紧迫性,进一步增强"逆水行舟"的危机意识;同时说明军事司法改革与国家司法改革相比,所面临的特殊情势和需要满足的特殊要求,更加清醒地认识军事司法活动及其变化的特殊规律,从而更好地把握今后一个时期军事司法改革的方向和重点。这个问题可以从四个方面说明:

1.新军事变革的要求。军事变革的基本含义是:新的军事技术、创新的军事学说和与这两者相适应的军队编制体制的有机结合,导致战争形态和作战样式的重大变化。其核心内容就是"四大变革",即:作战理论的变革、军队编制体制的变革、作战指挥的变革和后勤保障的变革。①

伴随着人类社会科学技术水平的不断进步,世界范围内的军事变革从来就没有停止过,而且其阶段性周期越来越短。特别是近年来发生的几场高技术条件下的局部战争证明,新一轮的军事变革来势凶猛、改变巨大、影响深远。这些革新和变化对传统军事司法体制、机制所构成的挑战和冲击,也是多角度、全方位和大力度的。从宏观上讲,当代武装冲突的规模、样式、节奏和强度,要求军事司法活动应当跟进及时、伴随保障、效能立显,而传统军事司法的体制设置和运作方式往往迟缓滞后、力有不逮;从微观上讲,在冷兵器和火器作战时代,查证和认定军事行动对非作战对象造成伤害的情形比较容易,追究肇事者的法律责任简洁明了;就是在机械化作战时代,解决这个问题也并不困难。但是到了信息化战争时代,由于超远程、数控化、高强度火力打击兵器的广泛运用,认定和追究伤害平民的战争犯罪责任就变得非常困难,往往使得传统军事司法模式和措施感到无从下手、难以罚处。科索沃战争期间的 1999 年

---

① 百度文库:《军事变革》,来源:《高技术武器装备手册》,网址:wenku.baidu.com/view。

5月8日,以美国为首的北约使用精确制导武器悍然轰炸中国驻南联盟大使馆,造成严重人员伤亡和馆舍损毁,却没有任何人被追究相应的战争犯罪刑事法律责任,就是一个十分典型的例证。

2.国际刑事司法的趋势。国际刑事司法活动有其自身的发展规律和基本特征,使其成为相对独立并不断发展的特殊国际司法制度。惩治危害人类和平与安全的战争犯罪,历来是国际刑事司法制度创建的初始动因和重点内容,并时常成为近现代军事司法活动的热点和焦点。冷战结束后,和平与发展成为新的时代主题,人道主义法得以更多重视和更广泛传播,促使国际刑事司法制度发生了一些值得注意的新变化。归结起来,这些变化主要表现在:国际刑事司法规范更注重保护人权问题①、国际刑事司法机构的设置更适应客观现实需要②、国际司法人员的身份更趋向多国化和平民化③、国际司法原则更加规范明确并得到广泛认同④、国际司法程序在汲取两大法系优长的同时创立了一些新制度,等等。例如:2009年1月23日,阿拉伯国家和欧洲的350多个组织和社会团体联合行动,就以色列对加沙地带发动侵略的战争罪行向国际刑事法院提出控告并要求公审,使以色列政府受到包括联合国在内国际社会的广泛谴责,陷于严重被动的局面。⑤

新中国的军事司法制度来源于人民军队创建之初,形成于20世纪50年代中期,发展进步于改革开放之后。作为世界上最大的发展中国家和亚洲唯一的联合国安理会常任理事国,中国要真正成为在国际事务中作用显著的负责任大国,不仅应当在充分准备的基础上,更多、更积极地参与国际刑事司法的规范制定和日常运作;而且需要切实认清和把握国际刑事司法发展趋势对

---

① [加]程味秋、杨诚、杨宇冠:《联合国人权公约和刑事司法文献汇编》,中国法制出版社 2000年版,第1—27页。

② 巴西奥尼:《设立一个国际刑事法院:纵观历史》,国际军事法学会主编:《军法杂志》第 149卷(1995年),第60—61页。

③ 凌岩:《跨世纪的海牙审判》,法律出版社2002年版,第40—47页。

④ 郑斌:《国际法院与适用的一般法律原则》,法律出版社2012年版,第257—258页。

⑤ 中穆网:《350个组织控告以色列战争罪》,《伊斯兰之光》综合报道,www.islamonline. net。

我国、我军的现实影响,进一步加快中国军事司法的现代化进程,通过军事司法制度改革充分体现具有中国特色的现代法制文明,在国际军事领域更好地树立和维护我军"文明之师"的良好形象。

3.国家司法改革的牵引。近年来,我国的司法制度改革尽管取得了很大成就,但需要改革的地方仍然很多,与国家经济社会发展和人民群众满意相比还有很大距离。党的十八大报告一再提到在法治领域要更加强调依法办事,决不能以权压法、以言代法、徇私枉法,并要求下一步的司法改革要围绕打造司法公信力方面开展,把司法公开问题作为进一步推进司法改革的重点,切实保障司法活动能够依法独立公正地行使审判权。①

伴随着我国社会主义法律体系建设和国家司法制度改革的不断深入,军事司法活动受到国家法制建设,特别是普通司法制度的制约和影响,是强制的、常态的和全面的,同时也是正常的、必然的和正确的。为此,军事司法制度的改革、完善理应顺势跟进,在某些方面甚至可以做到表率和示范。但由于多方面的复杂原因,目前我国军事司法改革的广度、深度和进度明显滞后于国家的整体司法改革,一些调研论证比较充分的理论成果没能适时进入实际操作层面、一些经过司法实践检验切实可行的经验做法没有得到相关法律规范的认可、一些严重阻碍军事司法工作发展进步的结构性、功能性障碍尚无有效的克服路径和改进措施。近十年来。军事司法改革缺乏应有力度、务实行动和重大成果,从而导致现行军事司法制度与新时期国防和军队建设司法需求不相适应的问题没能得到及时有效解决。

4.我国军事司法的现状。军事司法活动历来带有一定的神秘色彩,外界很难准确评估其运行情况和实际功效。然而能够得到关心军事法制建设人士共识的不争事实是:近年来,我国的军事司法领域拓展不够甚至出现实质性缩减与涉军法律关系更加复杂多样的矛盾日渐突出,军事司法活动特色不足、资源配置失衡、司法对象流失、威望和信任度不高等问题还不同程度地存在着。例如:在一个省会城市往往设置有多个隶属不同军兵种的军事司法机构,但在

———————
① 中国政法大学公共决策研究中心:《司法改革的特色》,《蓟门决策》第 16 期,新浪新闻中心。

有些驻军相对集中的地区,特别是联合作战指挥体系中却没有相应的机构设置,造成司法资源零散、诉讼活动不便;军事司法机关处理的刑事案件呈"大要案居高不下,一般案件大幅下降"的不正常态势,列入统计的军内"发案率"往往与实际发生的违法犯罪情况差距较大,特别是一些严重危害国家军事利益的案件没有进入军事司法管辖,军事刑事诉讼活动的震慑、警示和教育功能发挥不够;市场经济条件下涉军民、商事法律事务的数量不断增多、种类变化多样、内容更加复杂、救济渠道不足,现行涉军民商事纠纷的诉讼体制、机制还没能充分体现其特有规律,在一定程度上影响了国防和军队建设领域中民事法律关系的健康有序;由于我国现行军事司法体制在实体和程序两个大的方面主要是依据国家普通的法律制度运行,专门适用于军事司法活动的法律规范还比较少,适应高技术局部战争需要的战时军事司法规范体系尚未形成,现行的军事司法制度很难为未来的军事斗争特别是大规模涉外军事行动提供及时、有力的司法保障。[①]

综上所述,新形势和新情况对军事司法改革提出了十分迫切的客观要求,时不我待、机不可失,我国的军事司法改革应当切实提上日程、加大力度、加快进度。在这方面,国家最高立法、司法、执法机关和军委、总部的有关部门负有不容推脱的重要责任,需要给予必要的重视和指导,在充分调研论证的基础上,进一步加强对军事司法改革的顶层设计和整体谋划,及时跟上国际潮流和国家发展趋势,促使军事司法活动为军事法制建设和军事斗争准备做出应有的贡献。

二、关于军事司法机关的组织立法问题

最近,解放军总后勤部原副部长谷俊山被起诉至军事法院审判、中央军委原副主席徐才厚被转交军事检察院侦办,再次引起国内外法学界和社会各界对我国军事司法机关建设和工作的关注。虽然个别地方报刊以此为由对军事司法机关及军事诉讼制度作了一些介绍,但并未能完全消除外界对我国军事

---

① 刘继贤、刘铮:《新军事变革与军事法制建设》,解放军出版社 2005 年版,第 232—233 页。

司法活动合法化、规范化和正规化的各种质疑之声。这其中一个最主要的原因,就是因为目前我国尚无军事法院和军事检察院的组织法,各级军事法院、军事检察院的组织机构、人员编制、业务范围等仍然无法可依,本应依法公开的许多重要范畴仍然依靠内部规定或习惯做法运作,这与建设法治国家和法治军队的要求严重不相适应。在新中国成立65年后的今天,关于中国军事司法机关的组织和职权问题还没有专门的系统法律规范,仍然处在无"基本法"可依的不正常、不稳定状态。这也是我国历部宪法及人民法院组织法都有明确的立法要求,而至今尚未出台相应法律的绝少例证之一,足可见这项立法工作的困难和艰辛之大。考虑到审判权的运行是司法活动的核心内容,①以下论述主要以我国军事法院组织法的立法过程和症结解析为例。

1.相关法规的历史沿革。几乎与人民军队司法工作的历史同样悠久,早在红军初创时期,有关军事司法机构建设的立法活动就应运而生。1932年2月,当时的中央红色政权就曾颁布《军事裁判所暂行组织条例》。在革命战争年代的各个历史时期、各根据地和各建制部队都曾多次颁发相应法规,保障人民军队的司法机关为夺取革命战争胜利发挥了不可替代的重要作用。新中国成立后的1955年,根据第一届全国人大第一次会议通过的《宪法》和《人民法院组织法》,军队有关部门又起草了《中国人民解放军各级军事法院暂行组织条例(草案)》。其后,由于军事法院的组织机构几经调整、合署,直至"文化大革命"中被完全撤销,②军事法院的组织法律虽然经过长期调研和多次草拟,并曾数易其稿,但一直未能出台。1978年1月军事法院恢复办公后,军委和总部有关部门又先后草拟、修改了16稿,并于1990年5月,形成了《中华人民共和国军事法院组织条例(草案)》。考虑到《军事法院组织法》是国家宪法类法律,也是国防和军队建设的支架性法律,全国人大常委会和中央军委对其首

---

① 宋英辉、郭成伟:《当代司法体制研究》,中国政法大学出版社2002年版,第84页。

② 1955年8月,中华人民共和国国防部决定将全军各级军法处改名为军事法院;1956年12月,解放军军事法院改名为中华人民共和国最高人民法院军事审判庭;1961年1月,军队系统的保卫、检察和法院三机关合署办公,直至1962年9月分署;1965年12月,中共中央批准恢复了中国人民解放军军事法院的名称;1969年年初,军事法院的组织机构被完全撤销。

次立法工作相当重视,先后列入了"八五"至"十一五"立法规划,并曾多次列入人大和军委的立法项目及工作计划。2007年2月,根据全国人大常委会的立法项目计划和军委、总政的要求,军队有关政法部门又专门下发通知,组织各级军事司法机关和相关军事法教学、科研单位,围绕军事法院组织法的立法依据、内容和结构,以及军事法院的组织机构、人员编设、职权范围、运行机制、人事管理和战时运作等问题,开列出26个具体调研题目,组织进行了一次较大规模的综合调研活动,形成了一些较有价值的调研成果。① 应当说,我国军事法院组织机构的立法准备工作历时超长、积淀丰厚、问题清晰,但由于种种原因却始终未能正式进入立法的审议和颁发程序。

2.立法进程的核心障碍。改革开放以来,关于军事法院组织问题的首次立法工作一直没能完成,每每搁置、暂停或者推拖进程的核心障碍,主要是因为存在着所谓的"两个动态"。一是军队体制编制的调整改革处在动态之中。不断调整改革我军的体制编制,逐步构建信息化作战体系是一个动态目标和历史过程。② 近年来,按照中央军委的部署,全军贯彻科技强军、质量建军方针,坚持走有中国特色的精兵之路,通过体制编制调整改革,朝着"精兵、合成、高效"的目标迈出了新的步伐。包括:减少了数量,提高了质量,完成裁减员额50万的任务;精简了高级领率机关,军队领导指挥体制趋向精干、灵敏、高效;优化了部队的编成结构,对部队编组进行了重大调整,提高了军兵种技术含量较高部队的比例;建立了新的武器装备管理体系和三军一体联勤保障体制;调整改革了院校体制,初步实现了规模化办学。③ 但即便如此,还是存在着"改来改去效果老是不明显"的问题。④ 因此,在一个相当长的历史时期,

① 笔者本人自1998年6月至2011年6月,直接参与、具体负责《军事法院组织法》立法调研的组织协调工作,并就军事审判权的渊源、军事法院的专门性、军事民事和行政诉讼、军事刑事诉讼的特殊性及战时军事诉讼制度等问题,在核心法学期刊及有关报纸发表多篇论文。

② 孙科佳:《中国特色的军事变革》,长征出版社2004年版,第246页。

③ 《解放军报》2002年10月17日,第1版。

④ 江泽民:《江泽民论有中国特色社会主义(专题摘编)》,中央文献出版社2002年版,第458页。

我军的编成结构调整和指挥体制改革不会停止，而且新军事变革对这方面改革的要求将会越来越高。军事法院作为国家依法在军队中设立的专门审判机关，其组织立法所必然涉及的设置层级、编制员额、管理体制、管辖划分等，应当与整个军队的体制编制相适应，并且与整体编制体制的调整改革息息相关、密不可分。二是人民法院组织法的修订处在动态之中。现行《人民法院组织法》于1979年7月1日由第五届全国人民代表大会第二次会议通过，第六届全国人民代表大会常务委员会第二次会议于1983年对部分条文进行了修订。该法总结了新中国以来民主法制建设中的经验和教训，规定了法院的设置、职权、组成人员以及法院的基本制度。这部法律对规范审判工作、促进法院建设、保障法院职能等发挥了重要作用。① 由于近30年来我国的政治、经济和社会领域都发生了巨大变化，特别是伴随着人民法院系统各项改革的不断深入，对作为构建法院组织结构的《人民法院组织法》加以修改已成必然。这项工作启动后，国家有关部门经过数次修改和协商，形成了比较成熟的修改建议稿，但由于其他方面的原因，修订程序至今仍然没有完成。由于作为上位法的《人民法院组织法》还处在动态修订之中，使得制定军事法院组织法应当遵循的一些原则性规定，如法院机构设置、法官管理体制等尚不完全明确。那么，如何看待这"两个动态"对军事法院组织立法工作及进度的影响？辩证唯物主义哲学的基本原理告诉我们，运动是绝对的，静止是相对的，静止只是运动的特殊形式。无条件的绝对运动和有条件的相对静止构成了事物的矛盾运动。因此，任何法律规范都是具体时空条件下的历史产物，没有最好，只有较好。考虑到在一个现代法制国家里军事司法机构依法运行的至关重要性，有关的立法活动应当基于现有的客观条件、着眼于现实需求，首先解决好"有和无"的问题。而后再根据形势、任务发展和法律实施、司法实践的经验总结，适时进行必要的修订和完善。如果总是把前述"两个动态"作为推迟和延后相关立法工作的理由，我国《军事法院组织法》的面世将会继续遥遥无期。

3.立法需要解决的首要问题。矛盾的特殊性反映着具体事物的本质及其

---

① 《法院组织法》修改课题组：《中华人民共和国人民法院组织法》修改报告，共识网：www.21ccom.net，2012年10月31日发布。

与其他事物的区别。研究事物矛盾的特殊性,既是科学分门别类的依据,也是寻找正确形式来解决矛盾的前提。① 当前,要起草并制定我国的第一部军事审判机构的组织法律,首先应当注意深入研究并解决好这部"专门性"法律的特殊体例问题,努力做到科学合理、与时俱进。为此,一是要处理好《军事法院组织法》与有关诉讼程序法的关系。由于我国现行《人民法院组织法》与第一部《刑事诉讼法》系同期颁发,而且当时尚无《民事诉讼法》和《行政诉讼法》,因此在《人民法院组织法》中不可避免地规定了一些程序性的内容。严格地讲,法院组织法中不应当包括诉讼程序法的内容。因此,《军事法院组织法》应力避这一问题,对相关军事审判特殊程序问题可通过修订有关的诉讼法加以解决,以更好地体现新立法律的时代特色。二是处理好《军事法院组织法》与《法官法》的关系。现行《人民法院组织法》的第三章专门规定了"人民法院的审判人员和其他人员",随着《法官法》的颁布实施和法官管理制度的完善,如何协调两者内容重叠的问题比较复杂、难度较大。因此,《军事法院组织法》是否及如何规定军事法官制度的内容,需要做到粗细适宜、避免冲突,并力求为军事法官队伍建设提供必要的立法保障。三是解决好军事法院专门性的问题。我国立法机关和法学界普遍认为,目前只有军事法院是相对比较成熟的专门人民法院,具有清晰的法律渊源和明确的法理基础。而海事法院、森林法院、铁路运输法院及少年法庭等审判机构,作为类别法院的专门性问题还在调研和探索之中。那么,军事法院的专门性,特别是与普通人民法院相比的特殊性应当如何在相应组织立法中得以正确、充分的体现? 如果这个问题从理论与实践的结合上解决得好,将会对我国审判组织制度,特别是体系设置的改革和完善起到重要的促进作用。

纵观一部世界军事发展史,从军事法制的角度看,实际上也就是不断地、逐步地把国防与军队建设纳入法制化轨道的过程,②而军事组织依照法定程序设置是实现国防和军队建设法制化的重要前提。③ 因此,军事司法机构的

① 肖明主编:《哲学》,经济科学出版社 1995 年版,第 167 页。
② 李保忠:《中外军事制度比较》,商务印书馆 2005 年版,第 452 页。
③ 西安政治学院军事法学研究所:《军事法论丛》2010 年第 9 辑,第 197 页。

组织立法工作是当前我国军事法制建设值得高度重视并应当尽快加以解决的重大问题之一,建议有关部门切实抓紧工作、加快进程,切实摆上议事日程,促使《中华人民共和国军事法院组织法》和《中华人民共和国军事检察院组织法》能够早日出台,从而使军事司法机构真正走上依法运行的轨道。

三、关于军事刑事诉讼的制度完善问题

与世界各国的军事司法制度沿革轨迹与实际状况大同小异,我国军事刑事诉讼既是军事司法的原始和核心内容,也是相对而言发展得最为充分和完善的主体部分。但由于各方面的原因,近年来我国的军事刑事诉讼制度并没有在军事司法改革的进程中做到与时俱进和率先垂范。不仅一些原来长期积存的问题没能得到很好地解决,而且一些难以适应客观形势发展需要的新问题层出不穷、积压较多,军事刑事司法活动没能全面、充分地发挥出对军事法制建设的应有促进作用。

1.相关诉讼规范立法层级不够。目前我国还没有制定统一的军事刑事诉讼法律或者法规。就国家立法层面而言,只有一些具体规范出现在刑事诉讼法典及有关的法律、法规之中。如《中华人民共和国刑事诉讼法》附则中,关于军队保卫部门对军内刑事案件行使侦查权的内容;《中华人民共和国香港特别行政区驻军法》和《中华人民共和国澳门特别行政区驻军法》中,关于驻军人员刑事司法管辖的内容等。[1] 军事刑事诉讼所依据的具体规范,主要是中央军委、四总部及总政颁发的军事法规或军事规章,以及解放军军事法院、军事检察院和总政保卫部等发布的规范性文件。从新中国成立至1954年,军队先后制定了数十个关于军事刑事诉讼或内容涉及军事刑事诉讼的军事法规或规范。1954年以后,随着全国人大、最高人民法院和司法部有关刑事诉讼的法律、司法解释和行政规章陆续出台,新中国的刑事诉讼制度逐步建立并不断完善,[2]军队也在总结历史经验的基础上,依据国家有关法律的立法精神,

① 解放军军事法院编:《军法业务资料选编》,1996年版,第6辑,第46页。
② 樊崇义:《刑事诉讼法(1999年修订本)》,中国政法大学出版社1999年版,第26—27页。

结合军队建设实际,制定了一些关于军事刑事诉讼活动的规范性文件。1979年7月,第一部《中华人民共和国刑事诉讼法》颁布,标志着新中国刑事诉讼立法的重大进步,这是新中国成立30年来无数经验与教训的结晶。[①] 正因为这部刑诉法是当时我国第一部比较先进、全面的刑事诉讼法典,因此1979年军事法院和军事检察院恢复办公后,原有的一些军事法规、规章及司法解释基本上都被废止,军事刑事诉讼活动主要是依据国家刑事诉讼法典所规定的基本原则和具体制度进行,只是在涉及军事刑事诉讼的一些特殊问题上,由国家最高司法机关与军队有关部门联合作出司法解释加以解决,从而使司法解释开始成为我军刑事诉讼的重要依据之一。其中最主要的体现在国家司法机关与军事司法机关在军地互涉刑事案件的管辖分工问题上。如:最高人民法院、最高人民检察院、公安部和解放军总政治部1982年11月25日《关于军队和地方互涉案件几个问题的规定》、1986年3月26日《关于退伍战士在退伍途中违法犯罪案件管辖问题的通知》、1987年12月21日《关于军队和地方互涉案件侦查工作的补充规定》等。但由于军事刑事诉讼活动的特殊性所决定,此后军队有关政法部门制定的规范性文件,仍然在军事刑事诉讼活动中发挥着十分重要作用。据不完全统计,仅2005年1月至2009年12月的五年中,由解放军军事法院、解放军军事检察院和总政治部保卫部联合或单独下发的、内容直接涉及军事刑事诉讼活动的规范性文件就有15个。[②] 由于受这些文件的制定层级和发布范围所限,国家立法的相应指导不足,特别是其中一些还带有密级,很难保证军事刑事诉讼的参与者,特别是被告人及其辩护人能够全面了解或及时知晓,在一定程度上影响着军事刑事诉讼活动的公开、公平和公正。

2.军事刑事诉讼特殊规范不足。近年来的司法实践和法学研究结论表明,我国军事刑事诉讼中一些重要的特殊领域,尚处在无法可依的状态,其中最集中地反映在有关战时刑事诉讼规范的问题上。建立既有中国特色又符合世界发展潮流的战时军事审判制度,既是当前和今后一个时期军事斗争准备

---

① 崔敏:《中国刑事诉讼法的新发展》,中国人民公安大学出版社1996年版,第6—8页。

② 解放军军事检察院:《司法解释文件汇编》,2009年9月至2010年7月编印。

的司法需要,同时也是我军在世人面前树立法治军队、文明之师的客观要求。① 军队的根本职能就是要赢得战争的胜利。现代战争特点是高技术条件下的局部战争,作战方式从以地面攻防为主发展为空地一体化作战行动,并逐步向空中、地面、海上和外层空间的联合作战发展,战争的前后方界限模糊。战场空间的拓展,以及战争形态和作战样式的变化,必然给军事刑事诉讼带来许多新问题。② 综观当今世界各国的军事刑事立法,不论是采取军事刑事诉讼单独立法的国家,如加拿大、瑞士等,还是将军事刑事诉讼并入国家统一刑事诉讼法典的国家,如德国、日本等,抑或将军事刑事实体法和程序法合为一体的国家,如美国、意大利等,战时刑事诉讼规范都是其中的重中之重。③ 而我国的刑事诉讼立法在这方面差距很大,许多尚属空白。例如,从战时刑事诉讼特殊的法律意义上说,确定战时与平时转换这一时间节点具有重要意义。虽然我国刑法第 451 条第一款将战时概括为两种情况:一是全局性战争,一般从国家发布战争动员令起,至宣布战争结束时止;二是局部性战争,从部队接受作战任务并进行战斗动员时起,至实际战斗结束时止。同时还规定,"军人执行戒严任务或者处置突发性事件时,以战时论。"但刑事实体法对"战时"的概括主要适用于对军人违反职责罪的定罪量刑和对部分危害国防利益罪的认定,并不具有军事刑事诉讼法上的意义。实体法明确"战时"是为了确定当事人的刑事责任,而诉讼法明确"战时"则是为了在特定的时间和空间内实行特殊的诉讼程序,两者的具体动机和直接目的不同。在战争状态下,国家处在生死存亡或核心利益得失的紧要关头,形势和任务要求必须采取一系列必要的紧急措施,其中就包括启动战时军事刑事诉讼程序。由于此时军人及部分公民的刑事诉讼权利将受到一些必要的克减或限制,这就要求"战时"必须经过国家首脑或有权机关依照法定程序确认和宣布;未经这种法定程序,任何人不得以"战时"为由中止普通诉讼程序而启用战时诉讼程序。所以,适应国际社

---

① 田龙海:《军事审判学》,军事科学出版社 2002 年版,第 235 页。

② 周健、王光华、朱雁新:《法律战·战时军事刑事诉讼》,海潮出版社 2004 年版,第 27—29 页。

③ 周健、王光华、朱雁新:《法律战:战时军事刑事诉讼》,海潮出版社 2004 年版,第 82—83 页。

会刑事司法改革趋势,结合未来高技术局部战争的预想情况,确定在某一具体时空条件下适用战时军事刑事诉讼的特殊规范,以及这些由战时环境和战争需求所决定的特殊刑事诉讼程序,如管辖、审级、时限、执行等,都应当以宪法规定的相应立法权限为准,即由全国人大及其常委会作出决定或专项立法加以解决。

3.军事刑事诉讼理论研究不深。虽然我国军事刑事诉讼的历史十分悠久、制度也比较健全、为夺取战争胜利和促进军队建设作出了重要贡献,但在军事司法改革的进程中还有许多重大的理论问题需要澄清,有许多创造性的实践需要用理论的方法凝固下来,也有许多实际问题需要在理论上进行各种专题探讨和系统整理。[①] 特别是对其中的一些基础性、导引性很强的重要问题,并没有进行深入精细的理论研究并达成必要的各界共识。比如:关于军事刑事诉讼的渊源问题,多年来始终存在着较大争议,甚至在一定上程度上直接影响着军事司法改革的主攻方向。军事刑事诉讼的渊源,指的是军事刑事诉讼的起源及属性。目前主要有三种观点:一是认为军事司法权隶属于国家司法权,是国家司法权在军事领域的延伸,故称为"延伸主义";另一是认为军事司法权相对独立于国家司法权,隶属于军事统率权,军事司法只不过是军队援引国家司法手段进行军事管理的一种特殊方法,故称为"援引主义";再一是采取折中主义,将我国军事司法权的本质属性概括为"二元说",即国家司法权和军事统率权相互渗透、相互融合的产物。由此引出的具体问题就是,我国军事司法机关的"专门性"主要体现在何处? 军事司法制度应当偏重于"国家统一性"还是"军事特殊性"? 这既是军事法学理论研究的一个基础性问题,同时也是导引军事司法改革和发展方向的一个关键问题。实践证明,客观、全面地认识军事刑事诉讼的渊源,有助于正确理解军事刑事诉讼与国家普通刑事诉讼的关系,尤其是有助于在推进军事刑事诉讼制度改革和完善的进程中,注意并克服两种错误倾向:一是片面强调军事刑事诉讼的特殊性,忽视甚至排斥国家刑事诉讼法典对军事刑事诉讼制度的统领和指导作用,使得军事刑事诉讼长期游离于国家整个刑事诉讼体系之外;二是过分强调国家刑事诉讼制

---

① 田龙海:《军事审判学》,军事科学出版社 2002 年版,第 18 页。

度的统一性,忽视军事刑事诉讼受国防、军队建设和军事行动所决定的特殊性,不能从维护国防和军事利益的实际需要出发,及时设立和充实必要的特殊诉讼规范。再就是关于军事刑事诉讼的价值问题。价值冲突是法存在的前提条件之一,法的功能就在于最大限度地防止在价值冲突中的价值丧失与耗损。① 以往的法学理论认为,刑事诉讼法存在的目的仅仅是为了保证国家刑罚权的实现,所以刑事诉讼法被认为是刑法的从法,没有自身独立价值;现在越来越多的学者认为,刑事诉讼法除了具有工具性的价值外,还具有不依附于刑法而独立存在的内在价值。主张用"正当法律程序"或者"程序正义论"来分析刑事诉讼法的自身价值。正因为如此,军事刑事诉讼的价值问题开始引起军事法学界的注意和讨论。② 那么,军事刑事诉讼的特殊究竟价值何在? 是公正、秩序和效率,③还是达成维护军事秩序和保障军人权利平衡? 除此之外,充分展现军事刑事司法活动的威严、威望和威信,从而更好地维护国家的军事利益是不是军事刑事诉讼的特殊价值? 近年来,国际军事刑事法律实践提供了一些新鲜例证。④ 对此,应当组织进行必要的深入研究,深入探寻现象背后的本质,以更好地指导我国军事司法的改革实践。

4.军事刑事诉讼管辖范围过窄。军事司法机关作为国家设立在军队的专门司法机关,其主要职能在于审理国防和军事领域发生的侵害国家军事利益的案件,从而实现维护国家军事利益的功能。⑤ 但从目前军事刑事司法的规范和实践情况看,不仅一些现役军人违反国家刑事法律的案件被仅作行政处罚处理、没能及时进入刑事诉讼程序;甚至有些直接危害国家军事利益的严重犯罪案件,也被逐渐排除于军事刑事诉讼的管辖之外。例如:1998 年 9 月 8 日起施行的《最高人民法院关于执行〈中华人民共和国刑事诉讼法〉若干问题

---

① 陈兴良:《当代中国刑法新视界》,中国政法大学出版社 1999 年版,第 3 页。
② 田龙海、曹莹、徐占峰:《军事司法制度研究》,军事科学出版社 2008 年版,第 48—56 页。
③ 杨君琳:《军事刑事诉讼制度价值探求》,《法学杂志》2002 年第 3 期,第 66—68 页。
④ 李卫海:《紧急状态下的人权克减研究》,中国法制出版社 2007 年版,第 246 页。
⑤ 张朝晖:《海峡两岸军事司法管辖制度比较研究》,《法学杂志》2009 年第 7 期,第 28 页。

的解释》第 20 条规定:"现役军人(含军内在编职工,下同)和非军人共同犯罪的,分别由军事法院和地方人民法院或者其他专门法院管辖;涉及国家军事秘密的,全案由军事法院管辖。"而 2010 年 1 月 1 日起施行的最高人民法院、最高人民检察院、公安部、国家安全部、司法部和总政治部《办理军队和地方互涉刑事案件规定》第 4 条第 2 款则规定:"对地方人员的侦查、起诉、审判,由地方公安机关、国家安全机关、人民检察院、人民法院管辖。"该法规的第 17 条还规定:"战时发生的侵害军事利益或者危害军事行动安全的军地互涉案件,军队保卫部门、军事检察院可先行对涉嫌犯罪的地方人员进行必要的调查和采取相应的强制措施。查清主要犯罪事实后,移交地方公安机关、国家安全机关、人民检察院处理。"① 这就完全排除了军事司法机关对非军人侵害国家军事利益案件的管辖权,明显地有悖于军事刑事制度设置初衷和国际军事司法的通行范例。这个问题在司法实践中反映得最为突出的是对军事间谍案件的审判管辖问题。这里的军事间谍是指,行为人受军队雇佣或与军事机关有特定的专业联系,以获取交战方或潜在敌方的军事秘密为目的,进入存在武装冲突或可能发生武装冲突的区域,采取窃取、刺探、收买等手段,进行各种谍报活动,直接损害或者严重危害交战方及潜在敌方军事利益的行为。这类犯罪所危害的客体直接涉及国家的重大军事利益,与国防和军队建设,特别是现实军事斗争准备密切相关,历来受到世界各国的高度重视和刑法保护,往往对这类案件的审判管辖和具体程序作出特别安排。② 而我国现行的刑事管辖规定和司法实践中,将地方人员的危害军事机密间谍案件一律交由地方人民法院管辖,与我国的司法传统、各国司法惯例、现实司法需求和这类犯罪的本质特征等,都有许多不相适应之处。

综上,我国军事刑事诉讼制度的改革和完善,不仅是国际和国内的大势所趋,而且是整个军事法制建设发展进步的重要组成部分和标志性内容之一。近年来,有学者在深入研究法系划分沿革及认识误区的基础上,提出以法律样

---

① 本书编写组:《办理军队和地方互涉刑事案件规定的理解与适用》,法律出版社 2010 年版,第 21、38 页。

② 谢丹:《军事间谍案件司法管辖问题研究》,《法学杂志》2008 年第 4 期,第 93—95 页。

式为标准可以将其划分为成文法、判例法和成文法与判例法相结合的混合法。中华法系就是混合法的典型代表,不仅其历史传统如此,在进入近代以来更是如此,在当代也仍有这样的实践。① 因而,在研究军事刑事司法改革的过程中,不仅需要以已经制定的法律规范为对象,同时应当更加重视对司法实践做法的梳理和分析,从理论和实践的结合上,组织进行必要的深入调研和讨论,切实加大推动改革和完善的工作力度,促进我国的军事刑事诉讼制度建设再上一个新台阶,从而更好地带动和引导整个军事司法改革。

四、关于军事行政行为的司法救济问题

在国防和军事领域,"行政权成为最活跃、最富有渗透性的权力"。"有权利必有救济",这既是普通法的一项古老原则,也是现代司法活动的重要原则之一。我国已经建立起以"三大诉讼制度"为特征、相对比较完善的司法体制。多年来,国家实施的行政诉讼制度虽然还有许多不尽如人意之处,但确实在保护公民宪法权利、规范行政法律关系、纠正行政违法等方面发挥了重要作用。然而在我国的军事行政执法领域,目前除了一些少量军事行政申诉和军事行政复议活动外,军事行政行为救济作为一种法律制度而言还很不完善、很不成熟,军事行政诉讼制度尚属空白,在相当大的范围内和程度上影响、制约着"依法治军、从严治军"水平的提高,也是目前军事行政行为具有相当大的随意性,甚至一些违法行政行为难以得到及时、有效制约的重要原因。放眼当今世界军事法制建设相对比较发达的军事强国,军事行政诉讼往往是仅次于军事刑事诉讼的重要军事司法内容之一,成为军事法制现代化的重要标志。然而,在军事行政领域,目前我国只有一些军事行政申诉和军事行政复议活动,而且作为法律制度而言还很不成熟,只是散见于有关的军事法规和军事行政规章之中。军事行政诉讼制度尚属空白,基本上还处于理论探讨阶段。由于这个问题在一定程度上是军事司法现代化的重要标志,而且与国防和军队改革密切相关,因此理应得到更多的重视和研究。

1.相关问题的由来和争议。从我国第一部行政诉讼法颁布实施,通过司

---

① 黄震:《中华法系与世界主要法律体系》,《法学杂志》2012 年第 9 期,第 48 页。

法渠道规范、监督和制约行政权力付诸实践以来,军队如何适用行政诉讼法的问题就引起了广泛注意和热烈讨论。二十多年来,无论是军事法学界还是军队相关实务部门,关于军事行政诉讼制度的研究和探讨就一直没有停息过。①但时至今日,大家对其中一些基本问题的认识还存在较大分歧、有的甚至完全对立。而这些问题,往往直接影响着对军事行政行为进行司法救济的制度构建、规范设计和实务操作。比如,可诉性军事行政行为的概念及其外延问题。通常认为,"军事行政行为是指军事行政主体行使军事行政职权,产生军事行政法律后果的行为。"②根据我国现行的行政诉讼法律、法规和司法解释,以国家整体名义实施的国防行政行为、不涉及具体相对人的抽象行政行为和部队内部的行政管理行为,不应当属于行政诉讼的受案范围。而在相关的理论研讨中,不仅对前述三种情况的界定本身存在着争议,而且对排除这些情况后可以对哪些军事行政行为实施司法救济的认识也很不一致。从更好地体现军事行政诉讼的特殊性、切实发挥其应有功效的目的出发,军事行政诉讼的受案范围是需要比普通行政诉讼更窄些③,还是应当相对较为宽泛一些④?目前尚无定论。类似的问题还有:军事行政诉讼的必要性和可行性及其受案机构、被告主体、审判程序、法律后果,等等。

2.军事行政诉讼的认识障碍。这里所说的军事行政诉讼主要是指军事行政行为相对人认为军事行政行为主体的具体军事行政行为侵犯其合法权益或者违反军事行政程序,而向有管辖权法院提起诉讼并由其裁决的活动。⑤ 回顾二十多年来军事行政诉讼制度的调研过程,除去各种客观原因,阻碍其进入制度构建和实际操作的主观原因,就是因为存在着一个重大、敏感的认识误

---

① 以 1990 年 7 月北京军事法学研究会组织的专题研讨论证和 1991 年 4 月《解放军报》的《军人与法专栏》开展的"军队可否兵告官"的学术研讨为标志,此后在公开发表的报刊、杂志和专著中,可以查阅到大量的相关文献。

② 钱寿根、王继、仰礼才:《军事行政法学》,国防大学出版社 2012 年版,第 147 页。

③ 夏勇、周健、徐高:《军事行政法律行为研究》,法律出版社 1996 年版,第 178 页。

④ 西安政治学院训练部:《军事司法制度研究》,西安政治学院印刷厂 2005 年版,第 505 页。

⑤ 田龙海、曹莹、徐占峰:《军事司法制度研究》,军事科学出版社 2008 年版,第 301 页。

区。即"党对军队实施全面的独立的集中统一领导,是我军建军的根本原则;军事行政行为往往是由各级党组织集体决定做出的,如果允许对军事行政行为进行司法审查,将会影响到党的领导权威和军队的集中统一。"其实,对这个问题进行深入分析研究就不难发现,其实它并不是不可逾越的根本性、结构性障碍,更不应该成为我国军事行政诉讼制度建立的理性桎梏,完全可以通过对军事行政行为司法救济制度进行通盘设计和全面改进的途径加以妥善解决。而且汲取国家行政诉讼司法实践经验,如果对这个问题处理、解决得好,不仅丝毫不会削弱党对军队的绝对领导,相反会更加适应国家及军队法制建设的新形势和新要求,从司法的角度进一步强化和保障军队的高度集中统一。

　　3.军事行政诉讼的应用价值。近年来,军队内部的行政争议屡有发生,而且有增加的趋势。由于对这些争议主要是通过行政渠道解决,而且现行法律对此类案件的管辖尚无明确规定,有关部门职责不清,甚至相互推诿扯皮,致使许多行政争议长期无法解决。目前,我国军事行政行为相对人的权利受到侵害时的救济手段十分有限,实践中许多甚至根本得不到应有的救济,这种情况影响着军事机关的行政威信,在一定程度上严重影响着"依法治军、从严治军"方针的贯彻落实。放眼世界上军事法制建设相对比较发达的国家,军事行政诉讼往往是仅次于军事刑事诉讼的重要军事司法内容之一,[①]在国防和军队建设领域中发挥着功效显著的重要作用。它可以督促有关的军事机关及其工作人员恪尽职守,严格依法办事,避免官僚主义,防止失职或渎职行为的发生。如美国对军人退伍和军事履历异议的行政复核和司法审查制度,为军事行政行为的相对人提供了较为完善的法律救济渠道,有效地保障了军人的服役权利和履历正确。[②]

　　近年来依法治军的实践证明,国防和军队现代化程度的提高,对军事行政行为提出了一些新的、更高的要求,其中首要的就是必须具有合法性。而建立

---

①　田龙海、曹莹、徐占峰:《军事司法制度研究》,军事科学出版社 2008 年版,第 249—568 页。

②　[美]查尔斯·A.沙诺、[美]L.林恩·胡果:《国家安全与军事法》,西安政治学院科研部 2010 年版,第 280—283 页。

军事行政诉讼制度,既是加速军事行政行为法制化的重要途径,也是检验依法治军状况和水平的重要标尺。行政行为作为行政主体行使职权的行为,具有主动性的特征。① 军事行政行为是否达到了合法、科学的标准,相对人因其涉及切身利害关系的原因会感受得最为清楚和直接。允许军事行政行为相对人申请司法救济并对军事行政行为进行必要的司法审查,可以有效地检查、评估军事行政行为的状态和效果,更加及时地发现失误、纠正偏差、减少损失。并且可以帮助有关部门及领导树立法治思维、学会法治方法,切实提高军事行政行为的水平和质量,从而进一步促进国防和军队行政领域的法制化和科学化。

4.军事行政司法救济构想。根据军事行政行为审查对司法救济制度的实际需要,结合相关的理论研究成果和实务探索,近期可先做好两项工作。首先,抓紧完善军事行政复议制度,为军事行政诉讼排除障碍、奠定基础。② 根据有关法律规定,我国行政复议的类型包括前置型、选择型和独立型三类。③ 从国防和军队建设,尤其是军事法制建设的现状看,复议前置类型的行政复议更能客观地体现军事行政权与军事司法权的内在联系,协调军事行政机关与军事司法机关的工作关系。据此,军事行政复议与军事行政诉讼的制度衔接,宜以复议前置型为主,兼采选择型和独立型。④ 这样做,不仅可以提高军事行政效率,而且可以将行政的权责完整地归于行政机关,较好地解决前面所述对军事行政诉讼的认识障碍。其次,调研确定可以试行的军事行政诉讼案由。明确哪些军事行政行为进入诉讼途径的条件已经成熟、分析研究相应的诉讼后果及其影响,是构建我国军事行政诉讼制度的重要前提。综合相关的调研成果,目前具有可诉性的军事行政行为主要有三类:一是军事机关依照国家和军队的行政法律、法规行使部分行政权力,而在有关法规中有明确规定,被处理的当事人不服、可向人民法院起诉的。如:根据国务院和中央军委联合颁布的《国防专利条例》规定,国防专利申请人在收到国防专利局驳回决定通知三

---

① 石东坡:《行政行为及其特征再探讨》,《法学论坛》2000 年第 1 期,第 52 页。

② 樊华辉:《行政复议制度新论》,法律出版社 2012 年版,第 269—287 页。

③ 杨海坤、章志远:《中国行政法基本理论研究》,北京大学出版社 2004 年版,第 308—311 页。

④ 谢丹、徐占峰:《军事行政复议制度构想》,《法学杂志》2009 年第 7 期,第 20 页。

个月内,可向国防专利复审委员会提出复审请求;对国防专利复审委员会作出的复审决定不服的,可在收到通知三个月内,向人民法院提起行政诉讼。二是按照我国《行政诉讼法》的立法精神,对某些军队特有的行政处罚行为,应当允许不服处罚决定的相对人提起行政诉讼。如开除军籍、除名等。三是根据国防法律、法规的规定,对拒绝履行国防义务或危害国防利益行为作出的行政处罚,应当允许对该处罚不服的相对人提起行政诉讼。如省军区(卫戍区、警备区)、军分区(警备区)和县、自治县、市、市辖区的人民武装部等军事机关,根据兵役法第 11 章、预备役军官法第 9 章、人民防空法第 8 章及民兵工作条例、征兵工作条例、义务兵安置条例、民兵武器管理条例等作出的行政处罚决定。①

总之,为了适应"依法治军、从严治军"的新形势、新要求,更好地保障国防和军队改革,应当根据国家行政诉讼制度和行政诉讼司法实践,借鉴汲取发达国家军事行政司法救济的经验和教训,进一步总结梳理二十多年来我国军事行政诉讼的理论研究成果,推动具有我军特色的军事行政行为司法救济制度尽快进入实际操作层面。这项军事司法改革措施现实需要、条件成熟、功效深远,不宜再继续推拖下去。

五、关于军事司法人员的行业管理问题

毛泽东曾经说过:政治路线确定之后,干部就是决定的因素。中国的军事司法制度要大幅度进步,切实抓好司法人员的专业队伍建设不能不说是其题中之义和重中之重。多年来,在军委和总部的关心下,军事司法人员的队伍建设取得了很大成绩。但由于长期沿用与普通现役军官无异的管理模式,生长干部来源不畅和业务骨干保留不易,即通常所说"选人难"和"留人难"的问题始终没能得到很好解决,军事司法队伍的整体质量和专业素养长时期徘徊不前,特别是缺乏专家型的军事司法人才,在一定程度上制约着军事司法改革的快速推进和有效实施,而且其本身亦成为军事司法改革中的重难点问题之一。

1.核心问题解析。军事司法队伍主要包括哪些人员?在我国,司法机关

---

① 谢丹、徐占峰:《军事行政复议制度构想》,《法学杂志》2009 年第 7 期,第 21 页。

通常是指行使司法权的法院和检察院。① 但对"司法人员"的组成通常却有两种理解：一是从组织法意义上讲，司法人员是指必须通过司法考试才能取得任职条件的法律工作人员。司法考试是国家统一组织的从事特定法律职业的资格考试。根据国家法官法、检察官法、律师法和公证法的有关规定，初任法官、初任检察官和取得律师或公证员资格必须通过国家统一司法考试。二是从刑法意义上讲，我国刑法第 94 条规定，司法人员是指具有侦查、检察、审判和监管职责的工作人员，即具有司法人员身份，或依法行使司法人员职责的侦查、检察、审判和监管人员。按照管理科学关于分类管理的理论，依据任职资格、担任职责、专业特点等重要因素，结合军事司法实践情况，从研究对同类人员实施行业管理的目的出发，这里的"军事司法人员"主要包括军事法官、军事检察官和军队律师。按照现有的编制员额，目前这三类人员的总数大约在 2000 人左右。由于目前军事院校没有法律本科教育，军队自身缺乏司法干部的生长来源，加之任职条件所限，前述三类人员的正常缺额很难及时得到符合相应条件的人员补充。再一个问题就是，军事法官和军事检察官工作在军级以上政治机关，军队律师主要工作在旅以上政治机关。受所在单位的编制规格所限，职务为师级的不超过 100 人，根据《现役军官法》规定 55 岁应当退休；其他均为团以下级别职务，45 岁之前就需要退出现役。这就造成每年都有一批相对成熟、年富力强的军事司法人员不得不离开军事司法或法律服务工作岗位。由于法律规定和实务需求这三类人员应当具有较高的专业素养和实践经验，而对"选人难"和"留人难"的问题又一直没有找到较好的解决途径和方法，不仅直接影响着军事司法队伍的应有质量和相对稳定，而且严重制约、阻却着我国军事司法整体水平的提高进度和幅度。例如，虽然经过多年坚持不懈的强调和努力，但目前还有一定数量的已经调入军事司法机关的人员没有通过国家统一司法考试获得任职资格，无法按照法律规定的条件去履行相应的军事司法职务。

2.管理模式探索。自从国家法官法、检察官法和律师法实施以来，解放军

---

① 陈光中、崔洁：《司法、司法机关的中国式解读》，《中国法学》2008 年第 2 期，第 76—84 页。

军事法院、解放军军事检察院和总政司法局及全军干部管理部门,就开始了对军队司法干部管理模式改革的研究探索。特别是围绕如何解决保留专业骨干的问题,先后曾朝着多个方向做出了尝试和努力,但都因遇到了一些难以克服的障碍或无法解决的问题而没有成功。首先是专业职称制,即设想是将军事司法队伍已经评定过的职称如法官、检察官等级或拟新设置的职称如律师等级,与其本人的生活、物质待遇挂钩,使军事司法人员同时具有现役军官和专业干部的双重身份,从而整体延长这类人员的工作年限。但由于军队目前所设置的所有专业技术职称,如工程师、会计师、医师、教授、记者等,均系参照地方同类人员的管理体系和等级规格而来,而目前的法官、检察官等级尚未与工资等物质待遇挂钩、律师等级也已停止评定多年;加之军队尚无对设置在各级领率指挥机关、担负着相应对下组织领导责任的机关人员按专业技术干部管理的先例,因此未成。其次是专职委员制,即参照地方人民法院和人民检察院的成熟做法,在各级军事法院和军事检察院设立行政级别相当于本院副职的审判委员会或检察委员会专职委员,以保留少数资历较老的司法专业骨干。但因有人认为这样做只是解决了个别人的问题,对促进军队司法队伍的整体稳定作用不大,因此搁浅。第三是文职干部制,即将所有的或者一部分军事司法人员由现役军官改为专业技术干部,以此使其不再受《现役军官法》关于军官退役年龄的限制。但由于绝大多数军事司法人员比较偏爱军官身份,加之外军对军事司法人员实行非现役军官化管理模式的例证也比较少见,因此放弃。第四是延长服役年限制,即将所有军事司法人员的服役年限放宽至其上一个行政级别的界限,使整个军事司法队伍的工作年限延长 3 至 5 年。但由于这样做需要突破我国现役军官法的法定限制,实施的难度和影响太大,因此受阻。总之,我国军事司法人员管理模式的探索之路曲折较多、分歧较大、实效较少,但寻找解决问题办法的探索之行至今未停。

3.改革理念分歧。回顾多年来军事司法队伍行业管理探索改革的历程可以看出,其实决定对这个问题改革方向及相应方案取舍的核心问题无非是"军"与"法"的关系平衡,即是更多地强调军事司法人员的职业军人特点,还是更多地偏重军事司法人员的法律实务要求,由此引发的利益调整问题让人纠结、难以取舍。军事司法人员所从事的法律职业是指,具有特定专业资格的职业法律工作者所专门从事的司法及其他法律服务活动。它有两个基本含义：第一，法律职业与其他需要以专业知识为基础的工作一样，是一种专门的行业，是专业化的工作；第二，从事法律职业的人需要拥有专门的法律知识和实务技能。① 受这样的内涵和外延所要求，军事司法人员的入行标准较高、职务责任重大、专业特征突出、实践积累重要。从取得法律本科以上学历、通过国家统一司法考试，再经过必要的部队工作历练和军事司法实践锻炼，培养一名综合素质较好、胜任本职工作的成熟军事司法人员实属不易，理应想方设法地相对延长其在军事司法岗位上的工作年限。但在现代法制国家和相对和平时期，尽管军旅生涯的艰辛和风险往往高于社会其他公务职业，但不论国家安全环境、社会政治地位、物质经济待遇，还是职业挑战的刺激，都使得军人职业具有较强的吸引力。作为在军队中工作的军事司法人员，如果没有现役军官，特别是评定军衔的待遇，不仅会影响军旅仕途的走向和空间，而且在心理上也不愿轻易接受。军事司法人员管理模式改革的目的在于增强这支队伍的凝聚力和内在活力，为其提高质量、发挥作用提供必要制度保障。因此，如何兼顾"军"与"法"的双重属性和特点，妥善处理好《法官法》和《军官法》的关系，设计并实施具有我军特色的军事司法队伍管理模式，的确不是一件容易做好的事情，这不仅是一个研究论证和制度设计的问题，同时也是一个实际操作能否科学合理的问题。实践反复证明，改革必然会改变或者打破原有的利益格局，也必须进行相应的利益调整和重新组合。这不仅需要改革的主导者和组织者切实做到出以公心、高瞻远瞩，更要求其具备推进改革的坚强决心、协调关系的充分智慧和落实方案的实务能力，以求改革举措的科学合理和切实可行。军事司法人员专业管理制度的改革和完善也是如此。

4.当前重点环节。考虑到军事司法队伍管理模式改革的难度较大，为了保障军事司法队伍的整体质量和长远建设，首要的是应当切实把住专业人员队伍的进入关口，也就是通常所说的"进人关"。根据不完全统计，由于各种不同原因造成减员所形成的军事司法队伍员额缺口，每年大约不超过100人。对这些军事司法行业的生长干部缺额，目前主要通过寻找在所属部队任职、具

---

① 互动百科：《法律职业》，行业百科 http://www.baike.com/wiki/法律职业。

有法律本科以上学历、具备从事军事司法工作基础素质的人员来解决。但由于待选人员的基数太小,发现和考察困难,因此只能允许一部分法律专业训练不足、综合专业知识不够,特别是没能通过国家统一司法考试的人员进入军事司法队伍,这种情况已经成为加强军事司法队伍建设必须解决的当务之急。在目前军事院校没有法律本科教育、军事司法干部生长来源严重不足的情况下,虽然已经在一些地方政法院校实施了国防生培养计划,但很难在短时间内缓解缺乏高层次军事司法人员的燃眉之急。2003年以来,以中国政法大学为代表的多所地方高等法学院校,相继设立了军事法学专业,招收军事法学专业的硕士生和博士生,开始培养军事法律方向的高层次专门法律人才。经过十余年的发展,已有相当规模的人才累积。建议军队有关部门按照"军民融合式"的发展思路,真正做到着眼长远、开阔视野、广纳贤才,切实高度重视地方重点法律院校培养的军事法学硕士、博士毕业生的使用问题。通过对这类人员签约国防生、毕业征召入伍或将相应培养工作列入军队"强军计划"等措施,在切实提高军事司法队伍进人标准的同时,也为这些经过较高层次军事法律专业训练人员的人尽其才创造必要的客观条件,保证"学有所用、用其所长",从根本上提高我国军事司法人员的基本素质和专业素养。

2012年12月10日,中共中央总书记、中共中央军委主席习近平在广州战区考察时号召全军认真落实党的十八大关于国防和军队建设的战略部署,牢记坚决听党指挥是强军之魂,能打仗、打胜仗是强军之要,依法治军、从严治军是强军之基,全面加强革命化现代化正规化建设。①"依法治军"体现的是军事文明的最新发展水平。用"基"字来概括"依法治军、从严治军"对强军大业的重要作用和重大意义,并将其与"强军之魂"和"强军之要"相提并论,充分说明新一届军委首长对这个问题的重视达到了一个前所未有的高度。为了切实贯彻落实军委首长的重要指示精神和党的十八届三中全会关于"法治中国建设"、"国防和军队改革"等目标,国家最高立法、司法机关和军队有关部门需要进一步切实加强对我国军事司法制度的顶层设计和整体谋划,正视问

---

① 冉彪:《习主席强调"强军之魂、强军之要、强军之基"深意何在》,人民网观点频道 http://www.chinadaily.com.cn 微阅读新闻。

题和缺陷、树立决心和勇气、加强组织和协调、突破瓶颈和障碍。在军事司法
基础理论研究和军事司法改革方案论证等方面,按照军民融合式发展思路,注
重借助和依托各方相关力量,争取推动我国军事司法改革有更快节奏、更大幅
度的发展和进步,为实现"中国梦"、完成新时期的强军大业提供更加坚强有
力的法制保障和司法支持。

Research on Problems of China's Military Judicial Reform

Abstract：As an important part of the state justice and core content of military legal system construction, the reform of military justice is progressing in continuous exploration on one hand, while it encounters a series of cognitive disturbance and practical issues which are difficult to cope with. Among them, "the necessity and urgency of military judicial reform", "the administrative legislation on military judicial authorities", "the improvement of military criminal procedural system", "the judicial remedy of military administrative acts" and "the management of the military judicial personnel" are the five most outstanding and important problems which have to be solved as soon as possible. In this article, the author conducts a series of researches and tries to analyze these difficult issues combining the facts. Then the author comes up with the corresponding countermeasures. The author wishes his ideas could draw the attention from academia, so that these issues could be discussed and studied further, which will finally provide a more abundant and powerful theoretical support to the reform and improvement of our military judicial system.

Key words：Military；Judicial reform

军民融合奠定了我国军事法繁荣发展的坚实基础

● 丛文胜 *

内容提要:军民融合一直是党和国家在国防和军队建设方面的一项重要政策和制度,从革命根据地时期至今,这一政策经历了建立、发展、完善的过程,是一项被实践验证了的能够极大促进军队建设的政策。本文将阐述军民融合对军事法繁荣发展的意义。

关键词:军民融合 军事法治 军事法学

国防和军队建设要走出一条中国特色的军民融合式发展路子,是党的十七大报告提出的重要任务。军事法作为国防和军队建设的制度基础和法律保障,也必须与国家和军队发展的进程相协调,与国防和军队建设的发展道路和实现方式相一致。军民融合对军队并不陌生,实际上一直是党和国家在国防和军队建设方面的一项重要政策和制度。早在党领导的革命根据地时期,就已经有了大量"军民兼顾"的政策和实践。新中国成立后,党和国家结合国防和经济建设的实际,又将"军民兼顾"的政策不断深化,逐步发展为"军民结合"、"寓军于民"和"军民融合"等不同阶段。"军民融合"政策的形成和指出,反映了党和国家对军民融合规律的科学探索和实践发展,体现了党和国家对完善军民融合政策制度重要性认识的不断深化,为以军民融合方式推进军事法制建设和开展军事法学研究,进一步将军事法纳入国家法治的轨道奠定了坚实基础,同时也提供了有利机遇和广阔的发展前景。

---

* 丛文胜,中国政法大学法学院教授,博士研究生导师,法学博士。

一、军事法的制定主体体现军民融合

军民融合既是军事法制建设的重要方式，也是中国特色社会主义法律体系的一个显著特点。这一方式和特点在军民融合发展的新形势下，还将得到不断充实和完善。我国军事立法具有军民融合的特点，主要体现在军事法的制定主体具有军民结合的多重性或多样性。既有军事机关制定的军事法，也有中央政府与军事机关联合制定的军事法，还有中央和地方政府制定的军事法。如 1949 年 9 月的《中华人民共和国中央人民政府组织法》对中央人民政府委员会与政务院的立法权限作出了规定。依据《组织法》的规定，中央人民政府委员会享有以下军事立法权限：制定并解释国家的军事法律，颁布有关国防①的法令并监督其执行；规定国家国防方面的施政方针；废除或修改政务院与国家的国防法律、法令相抵触的有关国防的决议和命令；批准或废除或修改中华人民共和国与外国订立的有关国防的条约和协定。政务院根据并为执行中国人民政治协商会议共同纲领、国家法律、法令和中央人民政府委员会规定的施政方针，行使以下军事立法权限：颁发有关国防的决议和命令，并审查其执行；废除或修改各委、部、会、院、署、行和各级政府与国家国防法律、法令和政务院有关国防的决议、命令相抵触的决议和命令。

根据政务院于 1949 年 12 月通过的《大行政区人民政府委员会组织通则》，1950 年 1 月 6 日通过的《省人民政府组织通则》、《市人民政府组织通则》、《县人民政府组织通则》，大行政区（军政委员会）、省、市、县等地方人民政府委员会也分别具有一定的立法权限。大行政区有权拟定涉及国防且与地方政务有关之暂行法令条例，报告政务院批准或备案。省人民政府委员会有权拟定与省政务有关的、涉及国防的暂行法令、条例，报告主管大行政区人民政府转请政务院批准或备案。市人民政府委员会有权拟定与市政务有关的、涉及国防的暂行法令条例，报告上级人民政府批准施行。县人民政府委员会有权拟定与县政务有关的、涉及国防的单行法规送请省人民政府批准或备案。

根据 1982 年宪法确立的国家军事立法体制，我国的军事立法主体包括国

---

① 本文中，在特定情况下为表述方便没有将军事和国防的概念严格区分。

家权力机关、国家行政机关和国家军事机关。国家权力机关中的国防立法主体是:全国人民代表大会及其常务委员会;省、自治区、直辖市的人民代表大会及其常务委员会;较大的市的人民代表大会及其常务委员会;民族自治地方的人民代表大会。国家行政机关中的国防立法主体包括:国务院;国务院有关部、委;省、自治区、直辖市的人民政府;较大的市的人民政府。国家军事机关中的国防立法主体包括:中央军事委员会;中央军事委员会各总部;各军兵种;各军区。其中除国家权力机关和军事机关外,国务院有权制定关于国防的行政法规。国务院有关部委可以根据有关国防的国家法律、国务院的行政法规、决定、命令,在本部门的权限范围内制定国防行政规章。省、自治区、直辖市和较大的市的人民政府,可以根据有关国防的法律、行政法规和本省、自治区、直辖市的地方性法规,制定有关国防的规章。此外,国务院可以与中央军委联合制定国防方面的军事行政法规,国务院有关部委可以与军委各总部联合制定国防方面的军事行政规章。这些都体现了军民融合的显著特点。

二、军事法的调整领域关涉军民融合

我国军事法的调整领域和适用范围,从广义上讲,不仅是调整和规范军队的内部事务,而是包括了军队和地方,在很多重要领域和事项上都是具有军民融合的特点,也是军民一体适用的。我国现行的所有军事法律调整的领域都是军民兼顾的,体现了军民融合的特点。这也是由国家法制的统一性、权威性所决定的。如新中国成立后制定的第一部军事法,《中华人民共和国兵役法》奠定了国家的兵役法律制度。国家兵役制度,包括武装力量组成,公民服兵役的条件、形式和期限,兵员的征集、招收和动员,公民服兵役的权利与义务、退役安置、优抚待遇以及预备役制度和奖惩等,都是涉及军队和地方,即兵役法律制度所调整的领域覆盖军队和地方,包括现役军人和退役军人。此外,现行的国防法、国防动员法、人民防空法、国防教育法、军事设施保护法、预备役军官法和即将出台的军人保险法等军事法律所调整的领域都具有军民融合的特点。

在国务院和中央军委联合颁布的军事行政法规方面主要有:《中国人民解放军驻铁路、水路沿线交通部门军事代表条例》、《军队参加抢险救灾条例》、《中国人民解放军现役士兵服役条例》、《征兵工作条例》、《中国人民解放军士官退出现役安置暂行办法》、《民兵工作条例》、《中国人民解放军文职人员条例》、《国防交通条例》、《中华人民共和国飞行规则》、《通用航空飞行管制条例》、《民用运力国防动员条例》、《中华人民共和国无线电管理条例》、《军用机场净空规定》、《国防专利条例》、《军人抚恤优待条例》、《军服管理条例》、《中国人民解放军退役医疗保险暂行办法》、《中华人民共和国军品出口管理条例》、《武器装备科研生产许可管理条例》、《武器装备质量管理条例》，等等。

在国务院部委与军委总部联合制定的军事行政规章方面主要有：《办理军队和地方互涉刑事案件规定》（最高人民检察院、最高人民法院、公安部、国家安全部、司法部、总政治部印发）、《铁路军事运输管理办法》（铁道部、总后勤部发布）、《水路军事交通运输管理办法》（交通部、总后勤部发布）、《航空军事运输暂行规定》（民用航空局、总后勤部发布）、《军事检察院评定检察官等级实施办法》（最高人民检察院、总政治部发布）、《军事法院评定法官等级实施办法》（最高人民法院、总政治部发布）、《关于自主择业的军队转业干部安置管理若干问题的意见的通知》（人事部、教育部、财政部、劳动和社会保障部、建设部、总政治部、总后勤部等十三个部门印发）、《关于义务兵提前退出现役的暂行办法》（民政部、公安部、总参谋部、总政治部）、《关于伤病残军人退役安置规定》（民政部、财政部、总参谋部、总政治部、总后勤部）、《交通运输、邮电通信基本建设贯彻国防要求规定》（国家计委、财政部、铁道部、交通部、信息产业部、民用航空总局、总参谋部、总后勤部发布）、《关于贯彻执行〈中国人民解放军文职人员条例〉若干问题的意见（试行）》（教育部、公安部、人事部、总参谋部、总政治部、总后勤部、总装备部发布）、《关于军队文职人员社会保险有关问题的通知》（劳动和社会保障部、财政部、人事部、总后勤部发布）、《军队文职人员退休暂行办法》（劳动保障部、人事部、总政治部、总后勤部印发），等等。

同时，还有一些是国务院或国家有关部委制定的法规、规章，但规范的是国防和军事事项，也作为军事法规、规章，收入了中央军委法制局编的《中华人民共和国军事法规选编》，如国务院公布的《中华人民共和国导弹及相关物项和技术出口管制条例》、《中华人民共和国生物两用品及相关设备和技术出口管理条例》以及《全民国防教育大纲》(国家国防动员委员会发布)、《人民防空财务管理规定》(国家国防动员委员会、财政部发布)、《人民防空工程建设管理规定》(国家国防动员委员会、国家发展计划委员会、建设部、财政部发布)、《人民防空国有资产管理规定》(国家人民防空办公室、国家国有资产管理局发布)、《人民防空会计制度》(国家国防动员委员会、财政部发布),等等。

此外,还有许多国家法律法规中的专门章节或条款规定了相关军事事项,适用于军队或军人,也体现了军民融合的特点。如立法法、刑法、诉讼法、突发事件应对法、婚姻法、律师法、传染病防治法等大量法律法规中涉及对军队和军人的规定。

三、军事法的有效实施依靠军民融合

我国军事法的军民融合特点,决定了关涉军地的军事法必然要依靠军地双方的合力共同执法或实施。我国生长于军民鱼水关系中的军事法,长期在军爱民、民拥军和拥政爱民、军民共建的环境中成长,在军民融合方面已经形成了牢固有效的军事法实施合作机制。

军事法实施的军民融合重在有效加强和保障国防、军队建设的健康、快速发展。国防是国家的国防,是全民的国防,是维护和保障人民利益和国家发展利益的国防,军队是国防活动的重要组成部分和主要力量。国防和军队建设包括军队执行战争和非战争军事行动都离不开各级政府和人民的大力支持。因此,国防和军队建设必然依靠全民的力量,依靠军民融合的力量,依靠军民共同对军事法的有效实施。国家的军事法律是对全民适用的,其中大量的内容都是需要在军民融合中实施发展。如,国防法、国防动员法、人民防空法、军事设施保护法以及军队参加抢险救灾条例等军事法的实施都是要动员军民一体共同落实。

军事法实施中的军民融合体现在国家政治、经济、外交和文化生活的各个领域、各个方面。如,国家政治生活中的选举制度,是宪政制度的重要内容,是公民政治权利的基本保障。为保障军人依法行使选举权利,国家专门制定了《中国人民解放军选举全国人民代表大会和县级以上地方各级人民代表大会

代表的办法》,其中在军民融合方面,既规定了在军队工作的非军人的职员、职工以及行政关系在军队的其他人员参加军队的选举,包括驻军的驻地距离当地居民的居住地较远、参加地方选举有困难的随军家属,也规定了军队选举参加地方各级人大的代表,并作为各级人大的代表履行职责。在国防军工生产方面更为集中地体现了军民融合,工信部、国家知识产权局和军队的国防专利局等都在实施有关国防知识产权的法律法规。在维护国防利益和军队形象方面,军队和地方建立了联席会议制度,形成了打击假冒军人、假冒军车和假冒军队单位的联合执法机制。在司法合作方面,军地密切配合,依法建立了军地互涉刑事案件合作分工机制。在军地共同落实军人权益保障法规制度方面,更是形成了全社会自觉行动,如军人军属优待制度的落实,退役军人的安置和就业,军人军属维权机制和地方涉军维权法庭的建立等,都有效保证了宪法和国防法、兵役法等规定的优待军人和军属政策的落实。

四、军事法学研究扎根于军民融合的沃土

军事法学是法学门类不可分割的组成部分,是国家法学学科的重要分支。1987 年 5 月,国家教委将军事法学正式列入我国法学的一门分支学科,标志着军事法学学科的正式建立,军事法学的学科地位得到国家承认,并成为国家开展法学研究的重要领域。军事法学的形成和成长始终得益于国家法治的进步和法学研究事业的发展,得益于国家法学研究的取得的丰硕成果,深深扎根于国家法学的沃土,扎根于地方专家学者的携带、支持和扶持。

军事法学正式列入我国法学分支学科的 25 年来,军事法学的发展进步离不开地方各级相关部门和领导、专家学者的热情帮助,离不开军民融合共创军事法学的繁荣发展和共创军事法制的科学进步。首先,军事法学研究团体的成立是军民融合的,都是挂靠在国家和地方学术团体。军事法学会是中国法学会军事法学研究会,北京军事法学会是北京市法学会军事法学研究会。同时,我们很多军事法学会的理事、常务理事、副会长、会长还兼任国家和地方相关法学会的理事、常务理事、副会长;地方法学专家兼任军事法学研究会会长、副会长、常务理事、理事等。这种军民融合的结构、机制有效地带动和推动了军事法的进步。其次,很多地方院校以对国防和军队法制建设的高度责任感,

勇于担当,高瞻远瞩,开设了军事法专业,建立了专门军事法研究机构。如中国政法大学率先成立的军事法研究中心,充分体现了军民融合,直接吸收了军队专家学者参与中心的研究和研究生培养,尤其是招收军队现役军官,攻读硕士和博士学位,已经培养出了一批国防和军队建设需要的军事法人才;还紧密结合国防和军队法制建设的需要,连年组织召开全国性的理论研讨会,开展军事法学术交流活动,为推进和繁荣军事法作出了重要贡献,成为军民融合开展军事法学研究的典范。再次,在军事法的立法和学术研究课题中,也充分体现了军民融合。一些国家和军队的重要军事立法和军事法学研究任务,吸收地方专家学者参加军事法的立法和学术研究课题,充分发挥地方专家学者的科研优势和学术专长,为国防和军队法制建设服务。

我国在国防和军队法制建设方面的军民融合已经取得了成功的经验和丰硕的成果,走出了一条中国特色的军民融合的军事法及法学研究发展道路,奠定了军民融合式全面推进军事法繁荣发展的坚实基础。

Military-Civilian Integration Lays a Solid Foundation for
the Development of Military Law in China

Abstract：Military-Civilian Integration has been an important policy and regime insisted by the national defense and People's Liberation Army, which originated, developed and matured from revolutionary period to now. This policy has been proved which promoted the PLA construction tremendously. The article aims to elaborate the important significance of the policy to the research and development of Military Law.

Key words：Military-Civilian Integrations；Milirary Rule of Law；Military Law

透视美国"自由航行计划":制定、实施与评价

● 张传江 *

内容提要:1979 年,美国卡特政府根据当时的国际政治、海洋科技和海洋法发展状况,制定了"自由航行计划",挑战被美国视为违反国际法的他国海洋主张,以维护美国自身利益及其霸权地位。时至今日,美国仍在全球范围内特别是亚太海域比较频繁地实施该项计划,以维护航行自由与安全为借口,推动其战略重心东移,高调介入亚太地区事务。

关键词:自由航行计划 海洋政治 海洋法 海上行动

近年来,随着战略重心向亚太转移,美国加大了其"自由航行计划"(Freedom of Navigation Program)在亚太海域的实施力度,频频派遣军用飞机和舰船到有关海域从事演习、侦察、测量等军事活动,挑战他国"过分的海洋主张"(excessive marine claims)①,宣示自己的航行自由与权益。美国因实施挑战行动,曾导致了 2001 年的中美撞机事件和 2009 年的"无暇号"事件等多起影响地区和平与安全的事件。此外,美国还以维护航行自由与安全为借口高调介入南海争端,成为影响和制约南海争端和平解决的重要因素。可以说,"自由航行计划"现已成为美国推行其亚太战略特别是对华战略,谋求亚太地区主

---

* 张传江,海军陆战学院教员,暨南大学"中国海洋发展研究中心南海战略研究基地"兼职研究员。

① 美国认为有些沿海国家的海洋主张不符合国际法,并单方面将此类主张认定为"过分的海洋主张",实际上,美国的有些认定并不客观和准确。

导权,继续维护其世界霸权的重要战略工具和支撑点。基于此,研究美国"自由航行计划"对于研判和应对美国的对华战略及其在中国管辖海域的军事行动,具有重要意义。

一、美国"自由航行计划"的制定背景

"自由航行计划"由卡特政府于 1979 年制定并实施,后来的里根、布什、克林顿直至现在的奥巴马政府持续执行此项计划。卡特政府当时出台"自由航行计划"与第二次世界大战结束后包括美国在内的一些沿海国家的海洋政策制定以及海洋法的快速发展具有密切关系。第二次世界大战之后,全球经济的恢复和发展极大地增加了对于海洋资源的需求,促使许多国家将眼光转向海洋,力图将本国的管辖权扩展到领海以外的公海区域。与此同时,科学技术的进步也使得各国可以在先前无法到达的海底区域内进行活动,为其提供了在更大范围内利用与控制海洋的手段和现实可能性。各国开始对海洋资源主张权利,一些国家相继提出大陆架、专属经济和国际海底制度。① 1945 年 9 月 28 日,美国总统杜鲁门发布了《关于大陆架底土和海床自然资源政策》的公告,即为世人所熟知的"杜鲁门公告",②也称《大陆架公告》。公告中最有意义的是对自然资源本身权利主张的范围以及关于"不管怎样不会因此影响大陆架水域的公海特性和自由的、不受阻碍的航行权利"的声明。③ 美国小心翼翼地用有限度的而模棱两可的字眼表达了自己的要求,提出对资源所有权的主张和对航行自由的管理是两个不同方面的问题,希望避免损害航海自由机制。④

《杜鲁门公告》的发布引起了世界各国的关注,成为许多国家效仿的榜

---

① 薛桂芳编著:《〈联合国海洋法公约〉与国家实践》,海洋出版社 2011 年版,第 3 页。

② 1945 年 9 月 28 日,美国总统杜鲁门发表了《关于大陆架底土和海床自然资源政策》,其中第一次对领海之外的大陆架及其自然资源提出权利主张。

③ [英]伊恩·布朗利著,曾令良、余敏友等译:《国际公法原理》,法律出版社 2007 年版,第 188~189 页。

④ 参见[美]罗伯特·基欧汉、约瑟夫·奈著,门洪华译:《权力与相互依赖》(第 4 版),北京大学出版社 2012 年版,第 92 页。

样。南美、中美、波斯湾和其他地区的一些国家为了捍卫自己的海洋权益,以这样或那样的方式提出了它们的单方面要求,也把它们的权力扩展到领海以外的海底区域。① 其中,英国、墨西哥、危地马拉、沙特阿拉伯、菲律宾等国依照美国的先例,仅对大陆架的资源要求管辖权。而秘鲁、智利等大部分拉美国家则认为,由于南美洲西海岸没有多少大陆架,水深标准对它们不公平,宣称管辖权应以水面距离为衡量标准,要求大陆架为其领土的一部分,提出了比美国更大的管辖要求。② 更为严重的是,这些国家的权利主张甚至被写入国家的立法之中,这些立法还涉及领海与海峡问题,海底问题变得日益复杂,使航海自由问题客观上也受到了影响。譬如,根据阿根廷 1946 年 10 月 11 日的总统法令,阿根廷要求不仅对整个大陆架而且对其上覆水域的主权权利。智利、秘鲁两国总统先后于 1947 年 6 月 23 日和 8 月 1 日发布了声明和法令,宣布其国家主权扩展到邻接其国家领土的大陆和岛屿海岸的全部大陆架,不论其海水深度如何。此外,他们还对邻接其海岸的海域提出主权要求,并宣布距离其海岸二百海里为捕鱼区。从大部分拉美国家的权利要求看,它们对美国海域主张与航线权利之间的刻意区分并不关心,从而搅混了《杜鲁门公告》的微妙之处。对此,有学者指出,正是《杜鲁门公告》的发布成为当时国际社会业已存在的航海自由机制开始弱化的转折点,是美国人在不经意间播下了战后逐步摧毁航海自由机制的种子。③

在此背景下,为了解决各个国家对于海域的不同主张以及领海宽度和捕鱼范围问题,联合国分别于 1958 年和 1960 年在日内瓦召开海洋法会议。这两次国际会议通过了四项关于海洋的重要法律公约,但未能就沿海国管辖权的确切界限达成协议。在会议上,尽管各国发现不能或不宜直接攻击航海自由原则,但是很多发展中国家主张扩大领海和捕鱼区等管辖海域。美英等国认为,扩大领海宽度的要求将原本传统上归属于公海的大量区域(包括重要

---

① 赵理海:《海洋法的新发展》,北京大学出版社 1994 年版,第 8 页。

② 巴里·布赞著,时富鑫译:《海底政治》,生活·读书·新知三联书店 1981 年版,第 9 页。

③ 参见[美]罗伯特·基欧汉、约瑟夫·奈著,门洪华译:《权力与相互依赖》(第 4 版),北京大学出版社 2012 年版,第 91~92 页。

的海洋航道)置于沿海国主权之下,间接地攻击了公海自由,提议改革、修改和保护受到削弱的航海自由机制。① 广大发展中国家则认为,赞同航海自由不过是超级大国"推行海洋霸权和扩张主义、掠夺其他国家海洋资源"的借口。由于海洋大国与中小国家之间在领海宽度和渔区范围问题上出现严重分歧而未能达成协议。但是,从1960年开始,主张或支持沿海国扩大海域管辖权的国家日趋增多。

据统计,1960年,只有1/4的沿海国家要求12海里或12海里以上的领海权,到1970年,提出这一要求的国家超过了半数。仅在1968年到1972年间,要求12海里领海权的国家从31个增加到52个,要求200海里领海权的国家从5个增加到10个。② 1973年联合国和平利用海底和洋底委员会会议所提出的文件,宣布确立不超过200海里的"专属经济区"的权利。截至1978年,74个国家拥有200海里的渔业区,10个国家主张大于12海里小于200海里的渔业区。主张200海里渔业区的国家包括美国、日本、欧共体的成员国(包括英国)。③ 在始于1973年12月3日的第三次联合国海洋法会议上(1973—1982),沿海国家建立12海里领海和200海里专属经济区的主张得到大多数国家的支持。有学者指出,如果所有的141个沿海国家都将其领海宽度扩大至12海里,估计有135个宽度为6海里或比此更宽一些的国际海峡会被沿海国家的领海所覆盖。④ 而在所有沿海国家建立200海里的专属经济区后,全球将有近30%的海域成为沿海国家的管辖海域。

随着第三次联合国海洋法会议有关谈判的缓慢进行,以及越来越多的沿海国家主张扩大海洋管辖范围,美国担心这种情况会影响到其海上贸易运输

---

① 参见[美]罗伯特·基欧汉、约瑟夫·奈著,门洪华译:《权力与相互依赖》(第4版),北京大学出版社2012年版,第93页。

② 参见[美]罗伯特·基欧汉、约瑟夫·奈著,门洪华译:《权力与相互依赖》(第4版),北京大学出版社2012年版,第94页。

③ [英]伊恩·布朗利著,曾令良、余敏友等译:《国际公法原理》,法律出版社2007年版,第175页。

④ David L. Larson,"Innocent, Transit, and Archipelagic Sea Lanes Passage," Ocean Development and International Law, Volume 18, Number 4, p. 414.

和海上军事行动的自由。1978 年,美国卡特政府授权进行了一项国际海洋主张与美国利益的秘密研究。1979 年 3 月,该项研究得出的结论认为,维持包括 3 海里领海主张在内的美国在海洋方面的立场对美国利益最为有利。① 该项研究同时警告说"意图控制 3 海里领海外航行与飞越之海洋主张的激增可能会危及美国利益。"②作为该项研究的产物,卡特政府为维护美国所需要的海上航行和飞越自由及相关利益,保持美国军队的全球机动性,于 1979 年建立了一项正式的"自由航行计划",定期对其他国家过分的海洋主张进行挑战。③

美国所指的"过分的海洋主张"包括但并不限于与《联合国海洋法公约》规定的海洋和相关空间方面的法律划分不一致的要求,例如:不被承认的关于历史水域的主张;不适当的划定领海基线的主张;主张超过 12 海里的领海;对 12 海里外的海洋区域的管辖权提出诸如设置安全区等方面的主张,目的是限制与资源无关的公海自由;要求与《联合国海洋法公约》规定不相符的毗连区、专属经济区、大陆架。此外,美国还认为,有关国家对《联合国海洋法公约》中规定的航行和飞越权利进行限制的要求也属于过分的海洋主张,例如:对军用和商用船舶、归国家所有或运营并用于非商业用途的船舶、核动力军舰以及载有核武器或特殊货物的军舰或海军辅助船的无害通过权施加限制的领海主张;要求无害通过领海或专属经济区的军舰或海军辅助船进行预先通知或获得批准,或者是对这些船舶适用有区别的要求;领海要求虽未超过 12 海里但是其领海已经覆盖了用于国际航行的海峡并且禁止外国在此类海峡实施过境通行,包括禁止在未事先通知或获得批准的情况下的外国潜艇以潜航状态通过海峡、军用飞机飞越海峡上空、军舰和海军辅助舰船在水面航行;在群岛水域的主张方面,不允许实施群岛海道通过,包括禁止在未事先通知或获得

---

① "U.S. Will Challenge Coastal Sea Claims that Exceed 3 Miles", New York Times. 10 Aug. 1979. p. A1.

② Bernard Oxman, "The Third UNCLOS: The Eighth Session 1979", American Journal of International Law. 74(1980):9, fn. 30.

③ The White House Washington, National Security Directive 49, Freedom of Navigation program, October 12, 1990, p. 1.

批准的情况下的外国潜艇以潜航状态通过海峡、军用飞机飞越海峡上空、军舰和海军辅助舰船在水面航行。

美国至今仍未批准1982年《联合国海洋法公约》,但认为该公约准确地反映了关于海上航行和飞越自由的习惯国际法规则。因此,美国对于他国海洋主张的基本态度和政策是①:接受并实施诸如航行和飞越之类符合关于海洋传统利用方面利益平衡原则的行动。在此方面,美国承认其他国家就如《联合国海洋法公约》中所体现的在其沿海的权利,只要美国和其他国家依据国际法所享有的权利和自由得到这些沿海国家的承认。此外,美国还将在全世界范围内按照与《联合国海洋法公约》所体现的利益平衡相一致的方式行使和宣示其航行和飞越的自由与权利。但是,美国不会默许其他国家采取旨在限制国际社会在航行和飞越以及涉及公海利用的其他权利与自由的单方行为。美国对于其所认为不符合国际法的他国海洋主张所采取的反制措施,就是根据"自由航行计划"由国防部和国务院采取相应的军事活动和外交声明。

美国为表明其实施"自由航行计划"的正当性与合法性,经常使用一些冠冕堂皇的理由予以说明。在1979年宣布计划时,首次被使用的表述是"得不到经常维护的权利将会丧失"。② 1984年,国防部长办公室海洋政策事务代表休·奥奈尔(Hugh O'Neill)使用了同样的话语:"美国在海洋上实施的活动完全符合存在已久的政策和国际法,即得不到经常维护的权利最终将会丧失。"③美国政府关于"自由航行计划"的声明还经常表述为那些宣示活动是和平的。但实际情况并非如此,美国实施该计划的正当性与合法性受到有关国家和学者的质疑或反对。而且,美国在实施该计划时侵犯他国合法权益乃

---

① Statement on United States Oceans Policy, March 10, 1983, International Legal Materials, Vol. 22, p. 464; American Journal of international Law, Vol. 77, p. 619(1983). See Annex I for the next of this Statement.

② Bernard Oxman, "The Third UNCLOS: The Eighth Session 1979", 10. Oxman quoted the U-nited States response to the Group of Costal States declaration on the announcement of FON program, repeated in UN Docs. A/CONF. 62/SR. 118(provisional)(Aug 30. 1979).

③ Hugh O'Neill, "Those Maritime Exercises", letter to the editor, Washington Post. 4 August 1984. A22.

至引发海上冲突或危机的情况确实也经常发生。

二、美国"自由航行计划"实施概况

美国的"自由航行计划"由国务院和国防部共同管理。① "自由航行计划"制定后,美国国务院和国防部在"自由航行计划"的实施上互相配合、密切协同。国务院的主要职责是,利用其在国内外的力量和条件积极促使每个持有过分主张的国家在其法律和行动上符合海上航行和飞越自由方面的习惯国际法,并且对他国过分的海洋主张提出抗议以避免他国的主张形成法律上的默认。国防部则负责依据特定的程序对"自由航行计划"中需要运用行动表明美国立场和态度的部分进行计划和管理。国防部每半年向国务院和国家安全顾问提供一份其依据"自由航行计划"所实施的行动声明清单。国务院在适当时候,会在其相关的外交努力中运用此种清单,以维护美国依据国际法所享有的航行和飞越的权利,并发布其依据"自由航行计划"所采取的外交行动方面的非保密性质的年度概要。② 此外,尽管海军在具体执行"自由航行计划"时具有较大的自主权,但要在政治方面特别敏感的区域开展活动时,应与国务院提前协商。

1979 年是美国实施"自由航行计划"的第一年,直到该年 4 月份,美国才开始在外交和军事行动两个层面高强度地实施该项计划。据统计,从 1979 年至 1996 年间,美国通过外交渠道发出了一百一十多次不同形式的外交信函(diplomatic correspondence)、外交照会(diplomatic notes)、正式抗议书(formal protest notes)、普通照会(notes verbale)或备忘录(aides memoire),指出外国有违反国际法的特定海域主张。③ 而美国军舰与飞机平均每年要在全球海洋中采取三十至四十次的强势行动,抗议三十五个以上国家所做的越权主张,以维

① Colonel W. Hays Parks, "Crossing the Line", U.S. Naval Institute Proceedings, November 1986, p. 43.

② U.S. The White House, Freedom of Navigation Program, National Security Directive 49, WashingtoN: October 12, 1990, p. 6.

③ Roach, J.A., & Smith, R.W. (1996). United States responses to excessive maritime claims. Cambridge, MA: Kluwer Law International. pp. 7-8.

护美国航行与飞越的权利和自由。① 仅从计划实施之初至 1989 年,美国就对约 50 个国家的过分的海洋要求实施了近 500 次的挑战行动。②

在冷战结束之前,因美国实施"自由航行计划"而引发过几起影响比较大的事件,例如:1986 年 3 月 23 日,美国一舰艇编队在巡洋舰"提康迪罗加"号率领下进入锡德拉湾北纬 32°30′以南、被利比亚宣称行使主权管辖的水域③,故意挑战利比亚的主张。作为回应,利比亚向在空中为舰艇提供掩护的美国战机发射了 SA-5 地对空导弹。数小时后,利比亚一艘接近美国特遣部队舰艇的导弹艇被海军轰炸机击沉。同时,其 SA-5 导弹基地受到其他舰载机的攻击和损毁。夜间晚些时候,美国又出动更多的轰炸机击沉了一艘利比亚导弹艇并重创另一艘。④

1988 年 2 月 12 日,美国"约克城"号巡洋舰和"卡伦"号驱逐舰进入靠近克里米亚的苏联领海。苏联禁止外国船舶进入这些水域。但是,美国认为这种规定是非法的,船舶若想通过外国领海就可以通过,只要它们的通过是无害的。两艘苏联舰艇接近美国的上述军舰并要求它们离开苏联水域,在警告无效的情况下,对它们实施了故意的撞击。⑤

冷战结束之后,美国的"自由航行计划"仍在持续。从 1990 年至 1997 年,

---

① Roach,J.A.,& Smith,R.W.(1996).United States responses to excessive maritime claims. Cambridge,MA:Kluwer Law International.pp.10-11.

② Colonel W.Hays Parks,"Crossing the Line",U.S.Naval Institute Proceedings,November 1986,p.43.

③ 1973 年,利比亚发布了一项公告,宣称北纬 32°30′以南的锡德拉湾水域是"利比亚不可或缺的组成部分",属于利比亚的主权范围。美国和其他几个对家对此主张迅速提出抗议,认为根据国际法该主张是非法的,锡德拉湾位于利比亚海岸 12 英里之外的国际水域。

④ Lieutenant Commander Robert E.Stumpf,U.S.Navy,"Air War With Libya."United States Naval Institute Proceedings(August 1986):pp.46-47.Ronald Reagan,"Letter to the Congress",March 26,1986.reprinted in Department of State Bulletin(june 1986):72.

⑤ Captain William J.Schachte.Jr."The Black Sea Challenge."United States Naval Institute Proceedings(August 1988):62.See also Lieutenant Commander John W.Rolph,"Freedom of Navigation and the Black Sea Bumping Incident:How 'Innocent' Must Innocent Passage Be?"Military Law Review.135(1992):140-146.

美国对48个国家实施了193次挑战行动。① 1998年至2012年,美国又在全球范围内对约50个国家实施了数百次的挑战行动。在此期间,美国实施的挑战行动同样也造成了几起影响较大的事件。例如:

2001年4月1日,美军一架EP-3电子侦察机到属于中国专属经济区的海南岛东南海域上空对中国实施电子侦察,中国按国际惯例派出两架战机进行跟踪监视,未料美军机突然大幅度转向撞到了中方战机,导致一架中国战机坠毁,飞行员王伟牺牲。事件发生后,美方辩称专属经济区属于国际水域,美军机在此水域上空享有航行自由。而实际上,专属经济区不同于公海,他国在沿海国专属经济区享有航行和飞越自由,但这种自由并非不受任何限制。1982年《联合国海洋法公约》第58条第3款明确规定:各国在专属经济区行使权利和义务时"应适当顾及沿海国的权利和义务,并应遵守沿海国按照本公约的规定和其他国际法规则所制定的与本部分不相抵触的法律和规章。"据此,美军机在中国专属经济区上空对中国进行军事侦察显然违反了包括《联合国海洋法公约》在内的国际法规,其所谓的理由纯属强词夺理。此事件发生之后,美国以行使航行和飞越自由为名,针对中国的挑战行动和海空侦察并未收敛,其EP-3侦察机以及"鲍迪奇"号、"无瑕"号等军事侦测船只,仍然频频到中国管辖海域从事军事侦察或测量活动。

近年来,随着战略重心向亚太地区转移,美国在"自由航行计划"的实施上也明显向亚太海域倾斜。仅在2007年至2012年6个会计年度,美国国防部对19个国家和地区实施了多次挑战行动,其中亚太国家和地区占了绝大多数,中国、印度、菲律宾、马来西亚、印度尼西亚、越南等亚太国家成为美国实施"自由航行计划"的重要目标国。具体情况见下表:

① Stephen J.Guerra, M.A.Going Coastal:The U.S.Freedom of Navigation Program As A Test of International Law's Relevance to Security Affairs, A Dissertation submitted to the Faculty of the Graduate School of Arts and Sciences of Georgetown University in partial fulfillment of the requirements for the degree of Doctor of Philosophy in Government. Washington, DC: March 10,2002.pp. 159-191.

美国国防部依据"自由航行计划"实施的宣示活动(2007—2012 会计年度)①

序号	被挑战的国家	被挑战的海洋主张 (MARITIME CLAIM CHALLENGED)	会计年度
1	中国	主张对专属经济区之上的空气空间实施管辖;国内法把外国实体在沿海国管辖范围内的任何水域实施的勘测活动视作违法;过分的直线基线;外国军舰无害通过领海需获事先许可	2007*,2008*,2009*,2010*,2011*,2012*
2	印度	在专属经济区进行军事训练或演习需事先获得批准;外国军舰进入领海需要事先通知	2007*,2008*,2009*,2010*,2011*,2012*
3	印度尼西亚	要求进入领海的核动力船舶经过事先批准;宣称在专属经济区开展军事演习需要事先批准	2007*,2008*,2009*,2010*,2011*,2012*
4	伊朗	限制联合国海洋法公约缔约国在霍尔木兹海峡的过境通行权;外国军舰无害通过领海需获批准;禁止外国在其专属经济区实施军事活动或演习	2007*,2009*,2010*,2011*,2012*
5	马来西亚	要求进入领海的核动力船舶经过事先批准;要求在专属经济区实施军事演习经过事先批准	2007*,2008*,2009*,2010*,2011*,2012*
6	马尔代夫	外国船舶进入专属经济区需经过事先批准	2007*,2008*,2009*,2011*,2012*
7	阿曼	要求通过霍尔木兹海峡(属于国际海峡)时实施无害通过	2007*,2008*,2009*,2010*,2011*,2012*
8	菲律宾	把群岛水域视为内水;过分的群岛基线	2007*,2008*,2009*,2010*,2012*
9	缅甸	在专属经济区实施过于宽泛的限制;过分的直线基线;外国军舰进入领海需经许可;在毗连区实施安全管辖;限制在专属经济区的航行与飞越	2008*,2011
10	阿根廷	要求外国军舰通过麦哲伦海峡或在接近领海区域航行时提前通告	2008,2011*
11	利比亚	过分的领海主张	2009*,2010*
12	多哥	过分的领海主张	2009
13	柬埔寨	过分的直线基线;外国军舰得到批准方可进入领海或毗连区;在毗连区实施安全管辖	2010,2012*

---

① 该表系综合美国国防部网站资料制成,*号表示该年度实施了多次挑战行动。

续表

序号	被挑战的国家	被挑战的海洋主张 （MARITIME CLAIM CHALLENGED）	会计年度
14	越南	过分的直线基线;外国军舰进入领海和毗连区要求批准;要求在在进入毗连区前将武器置于非工作状态	2010,2011*,2012*
15	巴西	对在专属经济区内实施的军事行动和军事演习进行限制	2011*
16	厄瓜多尔	过分的领海和领空主张	2011*
17	中国台湾	过分的直线基线;外国军舰或政府船舶进入领海需经批准	2011*,2012*
18	泰国	过分的直线基线	2011
19	日本	过分的直线基线	2012

三、对美国"自由航行计划"的评价

美国"自由航行计划"的制定和实施,都着眼于维护美国自身利益。因此,哪些沿海国家的海洋主张在哪些方面不符合国际法,属于"过分的海洋主张",都是美国单方面提出和认定的,而此种认定在有些情况下明显不客观、不准确。例如,美国对于中国依据《联合国海洋法公约》和本国海洋法规对管辖海域正当地行使某些管辖权,也指责为"过分的海洋主张"。此外,美国在具体实施"自由航行计划"时,对于目标国的选择以及实施的强度和频度等方面,都体现出了很强的战略性和针对性。总体而言,美国对于其盟友和所谓的友好国家较少实施宣示行动,即使实施,其强度和频度也明显较低,而对于潜在对手和重点关注海域的有关国家,实施宣示行动的频度和强度明显增大。例如,自 2007 年至 2012 年 6 个会计年度内,美国对日本和泰国两个盟友均只实施了一次宣示行动,对于中国、印度则在每个会计年度内都实施了多次宣示活动。

美国近几年之所以如此频繁地挑战中国、印度和有关东南亚国家的海洋主张,宣示在印度管辖海域、中国管辖海域特别是在南海享有航行自由权,主要目的有三:一是保持在相关海域的军事存在与影响,维持和强化对海上交通要冲的控制,进一步提升地缘政治、军事和经济优势,谋求区域主导权。二是

为介入南海争端、台湾问题寻找借口,加强对中国的牵制和遏制。三是作为美国实现亚太战略目标的重要政策工具和支撑点,配合美国战略重心东移。以上目的相互交织、相互影响、相互传导,都统一在美国的整体利益和战略目标之下。可以预见的是,在美国的政治、军事和经济实力或影响力相较于其他国家仍具有明显优势的情况下,美国在亚太海域针对包括中国在内的重点目标国家实施其"自由航行计划"的活动将会持续,影响也会进一步显现。据此,中国应客观评估美国实施"自由航行计划"的影响,研究制定并妥善实施应对之策,以有效维护国家利益。

On the United States Freedom of Navigation Program: Formation, Implementation and Comments

Abstract: In 1979, the Carter Administration drew up a program on Freedom of Navigation in response to other states' claims on sea which was deemed by US government a breach of Internaitonal Law. The Program was formed in accordance with the environment of international politics, sea technology. Up till now, the Program has been implemented by United States for the purpose of safeguarding its nationals interests and maintaining its hegemon statuts. The frequent implementation of this Program and safeguarding navigational security was an excuse for US shift of stratigical gravity to the Asia-Pacific Region and for the US intervention into the regions affairs.

Key words: Freedom of Navigation Program; Maritime Politics; Law of the Sea; Maritime Activities

美国军法官制度评介

● 吴又幼*

内容提要:军法官制度是美国一项具有悠久历史传统的制度,本文试图通过介绍该制度的形成、发展过程以及在当代军事行动中的作用,发掘其中蕴含的文化、理论和实践积淀,以推动我国军事律师制度的完善与发展。

关键词:军法官 军事司法制度

"军法官"(judge advocate)是美国对军队职业法律人(military lawyer)的统称。在美国,军法官制度是一项极具西方法治传统的制度,早在美国独立和宪法颁布前就已经存在并发挥作用了。在两百多年的历史发展过程中,美国军法官依靠其职业精神和专业素养,不断扩大在军队的影响,巩固在官兵心目中的地位,为军事行动提供坚强的法律保障,并逐步形成了一套行之有效的法律制度。相比之下,我国军队法律职业共同体建设刚刚起步,正处于制度的形成时期,学习和借鉴其他国家的较为成熟的制度具有积极的理论和实践意义。

一、对英国传统军法官制度的援用与修订

"军法官"(judge advocate)这一称谓,最早出现在 17 世纪英国的《查理二世军法条例》("The Article of War of Charles")和《詹姆士二世兵变法》("English Military Discipline of James Ⅱ")中,除了作为执法和检控人员外,他还被赋

---

* 吴又幼,91458 部队司法办公室司法秘书,军队律师,法学博士。

予了司法职能。① 到了 18 世纪,开始被称为"军法官"(judge advocate),军法官是一名精通民法、普通法和军事法的军官,他的职责是在有疑问的案件中协助元帅或将军,而且在某些案件中还被直接赋予审理和判决的权力。② 美国在英属殖民地时期就设立了"军法顾问办公室",行使一定的司法职能。③ 1775 年华盛顿初建大陆陆军时也效仿英国军队设置了军法官一职。1776 年 9 月 20 日,大陆会议通过《1776 年军法条例》("Article of War of 1776"),明确陆军军法官的职责为"以美国的名义起诉"。④ 1779 年 11 月,国会授权海洋委员会为美国的海洋利益而指定"律师"(advocate)。这一举动被视为第一次正式授权美国海军雇佣"法制军官",尽管美国没有对这些"律师"的职责范围进行限制,但是很明显他们同时负责商事和军事司法事务。

除了几次较小的修订外,⑤《1776 年军法条例》一直沿用到美国宪法生效后。其中最重要的一次修订发生在 1786 年,这次修订使美国的军事司法发生了一些变化,如规定了高等军事审判法庭判决的确认程序、军法官的职责等。修订后的《军法条例》规定,军法官除了作为检控官,以美国的名义检控外,还可以在罪犯提出请求,反对任何诱导性问题、任何证人或任何答案可能导致罪犯自证其罪的问题时,将自己视为罪犯的法律顾问。⑥

1806 年,第九届美国国会根据宪法的相关精神和规定对《军法条例》进行了全面的修正,通过了 1806 年《美国军法条例》。修订后条例第 69 条延续了1786 年和 1776 年条例对军法官职责的规定。⑦ 尽管《军法条例》中已经明确军法官的职位,但是对其职责的规定既不明确也不清晰。此时,"军法官"(Judge advocate)的字面含义几乎没有任何意义,在美国的军法程序中"军法

---

① Colonel William Winthrop, Military Law and Precedents, Washington Government Printing Office, 1920 2nd, p.179.

② Ibid.

③ Ibid.

④ *The American Article of War of 1776*, Section XIV Art. 3, reprint in Winthrop, APP.X, p. 967.

⑤ 《1776 年军法条例》。

⑥ *The American Article of War of 1786*, Art. 6, reprint in Winthrop, APP.XI, p. 972.

⑦ *The American Article of War of 1806*, Art. 69, reprint in Winthrop, APP.XII, p. 982.

官"既不是"法官"(judge)也不是"辩护律师"(advocate)而只是在担任检控官的同时,履行法庭法律顾问和书记员的职责。在接下去的近一个半世纪中,尽管《军法条例》历经数次修订,但是军法官的地位和职责变化不大。

二、20世纪四五十年代现代军法官制度的兴起

第二次世界大战期间,随着美国军规人数的激增,军事司法无法满足人数激增的要求,公众的注意力又重新集中到了对军事司法制度的变革上。伴随美国军队规模扩张,军法官队也随之不断壮大,这种扩张不仅表现在数量上,还表现在其职能范围上,军法官开始在为军人提供法律服务和为军事行动提供法律保障方面发挥越来越重要的作用。

(一)1948年《埃尔斯顿法案》("The Elston Act")

1948年6月19日,作为和平时期《选役法》的第一个附件国会通过了《埃尔斯顿法案》("The Elston Act"),该法案于1949年2月1日生效,①对美国军事司法系统进行了更深层次的改革。这个法案中第一次明确规定了"军法官团"("the Judge Advocate General's Corps"),并对军法官队准将以下的军官适用单独的晋升名单。此举意在通过立法明确法律军官的专业地位,以实现在维护军队纪律的同时确保军事司法公正,并吸引更多的专业人才为部队服务。② 同时规定,如果条件允许,高等军事审判法庭法律顾问应该是律师,而且在庭审过程中如果检控一方的军法官是律师的话,那么被指控一方的辩护人也应当是律师。③ 为了提供更有效的上诉复审,分别成立了由军法官队三

---

① 作为美国陆军《军事法庭手册》附件实施,同时也为已作为独立军种空军,作为美国空军《军事法庭手册》附件实施。

② "AMENDING THE ARTICLES OF WAR TO IMPROVE THE ADMINISTRATION OF MILITARY JUSTICE, TO PROVIDE FOR MORE EFFECTIVE APPELLATE REVIEW, TO INSURE THE EQUALIZATION OF SENTENCES, AND FOR OTHER PURPOSES", 80th Congress 1st Session, House of Representatives Reporter No. 1034, JULY 22, 1947, p. 9.

③ *The Article of War* of 1948, Art. 11, 17, *reprinted in* MANUAL FOR COURT-MARTIAL. UNITED STATES ARMY, App. 1(1949)[hereinafter MCM, 1949].

名将军级军官组成的司法委员会（The Judicial Council）①和由三名军法官组成的复审委员会（Boards of Review），行使复审权并确认特殊的案件等，军法官团（Judge Advocate Corps）在实现军事司法的独立和公正方面的作用越来越明显。②

（二）1950 年《统一军事司法典》

上述的变化大都发生在美国陆军，美国海军的军事司法系统基本没有发生什么变化。在第一次世界大战期间，海军军法署办公室里的参谋也没有一个律师，美国海军军法官在第二次世界大战后才出现。③ 第二次世界大战中，随着在海军服役的人增多，海军的作用也相对日趋活跃和重要，海军军事司法的改革也进入了公众关注的视野。1948 年 7 月，为了进一步完善《埃尔斯顿法案》的规定并将其内容适用于各军种，统一各军种军事法庭的庭审程序，时任国防部部长福里斯特尔（Forrestal）指任了一个特别委员会起草适用于全军的《统一军事司法典》。该特别委员会在哈佛法学院埃德蒙·莫里斯·摩根（Edmund Morris Morgan）教授主持下，用了七个月的时间完成了《统一军事司法典》立法草案。经过多次听证后，1950 年 5 月 5 日，国会通过了该草案，并自 1951 年 5 月 31 日起在各军种范围内实施。

1950 年法典使军事司法系统加入了更多"司法化"的内容，规定每个高等军事审判法庭都有一个由召集机关（convening authority）指任的"法律军官"（the law officer），这类法律军官在一定程度上起到法官的作用。他们必须是州最高法院或律师事务所的成员，经军法署证明能依法履行其职责。④ 他将

---

① 1948 年《军法条例》规定，所有涉及终身监禁、开除准将以下级别军官，或者开除或暂停一名西点军校的学院都自动由该司法委员会复核。当 TJAG 不同意复审委员的意见时也提交给该委员会。根据该条例，军法署署长可以命令司法委员将需要其确认的所有笔录，在终局司法审查前全提交给他。当军法署署长不同意司法委员的决定时，笔录由陆军部长复核。

② Ibid.Art. 50.

③ Edmund M.Morgan，"The Background of The Uniform Code of Military Justice"，in *Military Law Review*（April 1965），P. 22.

④ *Uniform Code of Military Justice 1950*，Art. 26（a），*reprinted in* MANUAL FOR COURT-MARTIAL，UNITED STATES ARMY，App. 2（1951）［hereinafter MCM，1951］.

在犯罪构成要件、无罪推定原则、证明责任方面指导法庭,并且就庭审过程中的事实和法律问题①进行裁判。② 尽管这一时期高级军官继续作为庭长主持庭审并执行许多行政和司法职能,法律军官(the law officer)的出现被视为美国军事司法的一项重要改革,标志着军事司法开始逐步独立。1950 年法典的另一个重要的改革是在大多数严重案件中赋予被告人由律师代理的权利。召集机关应当为每个高等军事审判法庭和特殊军事审判法庭,指定一名军法署认证的具有法律专业资格的军队律师作为辩护律师(defense counsel)。③ 在高等和特别军事审判法庭中的被告可以像在普通民事法庭一样,由他自己的平民律师代理;或者如果可能,由一个他自己挑选的军队律师代表;再或者如果他没有自己聘请律师,也没有申请到军队律师,可以由一个非律师军官作为其辩护律师。④ 1950 年法典还有一个革命性的创新,就是设立了一个由三名平民法官组成的美国军事上诉法院(United States Court of Military Appeals),该法院的法官由总统指定任期 15 年,在当时具有对上诉案件的终审权。⑤ 虽然美国军事上诉法院的法官人数有限,但是它和复审委员会一道,积极推动将美国宪法的基本原则融入《统一军事司法典》的解释和适用过程。1950 年《统一军事司法典》的出台,在美国军事法的发展史上具有划时代的意义,使美国军事法彻底摆脱了英国军事法传统的束缚,逐步摒除了指挥官对军事审判法庭的潜在的非法影响,并形成了自己的价值理念与目标追求,确立了军事法律职业共同体在实现军事司法效率与公正过程中的地位,形成了军事法律职业共同体制度的雏形,直接影响了第二次世界大战后美国的军事司法制度。⑥

---

① 这些与案件有关的事实和法律问题出现在诉讼过程,但不涉及对整个案件做出最终的决定,也被称为中间性问题(interlocutory questions)。

② *Uniform Code of Military Justice 1950*, Art. 51, *reprinted in* MCM, 1951.

③ *Uniform Code of Military Justice 1950*, Art. 27(a),(b), *reprinted in* MCM, 1951.

④ *Uniform Code of Military Justice 1950*, Art. 38(b), *reprinted in* MCM, 1951.

⑤ 1983 年修订的《美国统一军事司法典》授权最高院有权直接复核军事复核法庭的判决。

⑥ 田龙海、曹莹、徐占峰著:《军事司法制度研究》,军事科学出版社 2008 年版,第 416 页。

(三)军法机构设置

这一时期军法机构的内部调整也比较明显。尽管在此之前陆军部和海军部都设立了本军种的军法署,各任务部队也有负责军法事务的军法官,但是规模很小,职责内容和人员数量有限。

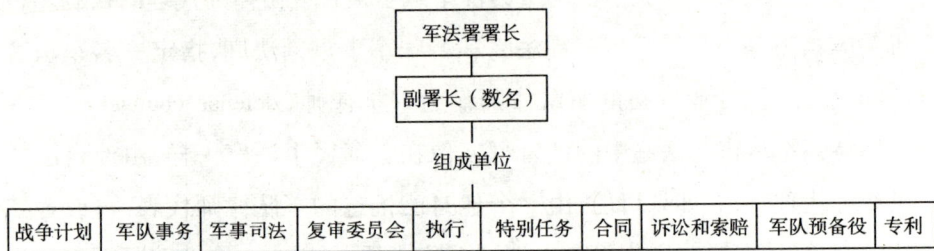

```
                    ┌──────────────┐
                    │  军法署署长   │
                    └──────────────┘
                          │
                    ┌──────────────┐
                    │ 副署长（数名） │
                    └──────────────┘
                          │
                       组成单位
```

战争计划	军队事务	军事司法	复审委员会	执行	特别任务	合同	诉讼和索赔	军队预备役	专利

图1　1940年1月,陆军军法署办公室组织结构图①

随着军法官团在军队地位的确立和职能的拓展,人们发现有必要对军法官团内部的职责进行一些细分,并在军法署办公室内设不同的部门去处理一些特殊领域的问题。改革后的陆军军法署,由一名军法署署长、一名常务副署长、三名具体负责不同领域工作的副署长及下属职能部门构成,其职能部门有:

1.司法行政处。审查那些不被复审委员会审查的普通军事法庭的庭审记录;准备发生在军事司法行政过程中的法律意见和程序;准备赦免备忘录;协助准备受军事法管辖人员人身保护令案件程序的政府陈述;在适当的时候采取行动确保审判的一致性。②

2.法律顾问处。包括军队的内部行政管理,如招兵、任命、提升、降级、开除、退休、工资和津贴、对外活动的限制、行伍职责、无支持家属、交通运输、离开、重新分类和军事人员的相关级别。该办公室还经常被要求准备、审查或者评论有关上述提到的军事机构或人事事务的立法草案、行政命令、规则和通告。除此之外,它还考虑一些军事管理事务,如:控制美国海外驻军的超额支

---

① Dep't of the Army, *The Army Lawyer：A History of the Judge Advocate General's Corps, 1775–1975(1975)*(hereinafter cited as the Army Lawyer History), p.167.

② Ibid.pp. 168–169.

出、对被俘敌人武器的处置、为行政开除和解雇提供审查方式。①

3.合同处。专注于准备有关国防物资购买授权合同的性质与范围,拨款的获得,招投标,谈判形式、合法性及原合同和补充合同的生效以及改变要约,提前支付,修改、延期、更新、履行、延误、违约、重新谈判、重新定价和终止合同所产生的权利义务,取消投标人的资格,评估违约金、紧急购买,接受捐赠,征用、出售、租赁、交换和以其他方式处置个人财产,制定和执行有关失业、工人的补偿、负债以及其他形式的保险的合同条款。②

4.索赔处。主要职能是训练、人员监管和监察整个战争部和陆军所有与服务有关对政府和政府的索赔活动(除了那些发生在服务和供给采购方面的之外),并建议战争部副部长同意或不同意根据现行索赔法案的索赔。③

5.诉讼处。在政府监管委员会(govern-mental regulatory commissions)前代表陆军,提供司法部门为战争部进行诉讼所需的大多数的幕后法律工作。④

6.专利处。监管军队各个部门的专利工作为司法部收集和准备证据,以应对美国政府的专利侵权诉讼。它还就这些单位与政府其他部门间有关专利的事务提供建议。⑤

7.军事处。主管战争部控制的土地和建筑物,还有河流、港口和防洪区的法律事务。⑥

8.战争计划处。主管工作包括战争计划、国际法、军政府、戒严法、战俘、拘留敌国敌人及其相关的事务。⑦

三、20 世纪后期现代军法官制度的巩固与发展

《统一军事司法典》在 1968 年和 1983 年又经过了两次较大的修订,确立

---

① Dep't of the Army, *The Army Lawyer: A History of the Judge Advocate General's Corps, 1775-1975* (1975) (hereinafter cited as the Army Lawyer History), p. 169.

② Ibid.pp. 169-170.

③ Ibid.pp. 170-172.

④ Ibid.pp. 174-175.

⑤ Ibid.pp. 175-176.

⑥ Ibid.p. 177.

⑦ Ibid.p. 178.

军事法官制度并对军事审判法庭出庭律师制度、军事复审上诉制度进行了进一步的完善。随着军事司法制度由传统向现代转型,军法官队伍的壮大,军法官团开始在为部队提供法律保障方面脱颖而出。

(一)1968 年《统一军事司法典》

1968 年《统一军事司法典》将"法律军官"(the law officer)重新定义为"军事法官"(military judge),并进一步强化其在庭审过程中的作用。首先,在高等和特殊军事审判法庭上,军事法官被授权在一定条件下可以单独审理案件。① 其次,该法案将以前《统一军事司法典》下许多由法庭行使的职责赋予了军事法官。军事法官可以为了处理非正式动议、提出抗辩和反对的动议、处理潜在法律问题,以及安排被告和接受他的请求而要求法庭休庭;②不再由法庭成员投票决定其成员的回避,改由军事法官判定法庭成员回避理由的有效性;③军事法官对所有法律问题和庭审中问题的处理,包括对被告精神责任能力的事实性认定都是终局的。④ 再次,该法案对军事法官独立性的另一贡献是增加了有关每个军种的军法署设立一个战场司法机构的规定,由该部门为军事审判法庭派遣军事法官。自此,最高军事审判法庭的法官不再由指挥官的军法官参谋办公室指任,指挥官及其参谋也无权对被指派军事法官的执业资格和职业能力进行评价;军事法官只对派遣他的军法署及其指定的人负责,⑤此举意在进一步消除指挥官法庭召集权对军事司法公正的潜在影响。尽管在此之前陆军和海军已经设立了战地司法机构,该法的实施使这一做法得以在各军种范围内推行。

1968 年法典还扩大了必须由有资质律师参与的庭审范围和军法署的复

---

① *Uniform Code of Military Justice 1968*, Art. 16(1)(B),(2)(C), *reprinted in* MANUAL FOR COURT-MARTIAL. UNITED STATES ARMY, App. 2 (1969) [hereinafter MCM, 1969]。军事法官独任审理的案件应当满足如下条件,"如果在法庭召集前,在咨询了辩护律师知晓军事法官的身份之后,被告书面要求法庭只由军事法官组成且军事法官同意。"

② *Uniform Code of Military Justice 1968*, Art.39, *reprinted in* MCM,1969.

③ *Uniform Code of Military Justice 1968*, Art. 41, *reprinted in* MCM,1969.

④ *Uniform Code of Military Justice 1968*, Art. 51, *reprinted in* MCM,1969.

⑤ *Uniform Code of Military Justice 1968*, Art. 26(b), *reprinted in* MCM,1969.

审权。法典明确规定参加特别军事审判法庭的律师也应当具有法定资质,即"陆、海、空军或海军陆战队的军法官,或者海岸警卫队的法律专家,且毕业于正规法学院,或者是联邦法院或州最高法院律师协会会员"。如果不能提供这种具有资质的律师,召集机关必须"在庭审记录中附详细的书面陈述,以说明为什么不能提供具有该资质的律师。"①该法典还规定除非有完整的庭审和证据记录不能判处品行不良退役,并强调庭审过程中必须指定符合本法资格的律师和军事法官,但因实际情况或军事必要不能选派军事法官的除外。②为了提升军事法官的地位,赋予他们更多的司法权,该法案还将"复核委员会"(Boards of Review)更名为"军事复核法院"(Courts of Military Review),并重新明确其组织结构。"军事复核法院"(Courts of Military Review)仍在各军种军法署之下设立,由一个或多个复核委员会组成,每个复核委员会由 3 名以上上诉军事法官组成。军法署指任军事复核法院中的一名上诉军事法官作为首席法官,再由首席法官具体决定该法院上诉法官在各委员会中的分配和每个委员会中的高级法官。③ 改革后各军种内就只有一个由几个委员会构成的军事复核法院,而不是像以前有好几个单独的复核委员会,进而保证法律判决的统一性和司法审判质量的提升。

军事上诉法院(Court of Military Appeals)的规定在 1968 年的法案中基本没有变化。立法同样以发现新证据或错误为基础的申请新的庭审权扩展到所有的被告,而不是仅仅对那些依据原《统一军事司法典》规定的死刑犯、开除、惩罚性开除、一年或一年以上监禁。被告的上诉申请期限从原来的一年延展到两年。

(二)1983 年《军事司法法案》

1983 年《军事司法法案》对《统一司法典》做出了一些重要的修改,特别是在召集机关的职责和上诉程序方面。它在提升军事司法程序效率的同时没有减少军人享有的任何实质性权利。该法案作为 1984 年《军事法庭手册》的

---

① *Uniform Code of Military Justice 1968*, Art. 27(c), *reprinted in* MCM, 1969.

② *Uniform Code of Military Justice 1968*, Art. 19, *reprinted in* MCM, 1969.

③ *Uniform Code of Military Justice 1968*, Art. 66(a), *reprinted in* MCM, 1969.

附件,于 1984 年 8 月 1 日生效。1983 年法案修改了《统一军事司法典》的第 25、26、27 和 29 条,减少召集机关个人承担的组成军法法庭责任。现行第 25 条允许召集机关授权军法参谋、法制军官及其副职在法庭组建前批准法庭成员请假,被批准请假的人不得超过法庭成员人数的 1/3,法庭成员仍由指挥官要亲自挑选和指任。而且,被授权人的权力在法庭组建后结束,法庭组建后只有召集机关或者军事法官有权批准法庭成员请假。① 第 26、27 条不再要求召集机关亲自指任军事法官和律师。1983 年法案授权各军种部长制定具体指任程序和规则。与此同时,该法案还减少了召集机关的一些准司法性职责。召集机关仍然保有一些指挥官的特权,如他决定是否将案件提交庭审,是否同意、减少或中止审理,是否同意有罪结论。召集机关在庭审之前和之后都不再对需要检查案件的法律依据是否充足,现在合法性判断责任由召集机关的法律顾问承担。在最高军事审判法庭和特别军事审判法庭做出品行不良退役的判决后,军法参谋复核庭审笔录和辩护方指出的所有错误。他只需要向召集机关提供建议,而无须提供详细的法律分析。②

在上诉程序方面,1983 年法案做出了两处重要的修订。一是政府有权就某些有关证据的裁决上诉。新修订法典第 62 条规定,当军事法官中止指控或者起诉有关的诉讼程序,或在诉讼过程中拒不采纳足以证明基本事实的实质性证据时,可以对该决定向军事复核法院(Courts of Military Review)提出上诉。但是类似于无罪裁定的判决和终止庭审或排除证据的决定是不能提出上诉的。二是第一次授权由美国最高法院对军事法庭的判决直接进行复核,该法案第九章授权最高法院依据调卷令(writ of certiorari)复核军事上诉法院的判决。③ 之后各军种部根据授权纷纷出台了适用于本军种军事司法规则,如陆军部 1988 年 3 月 8 日,出台了陆军部规则 27—10《法制工作——军事司法》("Legal Service:Military Justice"),适应陆军特点对《统一军事司法典》的

① *Uniform Code of Military Justice 1983*, Art. 25, *reprinted in* MANUAL FOR COURT-MARTIAL.UNITED STATES ARMY, App. 2(1984)[hereinafter MCM,1984].

② *Uniform Code of Military Justice 1983*, Art. 64(b),(c), *reprinted in* MCM,1983.

③ *Uniform Code of Military Justice 1983*, Art. 67(h), *reprinted in* MCM,1983.

内容进行了进一步的细化。

(三)军法官团组织机构设置及其职能

多年的军事司法制度改革,不仅有力促进了军事司法公正、保障了军人基本权利,还造就了一支高素质军队法律职业共同体队伍。军法官团在履行其传统的法律保障职能的同时,逐步探索新的法律保障领域,为部队提供包括行动法到为军人家属代理民事诉讼的更多领域内的法律保障。

这一时期军法官团对自己在军队法律工作中的地位和作用有了更清楚明确的认识,职能划分也日趋固定,确定了七大传统法律保障领域:(1)行政法。军事行政法涉及规范军事单位设置、职能和指挥的法律、法规和司法决定。军法官解释这些法律法规,为指挥官和参谋提供建议,代表本军种参加行政和司法程序。(2)索赔。包括在世界范围内调查、处理和解决,依据法律、条约和国际协议、国防部指令和陆军规则,针对美国和美国提起的索赔。(3)合同法。订立合同是美国政府从私人单位那获得商品和服务的主要方式。军法官全程参与采购过程。合同法军法官提供有关财政程序和军事行动资金支持的法律法规建议。他们还为陆军购买商品和服务提供咨询。(4)刑法。刑法涉及军事司法。包括美国宪法,统一军事司法典,军事法庭手册,实施规则和司法决定。军事司法包括用司法、非司法手段和行政手段,处理涉嫌违反统一军事司法典的行为。纪律、良好的秩序和士气有赖于军事司法系统的良性运转。实施统一军事司法典有利于树立指挥官的权威,维护军人的个人权利。(5)国际法。国际法包括美国在条约下的义务,美国军队在海外建立基地或驻扎海外的部队地位协定和军控协议等。对美国海军军法官而言,国际法实践还包括为美国在海上及海下的航行自由提供法律保障。(6)法律援助。对水手、海军陆战队员和飞行员的法律援助,如执行遗嘱和授权书。(7)行动法。行动法是指适用国内、国际和外国的法律,规划、训练、部署和动用美国军队。军事行动法通过保障军事指挥官合法动用部队而增强美国军队的战斗力。①

---

① Legal Operations, Field Manual 27-100, Headquarters, Department of the Army, pp. 3-6, (3 September 1991). Office of the Judge Advocate General (OJAG) Organization Manual, JAG Instruction 5400. 1A, 1-1, (July 6, 1992).

法律服务保障机构的设置也日趋完备。以美国陆军为例,在陆军,法律服务保障工作由陆军军法署署长负责,法律保障工作具体由军法署办公室、军法署战场行动机构、法律事务司令部、单位军法参谋、司令部军法官、军法署保障机构、法律专业士官和法律专业人士负责实施。[①]

(1)军法署署长办公室(the Office of the Judge Advocate General,OTJAG),是陆军参谋部的组成单位。一般为陆军参谋长、陆军参谋部人员、陆军机构和陆军成员提供法律保障,并制定提供法律服务的政策和指令。

(2)军法署战场行动机构(Field Operating Agencies,FOA),由美国军队法律保障机构(the United States Army Legal Services Agency,USALSA)、美国军队索赔服务机构(United States Army Claims Service,USACS)和美国军法官学校(the Judge Advocate General's School,Army,JAGSA)共同组成。美国军队法律保障机构的主要任务是,通过保证军事法官和军事辩护律师的独立性,充分发挥军队法律保障工作的作用,提升法律保障工作的有效性;美国军队索赔服务机构,负责调查、处理和解决针对美国的和代表美国提起的索赔事宜,提供和监督索赔培训,制定和实施索赔政策;美国军法官学校提供专门或临时的军队法律专业训练课程,组织进行军队法律问题研究、拟制法律出版物,组织战斗规划活动,指导预备役军法官的征召、分配和训练,管理陆军法律图书馆。

(3)法律事务司令部(the Legal Services Command,LSC),与法律保障机构相配套为战斗部队、战场保障和战场服务单位提供辩护和司法服务,以保证任务的顺利完成。其组成人员包括,军事裁判法官、辩护人员和法律专业士官和法律专家。

(4)军法参谋机构,军法参谋机构是有最高军事法院召集权单位的组成机构之一。军法参谋机构为指挥官、下级指挥官、参谋和战士等提供所需的全部法律保障。陆军还为每一名降级军官配备了军法参谋机构,即使该军官召集最高军事法庭的权力已被收回或者已移交给了下级指挥官。

(5)司令部军法官(Command Judge Advocate Sections,CJAS),该机构为没

---

① Legal Operations,Field Manual 27-100,Headquarters,Department of the Army,pp. 3-13,(3 September 1991).

有最高军事审判法庭召集权的指挥官服务。司令部军法官是指挥官就本单位内士气、良好秩序和纪律等所有问题的法律顾问,是指挥官特别参谋中的一员。

（6）军法署法律保障机构（Judge Advocate General Service Organizations,JAGSO）。为没有专门法律保障单位的部队提供法律保障。

（7）法律专业士官和法律专业人士（Legal NCOs and Specialists）,指分配到旅、团、营和飞行中队,为指挥官、下级指挥官和参谋提供法律和行政保障的人。他们是战场上营连级指挥官最直接的法律顾问。他们就法律事务提供最基本的保障,并应要求与旅法律专业士官和军法参谋合作执行法律任务。

四、军法官制度在当代面临的新挑战

冷战结束后,随着世界军事两极对峙局面结束,美国国家安全战略随之转变。战争目的有限性增长,首战即决战,速战性更加突出。与此同时,随着通信技术的发达,媒体往往能在第一时间对战场上发生的事情进行报道,将战争的全过程置于全世界舆论的监督之下。在这种背景下,仅靠武力来实现国家的利益是不现实的,必须要充分考虑相关的外交和法律因素。美国军法官既是职业法律人,又是军人,以其卓越的职业素养在当代美国军事行动中发挥出越来越重要的作用。

（一）军法官职能向军事行动领域的新拓展

第二次世界大战后,国际人道法的适用范围日渐拓展,而且战后国际刑事法庭第一次提供了一系列有关战争法实施的先例,进一步促进了战争法的发展。在军事行动中减少平民伤亡的压力,国内法对军事行动的影响以及国际舆论的监督不可避免的增加了战争中法律顾问的职责和重要性。

越战之前,美国军法官在战时和平时提供法律保障的内容基本相同。在战争法事务方面的职能一般都限制在对战争罪的起诉方面,这实际上是他们传统核心职能——军事司法职能的一种延续。军法官很少参与军事行动的决策过程。然而,越南战争中美国军法官在国际法方面的各种首创特别是在有关战俘的处理和战争罪方面,标志着军法官战时职责开始转型。例如,他们的努力使得南越政府接受该冲突为可以适用日内瓦公约的国际武装冲突,因此可以

适用战俘待遇条款,并建造了由国际红十字委员会监控的战俘营和符合国际法的战俘管理体制。① 但是,越战中还是出现了震惊美国朝野的"美莱事件"。②

越南战争中的教训使得军队领导人意识到了,为遵守美国在战争法方面的义务,有必要对军队所有成员进行战争法训练,而且必须有专人负责监督平时战争法的教育和训练以及战时战争法的遵守。1974 年国防部长发布了国防部指导文件出台了《国防部战争法项目》(DOD law of war program),该文件规定国防部总法律顾问办公室负责制定和监督全部门的战争法项目。该项目的目的是为了确保美国军队在所有的军事行动中遵守战争法,防止违反战争法。③ 该文件还规定由各部门的律师行使所有协调和监督战争法训练和遵守的责任。④ 从 1974 年开始,军队里的每一个人都要接受战争法训练。军队指挥官有责任确保"各层级的司令部在规划和实施演习或军事行动时,都能迅速得到合格法律顾问提供的有关战争法义务的建议"。同时该文件还要求法律顾问复核所有的行动计划、政策、指令和交战规则(rule of engagement)以确保它们和"美国战争法义务相一致"。军法官在战争法方面的职责,使得军法官得以进入军事指挥中心,接触到战争计划和交战规则,成为军事行动的法律顾问。

与战争法训练相关的是战争法的实施。《国防部战争法项目》明确规定了军法官在保障各单位执行方面所需做的工作。该项目还规定指挥官有责任

① Major General George S. Prugh, *Law at War: Vietnam 1964－1973*,(Washington, D.C., 1975),pp. 72-90.

② "美莱"越南南部的一个联合村庄,1968 年美国军队屠杀了那里的全体居民,因为他们认为这些人是越共的支持者,这个联合村是越共的据点。1971 年葡军中尉 W.卡利(William Calley)和他的直接指挥官 E.梅迪纳(Ernest Medina)上尉在美国受到军事法庭审判,前者被判刑 20 年,后者被宣判无罪。这一事件大大促进了美国舆论在爱国主义对正义问题上的两极分化,因为它在宣扬驻越美军的士气和纪律的衰退上起了很大的作用。摘自[英]A.布洛克·O.斯塔列布拉斯:《枫丹娜现代思潮辞典》,社会科学文献出版社 1988 年版,第 371 页。

③ Dept.of Defense Directive No. 5100. 77,*DOD law of war program*(10 July 1979),at paragraph C.

④ Ibid.at para.E. 1.b.

派出他们的军法官处理敌方可能的或宣称的违反战争法行为。参谋长联席会议主席也颁布了有关军法官在军事行动中的职责的法律文件,这些法律文件和《国防部战争计划》一道使得军法官成为战争法实施调查和起诉的主体。战争法义务不仅要求在战前的规划过程中参与;在交战过程中,为即将进行的行动进行规划和参谋是随之而来的。法律顾问全程参与目标的确定过程,包括情报收集部门,在那里他们审查有关潜在目标的照片信息。在这个舞台上,法律顾问提供有关战争法原则的指导,如军事必要原则和比例原则。其他的工作包括进行法律审查以确保注意到了国际主权事宜,遵守了使用武力标准,行动在美军行动过程中必须遵守的国内法、国际法和范围内实施。

《国防部战争法规划》随着美国国家安全形势的转变经过了数次修改,但其在军事行动合法性方面的意图仍然没有改变,并继续体现在参联会的联合出版物中。新版联合出版物3—0《联合行动》就规定,"联合行动以宪法、联邦法律、美国政府的政策、国际法和我们的国家利益为国家战略指导的基础。"①联合条令还明确了军法参谋在联合军事行动中的地位:"军法参谋是联合部队指挥官参谋部的重要成员,就影响军事行动的法律、法规、政策、条约和协议提供法律意见。法律顾问积极参与从任务分析到实施的整个过程,在复杂的行动环境中发挥重要的作用。法律顾问还就财政、军事行动限制、国际法和其他能对军事行动造成影响的许多其他因素提供法律保障。"②

《国防部战争法规划》改变了军法官的职能,使得军法官的职能向军事行动领域拓展,军法官成为精通与完成军事任务有关的国际和行动法(包括使用武力的国际法)以支持作战指挥官的"行动法律师"。行动法是指:"与平时和战时规划和开展军事行动相关的国内法和国际法。它包括但不限于,战争法与安全援助、训练、动员、部署前准备、部署、海外采购、军事战斗行动、反恐行动、部队地位协定、对敌行动和平民事务行动有关的法律。"③因此,在武装

---

① Joint Publication 3-0, *Doctrine for Joint Operations*(Aug. 11, 2011), pp.1-8.

② Ibid.p.III39.

③ Lt.Col.David E.Graham, "Operational Law—A Concept Comes of Age", *Army Lawyer*(July 1987), pp. 9-10.

冲突期间,军队法律顾问仍然履行传统的法律职能——依据《统一军事司法典》检控犯罪,起草授权书(法律援助),采购装备和服务(财政和合同),调查事故(行政法)。但是只有战争法,如确定目标规则、交战规则和包括战争法在内的国际法、国内法限制和战争罪,才是行动法。

为了提供所需保障,军法官通过开展任务分析参与指挥官(参谋)的决策程序;研究准备潜在的法律问题、对行动的合法性进行评估;与上下级部队的军法官保持联系和沟通;为指挥官、参谋和下级指挥官、部队、军法官提供行动法训练;参与战场活动;准备行动计划法律附件;协助指挥官开展交战规则训练;参与确定打击目标过程;审查计划和命令。通过履行这些职责,不仅有效确保军事行动在法律框架内开展,还有利于培养军法官感知事态发展的能力,这是军法官必须掌握的一项重要技能。

(二)军法官团组织机构的改革

通晓国际法和行动法问题的法律顾问在各层级的司令部都有。当然,在不同的参谋组织中的具体位置不同,有不同的任务。国防部长办公室有大量的法律顾问参谋(包括所有的平民)为部长履行职责提供咨询,参联会主席的法律顾问(海军上校或者陆军、空军或海军陆战队上校)由参联会主席从军队的提名中选出。从各军种选出的8名律师,组成法制参谋办公室。该法制单位管辖上述提及的许多领域的法律问题,其中最重要的是为联合参谋部的1400名成员提供行动法建议。然而法律顾问作为法律发言人,或部门间作战指挥官——军法参谋间的和国防部首席法律顾问、法律顾问办公室、国务院、司法部和国家安全委员会的协调人的职责更为重要。而作战指挥官一般配有六到八名军法官(几乎都是军人)来处理法律问题——包括与任务部队有关的行动法。他们的共性是在需要时向指挥官和其他军官提供法律和政策咨询。

当前美国军法官团平时的组织机构变化不大,基本保持了以往法律保障部门的设置方式。军事行动中的法律保障的机构设置进行了进一步的调整,以迎合新形势作战部队编制体制调整的需要。2001年"9·11"恐怖袭击后美国的国家安全环境发生了巨大的变化,美国面临的威胁更多的来自非传统领域。鉴于美国军队不能再专门适应传统战争需要进行组织、训练和装备,需要适应军事行动的需要对部队的组织结构、条令和装备进行积极的改革。

在陆军,一个重要的变化就是陆军军事行动的重心由师向旅移转,旅作战单位成了陆军最基础的战术作战单位,能独立组织军事行动。① 为适应陆军以旅为中心开展军事行动,军法官团加强了对旅一级的法律保障。在以前,军法官及其法律助手仅被指派到师军法参谋办公室,在特定的军事行动中由旅行动法小组(brigade operational law team)实施具体任务。现在,旅行动法小组为机动性更强的旅法治单位(legal section)所替代。该单位直接派驻到旅司令部而不是师军法参谋办公室。② 旅法制单位包括两名军法官——一名旅军法官和一名庭审律师。旅军法官一般是一名少校级军官,是旅指挥官的法律顾问和旅法制单位的负责人。庭审律师一般是上尉级军官,负责旅战斗分队所有的军事司法事宜。而且,庭审律师还将提供行动法建议并协助旅军法官处理行动中出现的其他法律问题。旅法律事务单位中一般还有一名高级士官法律助理,在旅以下部队一般都是由士兵法律助理承担相应的法律保障任务。③ 旅法律事务单位依据战斗频率、旅作战部队的部署情况、旅法律事务单位成员的经历水平等因素的不同,为所在单位提供相应的核心法律领域的所有保障。

空军也将提供法律保障的军法官及其律师助理作为特别分队纳入空军行动中心。军法官不仅为空军行动中心的指挥官和所有组成部门提供法律保障,而且还在核心部门,如目标和交战规则单位,发挥特殊的作用。条令规定空军指挥官应当确保他们的军法顾问和律师助理成为联合法律参谋的一部分,当空军指挥官兼任联合行动指挥官时,还应确保法律保障工作的水平能够满足空军行动中心指挥官在行动中的需要。④ 除此之外,军法官及其律师助理还参与自军事行动规划到军事行动实施的整个过程。在战略规划部门,军法官及其律师助理通过评估评估行动环境中出现的法律问题和被保障指挥官

---

① Field Manual No. 1-4, *Legal Support to the Operational Army*, 3-1, (15, April 2009).

② Ibid. pp. 4-1.

③ Ibid. pp. 4-2.

④ Air Force Doctrine Document 1-4, *Legal Support to Operations*, p.9, March 2012.

的目标为战略单位提供保障。在战略单位内,军法官及其律师助理专注于长期规划以支持空军行动指挥官规划和行动的拟制、完善、宣传与评估。当为战略层级提供保障时,军法官及其律师助理专注于长期的规划和实施,而不是每天的行动细节,通过提供适当的法律服务以迎合战略单位需求。① 在战斗规划部门,军法官及其律师助理协助指挥官制定合法计划和命令,促进战略指令转换成可执行的计划和命令。② 在战斗单位,军法官及其律师助理专注于评估,可用于实现行动目标方式的合法性。因此,军法官在动态目标打击等方面提供法律建议。例如在打击动态目标时,军法官要考虑的因素包括目标数据的充分性和合法性,武装冲突法的要求,交战规则的限制并避免误伤友邻部队。指挥官应当将军法顾问及其律师助理纳入行动的全过程,以确保命令不会受到不适当的合法性限制或不经意间批准了违法活动。③ 在空军机动师内,军法官团就规划、协调、任务和执行空中机动任务以支持更大规模行动提供法律意见。如,军法官团将在解释国际协议、空头对地面物体的风险、飞越权和降落权等方面为空中机动控制分队提供法律意见。

在海军和海军陆战队的军法官团机构也进行了相类似的改革,并进一步明晰海军法律事务司令部(Naval Legal Service Command)的职责和机构设置,改革后海军法律事务司令部的下属机构由地区法律事务办公室(Region Legal Service Office)和辩护事务办公室(Defense Legal Service Office)组成,在世界范围内提供法律服务,维护海军各单位的战斗力和军事司法系统的有效运作。

五、启示与借鉴

经过近两百多年的发展,美国军法官制度成功地实现了由传统向现代的转型,建立健全了军法官团组织机构,在维护部队秩序和提高部队战斗力方面作出了积极的贡献。我国的军队律师制度建设尚处于起步阶段,全盘移植或全盘否定西方的成熟制度都是不可取,需要发掘其制度背后的文化、理论和实

---

① Air Force Doctrine Document 1-4, *Legal Support to Operations*, p.9, March 2012.
② Ibid.p.10.
③ Ibid.

践积淀,理性地进行取舍。通过上文的介绍和分析,笔者认为美国军法官制度至少在以下三方面是值得我们学习和借鉴的。

1.强调军队律师队伍的专业性和职业精神。美国军事刑法司法化促成了美国军队律师制度的形成与发展,独特的军事法律系统造就了一批既是军人又是律师的专业人士。军法官与各级军事单位紧密结合,同时又独立于各级军事指挥系统。军法官的任职资格由所属军种的军法署署长认定,职业能力由上级军法机构的负责人评定,职务调整依据单独的晋升目录。各军种都规定成为军队律师,必须取得规定的法律资格,也就是说成为军队律师之前,他已经是法律职业共同体中的一员,军队法律职业共同体和平民法律共同体一样,以维护公民的基本权利和实现公平正义为己任,不同的是军队律师坚守职业信念的同时,还要综合考虑维护国家的安全利益、军队的战斗力的提升,军队律师在践行职业信念方面付出的努力远远超过他们的平民同行。

2.以维护军人基本权益与提升部队战斗力有效结合为出发点和最终目标。军队法官依据两套不同的法律规定履行职责,外部规则由国际法和国内法构成,这些规则决定了军队的组织结构、任务和行动内容;内部规则规定了对军队权力的规范;这些规则几乎涉及了所有类型的法律,而且涉及范围扩大非常快。起初,军法官仅是一名检控官或者刑事法庭的主持人,现在已然参与到了几乎所有的除专门战术以外的重要决策的形成过程,如武器系统的研发、购买,装备购买,军队补给,环境保护等。面对日趋复杂的法律环境,军法官始终以维护军人的基本权益与提升部队战斗力为基本原则,为部队和官兵提供高质量法律服务。

3.以制度明确军队律师对军事管理和军事行动的参与。西方早在17世纪就以成文法的形式明确了军法官在部队管理中的职责,之后随着军法官职能的不断拓展,相关的法律法规不断完善,已经形成了一套由法律、行政法规和军队条令组成的制度体系。依法明确了军法官在军队法律工作中的地位,履行职能的途径和手段,为军法官参与军事决策和具体的军事行动奠定了制度基础。

A Brief Introduction and Comment of
American Mechanism of Judge Advocate

Abstract：The American Mechanism of judge advocate in military system has a long history and tradition. In this article, the author aims to introduce the formation of this mechanism, development and its function in the contemproary military activities. The value of the mechanism in doctrine and practices should be digged and explained for the purpose of advancing the perfection of Chinese military lawyer system.

Key words：Judge Advocate；Militar Judicial System

论非对称武装冲突中的"军事必要"

● 杨文博*

内容提要:随着高技术的发展,武装冲突呈现交战双方极大的不对称的形态,这种不对称导致双方在战场上的地位完全不同,实力弱者一方的军事实力决定其从一开始就丧失了赢取军事胜利的可能性。强者一方采取"杀鸡用牛刀"的作战方式,对于比自己弱几百倍的弱者一方进行"外科手术"式的"精准狠"高技术打击;而弱者一方又不甘心失败,进而采用一些违反武装冲突法的作战手段,以增加其能够取胜的可能性。故而,双方不断的扩充"军事必要"的范围和内涵,力图采取一切可以增加胜利机会的手段和方式,进而使得冲突"残忍而随意",将武装冲突法架空,使其处于十分尴尬的地位。面对这种情势,"军事必要"原则的适用需要加以严格的限制。

关键词:非对称武装冲突 "军事必要"原则 合理适用

有价值的规则总是能随着情势的变化而适时改变着其自身的意义。因为法律总是具有滞后性的弱点,制定好的法律在实施的时候,如果不根据立法的精神和时事的变化而对之做出符合时事的合理的解释,那么人们将无法使用法律。然而,过于任意的解释往往也会带来"法律"的灾难。军事必要原则,是现代武装冲突法中的一项"经典原则"。从其诞生那一刻起,就充满了争议。经历了两次世界大战后的人们更加认识到,"军事必要"原则在战争中的

---

* 杨文博,吉林大学法学院硕士研究生。

滥用,往往成为一个武装集团进行武装行为不择手段的借口,这种"不择手段"往往带来了人道的灾难,武装冲突法的规则被逐一践踏。

而现代化的高技术战争往往呈现出非对称性。在一场军事武装冲突中,交战双方在核心军事要素上,存在数量、质量、层次、代级的超大比例的差异,使得武装冲突中的一方从一开始就没有取得胜利的机会和可能,我们说:这种武装冲突就是"非对称的武装冲突"。以伊拉克战争为例,我们可以看到,这"是一场'猛虎对病猫'的非对称战争。"①面对这种战争形态和作战方式,交战双方不得不调整战略部署,从而不断扩充着"军事必要"的范围和内涵,使得"军事需要"和"人道需要"之间达到了空前的失衡状态,使武装冲突法处于极为尴尬的境地。在这样的情势下,交战双方对"军事必要"原则解释的任意性,达到了前所未有的地步。

一、武装冲突法中的"军事必要"原则

战争法历史上,最早正式提出"军事必要"要追溯到 1863 年美国林肯总统发表的《利伯法典》(LIEBER CODE)。② 该法典在第 14 条对军事必要原则的定义如下:"正如现代文明国家所理解的,(军事必要原则)是指采取一切措施的必要性,这些措施是实现战争目的所必不可少的,同时根据现代战争法和战争习惯是合法的。"③作为利伯法典的主要理论贡献,军事必要原则已经为爱好和平,崇尚人道精神的国际社会所普遍接受,成为国际战争法的基本法律原则之一。④

"军事必要"原则从其诞生那天起就饱受争议。虽然这个原则的初衷是

---

① 参见楚云:《从第一代战争到第五代战争》,清华大学出版社 2012 年版,第 334 页。

② 即所谓的《美国军队战场指南》(Instructions for the Government of Amies of the United States in the Field)。

③ 此法典对于军事必要规定的原文如下:Military necessity,as understood by civilized nations,consists in the necessity of those measures which are indispensable for securing the ends of the war,and which are lawful according to the modern law and usages of war。

④ 参见王世昌:《探寻军事必要原则的确切含义》,《西安政治学院学报》2008 年 10 月第 21 卷第 5 期,第 94 页。

将军事上的需要和人道需要进行平衡,从而避免不必要的军事伤害,但是,仍然逃脱不了被用来作为"不择手段获取军事利益"的借口的命运。从学界对于"军事必要"的激烈讨论,不难看出这点。①

然而纵观武装冲突法,无论是武力使用的规则、作战规则,还是人道主义保护规则,"军事必要"原则贯穿始终。可见,此原则仍然是战争法的基本原则。"它一方面要求国际人道法的规则在制定的过程中应充分考虑交战方的作战需求,保证交战方在遵守国际人道法的基础上能够实现战胜敌人的作战目标,允许交战方在作战中使用使敌人屈服所必要的一切措施;另一方面要求交战方只能在迫使敌人投降所必要的限度内采取行动,以最少的代价实现作战目标,以尽可能减少战争的残酷性,避免不必要的痛苦,实现文明社会最起码的人道需求。"②战争法的精髓,就是平衡与协调"军事需要"与"人道需要",③而"军事必要"原则正是这两者的平衡点。

综上,笔者认为,军事必要原则的要旨,至少包括三个内容:即一是尽可能以最少的代价实现最大的军事需要,取得军事利益;二是取得军事利益和满足军事需要应该尽量满足文明社会最起码的人道需求;三是在满足军事需要时,要把握必要的限度,避免不必要的伤害。

---

① "军事必要"不能成为违反战争法律和战争习惯的借口,已经在国际上达成了一致的共识。但是由于 Kriegsraison 原则(1902 年,利伯的军事必要原则在德国畸形发展成为 Kriegsraison 原则,这一原则允许德国军队以军事必要为由违反许多战争法律和习惯)以及类似观点在两次世界大战期间造成的恶劣后果,"军事必要"这个词汇也在某种程度上迷失了它的本义,对军事必要原则的理解出现了各种不同的解释。概括起来说,主要有如下几种看法:即:"借口说、限制说、权利说。"(引自王世昌:《探寻军事必要原则的确切含义》,《西安政治学院学报》2008 年 10 月第 21 卷第 5 期,第 96—98页)

② 参见王世昌:《探寻军事必要原则的确切含义》,《西安政治学院学报》2008 年 10 月第21 卷第 5 期,第 99 页。

③ 参见张传江等:《论战争法关于军事目标的界定》,赵白鸽主编:《中国国际人道法:传播、实践与发展》,人民出版社 2012 年版,第 134 页。

二、非对称武装冲突中"军事必要"的嬗变

高技术条件下的非对称武装冲突对于"军事必要"的界定,再一次蒙上了诸多的不确定的因素,使得这一原则进一步的沦为交战双方不遵守武装冲突法的"合理"借口。

(一)非对称武装冲突中交战双方的"军事必要"

纵观近年来的高技术战争,军事硬实力①强的一方,往往采取先进有效的武器,对对方进行高强度的打击,力图用最短的时间、最少的人员和装备损耗而实现最多的军事目的,迅速的取得战争的胜利。然而,高技术水平一方仍然有不能回避的弱点。比如,国内人民的反战情绪,高技术战争的巨大耗资,高技术武器的固有弱点等。②

从而,高技术一方的武器系统、信息网络和高技术作战指挥平台,高技术一方战斗人员,一切有利于摧毁高技术一方国内日常秩序的事宜,以及拉长战争时间和战线,便成为了低技术作战一方进行游击战的"军事目标",而打击这些"军事目标"便成为其所谓的"军事必要"。通过一些特殊的战法,③尤为值得一提的是游击战式的恐怖主义袭击,比如伊拉克战争中,反美武装……采取狙击、路边炸弹和连环伏击等方式……来自其他伊斯兰国家的"圣战者"频频制造自杀性炸弹袭击。④ 其目的不在于消灭处于优势的敌人,而是造势,希望引起轰动,造成心理上的打击,迫使敌人改变计划,或者犯错误。动摇美国

① 这里的"军事硬实力"指战争中,交战者的科学技术、武器装备、经济后盾、后勤保障等决定战争核心要素优良的实力。

② 有能力进行高技术战争的交战者,一定是有绝对优势的经济实力和技术实力的大国,衣食无忧的国内人民群众是厌恶"战争"的;高技术战争耗资巨大,就伊拉克战争而言,美国持续八年零九个月的战争,至少花费了30 000亿美元,每天要平均损耗1 027 397 260.2美元,对于经济实力再强的国家,这个数字对于国家发展的打击都是致命性的;再比如,高技术的武器的技术性的问题大量存在,使得高技术的武器不是无懈可击的。

③ 包括利用旨在破坏高技术一方的C4ISR系统的信息战,利用信息系统的易损性破坏其网络系统,攻击基础设施,采用大规模的杀伤武器,举行暴动、恐怖活动和环境破坏等。

④ 参见黄震:《美军为何屡陷"游击战"泥潭》,《军事大观》2012年1月,第64页。

扶植的伊拉克政权,赶走美国军队。①

　　而作为回应,高技术一方的作战目标便失去了针对性,为了达到迅速胜利的目的,"恐怖主义"成为其最重要的军事目标,通过广泛的高强度打击而予以消灭,便是其"军事必要"。

　　(二)非对称武装冲突双方任意解释"军事必要"的违法性

　　根据战争法的日内瓦体系所确定的公约和法律原则,是严格的禁止不分皂白的袭击和背信弃义的袭击的,确立了区分原则和比例原则,而这两个原则恰恰是交战方确定"军事必要"所必须具备的品质。

　　1977 年日内瓦公约第一附加议定书第 48 条规定:"为了保证对平民居民和民用物体的尊重和保护,冲突各方无论何时均应在平民居民和战斗员之间和在民用物体和军事目标之间加以区别,因此,冲突一方的军事行动仅应以军事目标为对象。"②第一附加议定书第 51 条第 4 款规定:"禁止不分皂白的攻击。不分皂白的攻击是:壹、不以特定军事目标为对象的攻击;贰、使用不能以特定军事目标为对象的作战方法或手段;或叁、使用其效果不能按照本议定书的要求加以限制的作战方法或手段;而因此,在上述每个情形下,都是属于无区别地打击军事目标和平民或民用物体的性质的。"第 5 款规定:"除其他外,下列各类攻击,也应视为不分皂白的攻击:壹、使用任何将平民或民用物体集中的城镇、乡村或其他地区内许多分散而独立的军事目标视为单一的军事目标的方法或手段进行轰击的攻击;和贰、可能附带使平民生命受损失、平民受伤害、平民物体受损害或三种情形均有而且与预期的具体和直接军事利益相

---

① 从战争结果来看,这种作战方法是有效的。从伊拉克战争来看,我们看到了美国深陷战争泥潭的尴尬境地。"在伊拉克战争的八年零九个月的时间里,美国战死约 4500 人,另有三万余人负伤,付出大约一万亿美元的战费……"正如胡志明(越南民主共和国主席)曾风趣地说过的那样:"你们(指美国)可以靠先进武器杀掉十个越南人,而我们只能杀掉一个美国人,但最终放弃战争的将是你们。"(参见楚云:《从第一代战争到第五代战争》,清华大学出版社 2012 年版,第 337 页。参见秦鸥:《美反思海外征战"滑铁卢"》,《中国国防报》2013 年 3 月 12 日第 4 版。)载于加蓬、柯伊·费利西昂:《非对称冲突》,《国际视野》2007 年 8 月第 8 期,第 52 页。

② 参见西安政治学院国际战争法研究所:《战争法条约集》,西安政治学院印刷厂印刷,2001 年版,第 315 页。

比损害过分的攻击。"①

如此看来,在高技术条件下非对称的武装冲突中,合法的武装主体,合法的攻击合法的军事目标才是武装冲突法所允许的。高技术水平一方对对方进行超比例的不加区分的攻击,而作为迅速征服对方的军事必要之借口,Kriegsraison 原则②以全新的姿态,在现代战场中上演。

第一附加议定书第 44 条第 3 款规定:"为了促进对平民居民的保护不受敌对行动的影响,战斗员在从事攻击或攻击前军事准备行动时,应使自己与平民居民相区别。"③第一附加议定书第 51 条第 7 款规定:"平民居民或平民个人的存在或移动不应用于使某些地点或地区免于军事行动,特别是不应用以企图掩护军事目标不受攻击,或掩护、便利或阻碍军事行动。冲突各方不应指使平民居民或平民个人移动,以便企图掩护军事目标不受攻击,或掩护军事行动。"④第一附加议定书第 37 条较为全面的对背信弃义行为作出更为具体的规定:"禁止诉诸背信弃义行为以杀死、伤害或俘获敌人。以背弃敌人的信任为目的而诱取敌人的信任,使敌人相信其有权享受或有义务给予适用于武装冲突的国际法规则所规定的保护的行为,应构成背信弃义行为。下列行为是背信弃义行为的事例:壹、假装有在休战旗下谈判或投降的意图;贰、假装因伤或因病而无能力;叁、假装具有平民、非战斗员的身份;和肆、使用联合国或中立国家或其他非冲突各方的国家的记号、标志或制服而假装享有被保护的地位。"⑤

可见,技术水平低的一方将"诈降""圣战""人体炸弹""路边炸弹""人肉

---

① 参见西安政治学院国际战争法研究所:《战争法条约集》,西安政治学院印刷厂印刷,2001 年版,第 316 页。

② 1902 年,德国军国主义集团将《利伯法典》的军事必要原则畸形发展为 Kriegsraison 原则,这一原则允许德国军队以军事必要为由违反战争法律和习惯。

③ 参见西安政治学院国际战争法研究所:《战争法条约集》,西安政治学院印刷厂印刷,2001 年版,第 314 页。

④ 参见西安政治学院国际战争法研究所:《战争法条约集》,西安政治学院印刷厂印刷,2001 年版,第 316 页。

⑤ 参见西安政治学院国际战争法研究所:《战争法条约集》,西安政治学院印刷厂印刷,2001 年版,第 312 页。

盾牌"等极端的方式作为"军事必要",是为实现军事目的而"不择手段"的借口,是武装冲突法给予否定评价的"背信弃义袭击"。

(三)非对称战争本身的非正义性与"军事必要"任意解释的必然性

仅从武装冲突取胜的角度出发,交战中不遵守任何规则,完全以取得最大军事利益为重,是武装冲突的双方最愿意采取的。可是,随着人类文明的不断进步,战争给人类社会带来的灾难使人们试图通过制定一种规则,来调试战争中交战双方的行为,从而避免或减轻人道的伤害,进而形成了一种作战中的规则,经过从习惯法到成文法的转变,形成了如今武装冲突法的规制体系。

然而,在现行武装冲突法规则形成的 19 世纪末 20 世纪初,战争的形式以机械化战争为主,"调整国际性武装冲突的绝大多数规范都是以克劳塞维茨……的战争概念——假定战争时发生于拥有大致平等的军事实力或至少是具有可比性的组织机构的国家军队之间的对称冲突——为基础设计的。"[1]

而真正意义上的"对称",在实战中是很难实现的,交战双方的各方面实力相当的在历史上是很罕见的。"施瓦曾伯格(Schwarzenberger)[2]曾经指出:在历史上,在两个实力相当的对手之间为特定目的而进行的决斗时的战争(如 1853 年至 1856 年的克里米亚战争或 1870 年至 1871 年的法德战争)中,战争法的保护范围是最强有力的。"[3]在战争法的历史上,非对称的武装冲突广泛的存在于世界战争史中,从而,我们不难找到战争法在历来的战争中屡屡失效的原因。

然而,传统的武装冲突法在机械化时代并未完全失效,是因为在传统条件下的非对称武装冲突中,强者一方虽然实力较强,可是战争是"兵戎相接"、时空分明的,弱者一方拥有利用现有的武器装备抗衡的可能。而在高技术条件下,战争呈现非接触性和非线性,"当面临一个占绝对技术优势的敌人时,较

---

[1] 参见[美]罗宾·盖斯:《非对称冲突结构》,朱文奇主编:《国际人道法文选 2006》,法律出版社 2008 年版,第 179 页。

[2] 英国著名的国际法学者。(笔者注)

[3] 参见[美]罗宾·盖斯:《非对称冲突结构》,朱文奇主编:《国际人道法文选 2006》,法律出版社 2008 年版,第 181 页。

弱小的一方从一开始就不拥有任何在军事上赢得战争的机会。"①伊拉克战争期间,美国多次指责伊拉克军人采用"诈降"等方式,发动自杀式突然袭击。这种"人肉炸弹"无疑是武装冲突法所禁止的。但是在伊拉克战争过程中,一些人认为"人肉炸弹"虽然形式上违法,但实质上并不违法。平民自发的以"自杀式攻击"来抵抗武器先进的敌人,不惜牺牲自己的生命为代价削弱敌人的有生力量,如果这样也不被允许,那么战争的结局早在开始前已经一览无余了。② 笔者一定程度上同意这种观点,③在高技术条件下的非对称武装冲突中,实力相差甚远的交战本身就是非正义的,如果非对称作战的双方承担同样的武装冲突法义务,便更加剧了其非正义性。从而,"导致违反国际人道主义保护法的诱因达到了前所未有的强度。"④

三、非对称武装冲突中"军事必要"原则的合理适用

综上,高技术条件下的非对称冲突中⑤,要使"军事必要"原则得到合理的适用,我们可以有两种选择:

第一,为了适用以旨在调整对称战争的武装冲突法,使得非对称的双方达到"对称"的状态,即高技术一方放弃高技术战争方式,与低技术一方实力相当;或者,低技术一方迅速达到进行高技术战争的水平,与高技术一方实力相当,从而适用法律。第二,调整武装冲突法规则,使非对称的双方在武装冲突中承担不同的人道法义务。

---

① 参见[美]罗宾·盖斯:《非对称冲突结构》,朱文奇主编:《国际人道法文选2006》,法律出版社2008年版,第181页。
② 参见张晓璇:《论信息化战争中武装冲突法效力缺失的原因》,《山东行政学院山东省经济管理干部学院学报》,2009年10月第5期,第100页。
③ 虽然这可能仅是伊拉克作为弱者一方违反武装冲突法进行非对称作战,不择手段的达到"军事需要"的借口。
④ 参见[美]罗宾·盖斯:《非对称冲突结构》,朱文奇主编:《国际人道法文选2006》,法律出版社2008年版,第181页。
⑤ 交战双方实际上陷入了一个"怪圈",即为高水平一方利用高端技术对对方进行超比例的攻击是因为低水平一方背信弃义的袭击,而低水平一方背信弃义的袭击则源于无法抵挡高水平一方强势的军事实力。

以上两种设想如果可以实现，就可以大大减少"军事必要"被任意解释的机会，武装冲突法会更好的得到遵守。可是，在政治理性和军事理性面前，实现这些设想是难以想象的。因此，虽然非对称战争中"军事必要"的变异是必然的，也有一定的合理性，但是，对"军事必要"原则的适用和解释还是应该较为谨慎的。

首先，对于"军事必要"原则，我们应该限制其适用。"军事必要"的适用时间、对象、时机和限度上都应该有严格的限制，与国内法中的"紧急避险"规则相似，"军事必要"只能在若交战者不进行攻击会产生更加严重的后果的时候，才可以加以应用，而且，攻击时要注重攻击"比例"的选定，禁止超比例的人道伤害。可是问题是，"更加严重的后果"和"比例的选定"标准如何加以界定，才是问题的症结所在，而这些不仅是一个法律问题，更是一个伦理问题，政治问题和军事问题，目前，也没有办法对之作出较令人满意的界定。

其次，对于"军事必要"原则，我们应该禁止其任意解释。著名的军队律师荀恒栋先生说："纵观当代战争……世界上没有任何一个国家敢于公然宣称不遵守武装冲突法……"①既然各个国家承认武装冲突法的普遍效力，那么，对于武装冲突法的原则的解释，也只能在"法定"的基础之上，不能超越其立法的本意而任意解释。然而，"军事必要"原则毕竟是抽象的，法律的具体规定只是能够体现"军事必要"原则的基本精神，却难以确定其准确的概念。对于不同意识形态、文化背景和政治需求的国家而言，对它的理解也是不同的，这是禁止"军事必要"任意解释的最大困境。

再次，限制"军事必要"原则的滥用，只能依靠战争伦理。虽然法律是为保护弱者设计的，但是在国家间实力相距甚远、强权政治和霸权主义横行的当今国际社会，没有强制力和严厉的惩处机制保障的武装冲突法，仍然显得无所作为。在这种情势下，法律只能在战后，为追究惩处战败者责任提供依据，因而考虑武装冲突法的正义时，更多注重的是程序正义，而不是实体正义。在战前、战中，法律往往仅是进行法律战的工具，而减弱了法律的规范价值。而至

---

① 参见荀恒栋：《对待武装冲突法基本形态——伊拉克战争法律问题系列谈之十五》，http://news.sohu.com/2003/11/25/94/news216049411.shtml，2013 年 5 月 3 日访问。

于规范战争行为和"军事必要"滥用的问题，只能更多的依靠国际道德和战争伦理来解决。

Military Necessity in Asymmetrical Armed Conflicts

Abstract：Asymmetrical armed conflicts occurred with the development of high technology tendency, namely a completely different statuts of the hostile party on the battle field forms and the weak party of the hostility fails to gain any chance to win the military victory from the very beginning. The strong party applies such a means of war to launch precision-guided attacks, while the weak party, with a purpose to enhance possibility to winning a war, tends to employ means and methods of warfare which is apparently a violation of International Humanitarian Law. In such a situation, the meaning of military necessity is therefore expanded consequently by both parties in order to enhance possibility of victory. A series of miserable outcomes ensue such efforts, where the conflict proved to be random and brutal, and IHL application was suspended. The principle of Military Necessity shall be strictly construed in confrontation of such cricumstances.

Key words：Asymmitrical Armed Conflict; Principle of Military Necessity; Appropriate Application

东京审判与侵略罪

● 薛　茹*

内容提要：第二次世界大战结束后远东国际军事法庭对日本战犯进行了审判，在确定罪名时，法庭宪章回避了在当时被认为具有较强的政治意味的"侵略罪"而使用了"破坏和平罪"。尽管如此，东京审判在承继先前国际社会限制侵略战争努力的基础上对侵略罪理论的发展完善起到了重要的促进作用。本文以规制侵略战争的国际法演变为主线，分析东京审判在侵略罪发展过程中的意义，兼及反驳日本否定东京审判的言论。

关键词：侵略罪　东京审判　国际刑法

据《人民日报》2013年3月14日报道，日本首相安倍晋三于当年3月12日在日本国会众议院预算委员会上，对第二次世界大战结束后远东国际军事法庭对日本战犯审判（即东京审判）的正确性提出质疑。[①] 此言一出，立刻激起了国际社会的强烈批评。日本右翼势力为东京审判翻案的企图一直没有停止过，否认东京审判的正义性、参拜祭奠第二次世界大战战犯的靖国神社几乎成为了日本右翼势力为在国内争取政治砝码的常规武器。从国际法角度分析日本右翼政客历次否定东京审判的言论，可以看出其核心实质上是通过否定东京审判中所认定的第二次世界大战中日本军国主义政府首脑们所实施的破

---

* 　薛茹，解放军西安政治学院军事法学系武装冲突法教研室讲师，法学博士。

① 　《人民日报：国际舆论严词批驳安倍质疑东京审判》，参见 http://news. xinhuanct. com/zgjx/2013-03/14/c_132232116.htm，2013年3月24日访问。

坏和平罪,来达到否定日本政府曾经发动过侵略战争那段不光彩的历史的目的。本文以规制侵略战争的国际法演变为主线,分析东京审判在侵略罪发展过程中的意义,兼及反驳日本否定东京审判的言论。

一、东京审判之前国际法上的侵略行为

国际法上侵略的概念同法律对战争的规制密切相关。从历史发展来看,战争或许是国际关系的初始形态。[①] 国际法中也相应地逐渐发展出解决国际关系中发动战争、使用武力合法性问题的"诉诸武力的权力"(jus ad bellum)这样的规则体系。在各个历史时期,国际法对于国家发动战争权力的限制处于不断地变化之中。欧洲从中世纪一直到 18 世纪,"正义战争"理论盛行,因为当时存在着两个公认为是判断战争正义性的权威主体,他们就是罗马教皇和神圣罗马皇帝,同时还发展出了一套评判标准。[②] 如果发动战争的原因不符合教皇或皇帝的评判标准,就被认为是非正义战争。

欧洲到了 17、18 世纪,宗教战争和现代国家涌现,与之相伴出现了国家主权理论,许多国家不再承认教皇或神圣罗马帝国的权威性。从那时起,国家开始主张在国家主权之下可以不受限制地解释自己发动战争的合法性问题,自此,"正义战争"理论逐渐衰亡,取而代之的理论是,发动战争被认为是一个国家实施对外政策的权力,除了需要尊重例如宣战这样的程序性规则之外,国家可以不受限制地自主决定怎样以及何时发动战争,因此可以说,当时并不存在现代国际法意义上的侵略的概念。

从 19 世纪末期开始,尤其到了 20 世纪初,由于科学技术进步、民族主义兴起等原因,更多的人们卷入到了战争当中,战争的毁伤性和残酷性极大增加,这客观上促使更多的国家拥有了以法律限制发动战争权力、否定评价侵略战争的意愿。从 1899 年的海牙和平会议开始,国际社会就致力于通过缔结条

---

① Robert Kolb & Richard Hyde, *An Introduction to the International Law of Armed Conflict*, Hart Publishing, 2008, p.1.

② Robert Kolb & Richard Hyde, *An Introduction to the International Law of Armed Conflict*, Hart Publishing, 2008, p.22.

约的方式,对国家发动战争的权力加以限制。1920 年 1 月成立的国际联盟,无论是其盟约还是联盟努力推进的一系列决议、议定书等都为防止战争、制止侵略作出了重要贡献。

在这一时期,国际法上对战争进行限制的最著名的条约就是 1928 年 8 月 27 日在巴黎签订的《凯洛格-白里安公约》,又称《非战公约》。《非战公约》的缔约国第一次正式宣布在国家关系中放弃以战争作为实施国家政策的工具,要和平解决国际争端,从而在国际法上奠定了互不侵犯原则的法律基础。当时包括德国、意大利和日本在内的世界上绝大多数国家都签署了这项国际公约。① 《非战公约》的诞生标志着国际法上的一个根本性转折,即从承认发动战争是主权国家的绝对权力转变为承诺不使用战争作为实行国家政策的工具,这意味着不遵守承诺而发动战争的国家即构成对他国的侵略。

第二次世界大战的爆发,极大激发了各国想要在国际法上将发动战争的侵略行为定罪的意愿,在 1945 年各国签署《联合国宪章》时这种强烈的意愿达到顶峰。《联合国宪章》在国际法上最引人注目的成就是在国际关系上禁止了使用或威胁使用武力,并确认了国家单独和集体自卫的权力,创设了以安理会为核心的集体安全机制,赋予安理会在国际和平和安全受到威胁时,使用强制性措施制止侵略恢复和平的权力,《联合国宪章》唯一的缺陷就是没有给"侵略"下一个具体定义。②

在国际法实践中,国际社会追究侵略战争发动者的刑事责任的强烈意愿,就集中体现在对轴心国主要领导人犯下的破坏和平罪,相继进行的两次历史性大审判之中。

二、东京审判中对破坏和平罪的管辖和认定

1945 年德国和日本投降之后,战胜的同盟国分别在纽伦堡和东京设立了

---

① 刘大群:《论侵略罪》,《武大国际法评论》(第三卷),武汉大学出版社 2005 年版,第 4 页。

② Nicolaos Strapatsas, *Aggression*, in *Routledge Handbook of International Criminal law*, William A.Schabas and Nadia Bernaz ed.Routledge,2011,p. 156.

两个国际军事法庭,目的是将纳粹德国和法西斯日本政府的某些领导人作为首要战争罪犯加以逮捕、侦查、起诉、审讯和判刑,因为指控他们的罪名是两个法庭宪章中第 5 条所规定的甲项罪,即破坏和平罪,因此这些嫌疑人又被称为"甲级战犯",①他们都是曾经对国家侵略战争政策的制定和推进起过重大作用的人。

对于两个法庭宪章中是否要规定侵略罪这项罪名以及如何定义"侵略行为"这两个问题,同盟国之间发生了激烈的争论,最后决定使用"破坏和平罪"这个稳妥的措辞,而没有使用政治性很强的"侵略罪",而且在法庭宪章中也没有规定"破坏和平罪"的犯罪要件,而是留给法官们去判断。② 东京审判上,在指控嫌疑人的 55 项罪行中,对破坏和平罪的指控就占 36 项,③因此东京审判可谓是一次针对破坏和平罪的审判。

日本右翼势力后来不断攻击东京审判正义性之处,恰恰也是在庭审过程中控辩双方争论得最激烈的问题,概括起来就是第一 法庭的合法性与否以及对破坏和平罪是否具有管辖权,第二 发动战争是否构成国际法上的犯罪,第三 被告人个人是否应当为此承担刑事责任,第四 战争的性质是否是侵略。这四个问题环环相扣,任何一个问题无法证明,都会使被告人被无罪释放。

对于第一个问题,辩护人称法庭的设立不具有合法性,而且日本投降是在《波茨坦公告》下的有条件投降,因此破坏和平罪不在法庭管辖范围内④。纽伦堡审判是建立在四个同盟国之间达成的条约之上的,是在没有德国参与的情况下强加给德国的司法审判,但是东京审判不同,自始便建立在日本的投降书之上,日本和盟军签订的投降书中明确写明了对战争犯罪的审判。日本在投降书上签字在国际法上有两层含义,第一表明日本的同意,因此东京的法庭

---

① 梅汝璈:《远东国际军事法庭》,法律出版社 1988 年版,第 1 页。

② Nicolaos Strapatsas, *Aggression*, in *Routledge Handbook of International Criminal law*, William A.Schabas and Nadia Bernaz ed.Routledge,2011,p. 156.

③ 《朝日新闻》东京审判记者团著,吉佳译,《东京审判》,河北人民出版社 1988 年版,第 51—57 页。

④ 《朝日新闻》东京审判记者团著,吉佳译,《东京审判》,河北人民出版社 1988 年版,第 47—49 页。

并不是单边建立的法庭,第二日本预期到其领导人会受到破坏和平罪的审判。法庭认为,日本是在穷途末路下的无条件投降,当日本签署投降书时,就意味着日本了解作为最高指挥官的麦克阿瑟将军会对犯下破坏和平罪的嫌疑人进行起诉。①

对于第二个问题,被告的辩护理由是,在被告们参与发动战争的时候,发动战争的行为在国际法上并未被认定是犯罪,而且法律不能溯及既往。首席检察官基南指出,"48 国代表签署了关于和平解决国际纠纷的日内瓦公约,规定侵略战争构成国际犯罪,这一公约后来在 1927 年国联第 8 次大会上作为决议获得全体通过,日本是这两个公约的缔约国。"②此外,包括德国、意大利和日本在内的 63 个国家签署了 1928 年的《非战公约》,根据条约必须信守的原则,日本有不在国际关系上诉诸武力的义务,违反这一义务,就应当承担责任。

对于第三个问题,被告辩称任何个人不应该对发动战争的国家行为负刑事责任。纽伦堡审判中被告也提出了同样的辩护意见,对此,东京审判中的法官借用了纽伦堡审判中的观点,认为国家行为固然体现了国家意志,但任何一种国家行为都是由特定的人来施行的,并且在一定程度上,这样的个人操纵了国家意志。只有处罚犯有罪行的个人,才能使国际法的规定有效实施。法律是发展的,而不是一成不变的,因此在国际法上有必要追究个人刑事责任。

从双方的争论可以看出,被告人仅仅看到国际法作为一种法律体系,应当具有稳定性,要遵从先例,不能轻易改变。但检察官则认为法律的属性远不止于此,作为一种社会现象,法律还具有实现秩序、自由和正义的价值。显然在这一点上,检察官的认识更深刻一些。

对于第四个问题,被告人辩称日本发动战争是出于自卫,日本增强在满洲的兵力是为了防御,而太平洋战争也是在美国的压力下迫不得已的自卫。针对这样的谬论,中国检察官们历经万难收集证据,最后当庭展示了重量级证据

---

① Neil Boister, *The Tokyo Trial*, in *Routledge Handbook of International Criminal law*, William A.Schabas and Nadia Bernaz ed.Routledge, 2011, p. 22.

② 《朝日新闻》东京审判记者团著,吉佳译,《东京审判》,河北人民出版社 1988 年版,第 49 页。

日本的侵华纲领《田中奏折》，这本是日本军部严令销毁的文件。还争取到了几位关键证人的出庭，例如在日军参谋总部工作过的田中隆吉，被日本军国主义者利用对中国东北实施阴谋统治和殖民侵略的傀儡皇帝溥仪，以及亲身经历南京大屠杀并留下珍贵影像资料的神父马基。① 控方最终通过大量难以辩驳的证据证明，日本对中国的作战部署和军事行动是蓄谋已久的侵略。

三、东京审判对侵略罪发展的影响及对日本言论之反驳

东京审判中由 11 个国家各派一名法官组成的法官席，从 1946 年 4 月开庭到 1948 年 11 月宣判，历时两年半，公开庭审 818 次，受理证据 4300 余件，判决书长达 1213 页，宣读了 8 天之久。最后接受宣判的 25 名被告中，除松井石根因对南京大屠杀负主要责任而被认定仅犯有"普通战争罪"以外，其余 24 人都同时被认定犯有"破坏和平罪"。②

从国际刑法中侵略罪发展和演变的角度来看，东京审判的重要意义在于，揭露了日本帝国主义对亚洲人民犯下的侵略罪行，在国际法上明确宣布破坏和平是最严重的国际罪行，而且以实实在在的判例的方式告诉人们，发动了侵略战争的国家领导者个人，也要受到法律的追究和处罚，为自己推动侵略战争的罪恶行为负个人刑事责任，不再因为其官方身份予以免责。这对消除在国际法领域对最严重犯罪"有罪不罚"的现象和国际刑法的发展起到了推动作用。1950 年联合国国际法委员会根据纽伦堡和东京审判的经验起草了《纽伦堡原则》③，并提交联合国大会审议通过，奠定了今天国际刑法的基本原则。

东京审判是正义与邪恶的较量，半个多世纪前法庭上公正公开的辩论就已经明确驳斥了后来日本右翼势力的种种狡辩。日本右翼势力曾攻击东京审

---

① 中央电视台《探索发现》栏目编，《丧钟为谁而鸣》，安徽教育出版社 2004 年版，第 71—87 页。

② 《朝日新闻》东京审判记者团著，吉佳译，《东京审判》，河北人民出版社 1988 年版，第 451—461 页。

③ Principles of International Law Recognized in the Charter of the Nürnberg Tribunal and in the Judgment of the Tribunal, in *Yearbook of the International Law Commission*, 1950, vol. 2, paras 110 – 18.

判是"无权审判"①,法庭的设立不具有合法性。当年被告也提出过类似的辩护意见②,法庭是这样回答的,东京审判自始便建立在日本和盟军签订的无条件投降书上,日本在投降书上签字在国际法上有两层含义,第一表明日本的同意,东京法庭并不是单边建立的法庭,因此具有合法性;第二投降书中写明了对战争犯罪的审判,因此日本能够预期到其领导人会受到破坏和平罪的审判。③

今天仍可以看到日本右翼势力在"东京审判的历史观"上做文章,散布大东亚战争肯定论,为参拜靖国神社寻找依据。当年法庭上的被告也曾为侵略战争辩护,主张发动战争是为了将亚洲人民从西方殖民统治中解放出来。印度法官巴尔是东京审判中仅有的支持这种观点的法官,日本右翼势力还在靖国神社外为他立起了雕像。但是东京法庭的另外十名法官在评估了大量证据之后,一致做出了代表法庭的判决意见,判定日本发动的是应当受到惩罚的罪恶的侵略战争。诚然客观上,一些西方国家在远东的许多殖民地由于日本的军事行动而丧失,但这并不能推导出日本发动的侵略战争就不是罪恶的,毕竟宣称一种恶替代另一种恶就变成了善,这在逻辑上是不成立的。巴尔法官的异议可以看做是对殖民地国家使用武力争取民族自决和独立的辩护,但是他最大的疏忽就是,没有意识到日本帝国主义带给亚洲受害者的痛苦与苦难。

日本右翼势力后来不断攻击东京审判正义性之处,也全部都是当时法庭辩论的焦点问题,从前面的分析可见,东京法庭已经给出了正面明确的、具有国际法效力的回答,而且日本政府也通过在 1951 年签订《旧金山和约》的方式,正式承认了东京审判的判决结果④。

---

① 李涛编著:《畸形的武士道——日本的全球视角(上)》,中国友谊出版公司 2007 年版,第 169 页。

② 《朝日新闻》东京审判记者团著,吉佳译,《东京审判》,河北人民出版社 1988 年版,第 43 页。

③ Neil Boister, *The Tokyo Trial*, in *Routledge Handbook of International Criminal law*, William A.Schabas and Nadia Bernaz ed.Routledge, 2011, p. 22.

④ 《旧金山和约》第 11 条规定"日本接受远东国际军事法庭和其在日本境内或境外之盟国战罪法庭之判决"。

今年 4 月 23 日日本首相安倍晋三在参议院预算委员会上答辩时称,侵略的定义在学术界乃至国际上都没有定论。但是侵略的定义在学术界乃至国际上都没有定论这种说法并不准确。细读东京判决书中关于认定侵略罪的部分,可以看到两步走的论证方式,即先论述日本的侵略行为成立,后论证被告人个人对侵略所负刑事责任。首先用大量事实从日本的政策立法、军事动员、工业经济、外交文化和教育舆论各个方面证明了日本不惜发动侵略战争来保护其在本土以外获取的利益这样一个犯罪目的,进而针对被告个人论证了他们对侵略战争负有共谋的责任。可见侵略罪与其他国际核心罪行的最大区别就是,要认定个人对侵略负有刑事责任,必须先判定其国家实施了侵略行为。在纽伦堡和东京法庭的宪章和判决书中阐述的破坏和平罪,构筑了侵略罪行化的基础,自此国际社会建立起侵略战争是犯罪这样的法律确信。这一观念后来被各种各样的联合国大会决议所确认,最著名的是 1974 年《联合国关于侵略定义的宣言》。宣言将引起国际刑事责任的侵略与破坏国际和平的侵略行为加以区分,认为侵略行为是武装入侵或攻击、轰炸、封锁以及武力进犯一国领土,允许他国利用本国领土实施侵略行为,以及雇佣武装非正规军和雇佣军实施侵略行为。要成立侵略罪,还需要认定个人为侵略行为负领导责任。尽管一般来说联大决议不具有法律拘束力,但是宣言的重要影响力在于,它是联合国所有成员国对侵略罪行这一重要国际问题的共同意见,尤其是以宣言的形式作出的决议,其部分内容反映了习惯国际法,对所有国家都有拘束力。因此,宣言中的主体内容后来原封不动地搬进了《国际刑事法院罗马规约》关于侵略罪的修正案中。

对侵略定义的措辞确实一直都存在不同意见,但争议的主要内容第一是批评现有定义范围过窄,没能把叛乱团体、国家联盟等非国家主体涵盖在内,没能把经济侵略或环境破坏等情形纳入其中;第二是关于侵略定义和《联合国宪章》中其他重要条款的关联性问题;第三是如何将侵略与新出现的武力使用方式例如人道干涉、反恐、禁止大规模杀伤性武器而采取的武装行动等区分开;第四是国际刑事法院对侵略罪行使管辖权的先决条件问题。而大半个世纪以前日本发动的侵略战争则属于毫无争议的最传统的侵略行为定义,即通过武装入侵对另一国领土实施占领与兼并。诚如东京判决书中所写,日本在欲望的驱使下为夺取领土和资源,对无辜的受害国发动攻击,无论给侵略战争进行全面定义有多困难,具有如此动机的攻击也只能定义为侵略战争。

东京审判是维护世界尤其是亚太地区和平与稳定的法律基础。之后国际社会继续对国际法上规制侵略战争进行不懈努力,2002 年成立的国际刑事法院成为了继纽伦堡和东京法庭之后,第三个对侵略罪具有管辖权的国际司法机构,2010 年《罗马规约》审议会议上进一步通过了关于侵略定义的修正案。但是对于国际刑事法院管辖侵略罪的先决条件的问题,仍然存在尖锐的观点对立,国际社会远没有达到共识。今天无论是为了实现世界和平与安全的宏愿,还是为了维护国防利益和国家安全,对东京审判和侵略罪的发展,都值得我们深入研究和持续关注。

The Tokyo Trial and Crime of Aggression

Abstract:The International Military Tribunal of Far East prosecuted and tried the war criminals in the aftermaths of the Second World War. The Charter of IMTFE avoided prescribing a crime of aggression, which was considered of political significance, and inserted the "crime against peace". The IMTFE nevertheless played an crucially important role by developing the doctrine of crime of aggression on the basis of prior effort of international community. In light of the evolution international norms governing crime of aggression, this article analiged the significance of Tokyo Trial in the progressive history of crime of aggression, and furthermore critized the positions which tried to deny the Tokyo Trial.

Key words:Crime of Aggression;Tokyo Trial;International Criminal Law

"上级命令"作为抗辩事由:发展脉络及其影响

● 李 强*

内容提要:19 世纪以来,"上级命令"不再构成完全有效的抗辩事由,下级刑事责任的免除需要满足一定的条件。而纽伦堡审判则更进一步,完全否认"上级命令"的抗辩效力,从而确立严格责任原则,并被嗣后大量的国际刑事审判实践所遵循。然而,《国际刑事法院规约》的规定似乎改变了这一立场,并且这种改变在法律和实践方面都引起争议。本文在梳理"上级命令"的发展脉络以澄清这一概念的同时,也对这种发展给国际法理论和实践带来的影响进行了一定程度的分析和探讨。

关键词:上级命令 纽伦堡原则 《国际刑事法院罗马规约》

在国际军事或刑事审判中,被告人经常援引"上级命令"作为抗辩事由,以逃避或减轻应负的个人刑事责任。最初的一种倾向是,尽可能地追诉那些命令实施犯罪行为的人,而非执行这些命令的下属,这使得"上级命令"作为抗辩事由的作用更加凸显。[①] 事实上,该抗辩事由能否减轻甚至免除被告人的责任,身处不同立场的人——他们可能是法官、律师、军人或国际法学者——所持的观点也各不相同。现实的情况是,20 世纪中叶以来的国际实践

---

* 李强,中国政法大学法学院讲师,法学博士。

① See Robert Cryer, Håkan Friman, Darryl Robinson & Elizabeth Wilmshurst, *An Introduction to International Criminal Law and Procedure*(2nd edition), New York:Cambridge University Press, 2010, pp. 415-416.

均否定了"上级命令"可以免除被告人的责任。"上级命令不免责"成为一般性原则,被写入各种权威国际法律文件,并为国际刑事司法机构所遵循。① 然而,这并未消弭争论,上述原则的模糊性以及由此衍生的不同解释,又给国际实践和国际刑法的发展带来新的问题。厘清"上级命令"作为抗辩事由的起源和发展脉络,剖析其含义和判定标准,有助于加深我们对这一问题的认识和理解。

一、士兵处于两难境地:一种理解的误区

在纽伦堡审判之前,国际层面尚未形成关于"上级命令"的有效规则,这一抗辩事由主要呈现于一些国家的国内法和国内审判实践中。② 最初,"上级命令"可作为完全的抗辩事由;但有证据表明,至少自 19 世纪开始,军事审判中的雇主责任原则(respondeat superior principle)开始被否定,被告人因执行上级命令而实施犯罪行为不再自动享有完全的豁免,而是附加了相应的条件。③ 第一次世界大战结束后的"莱比锡审判"曾是一个契机,但由德国最高

① 参见《国际军事法庭宪章》第 8 条、《远东国际军事法庭宪章》第 6 条、联合国大会第 95 (I)号决议(其所认可的纽伦堡原则第四项)、《前南斯拉夫国际刑事法庭规约》第 7 条第 4 款、《卢旺达国际刑事法庭规约》第 6 条第 4 款、《国际刑事法院罗马规约》第 33 条等。

② 国内法包括如英国的《军法手册》(1914 年和 1944 年版)、美国的《利伯法典》和《陆战规则》(1914 年和 1944 年版)、法国的《刑法典》和管制法令(1944)以及俄国《军事刑法典》(1910)等。法庭判例包括如英国(包括其殖民地南非)的 Rex v.Thomas(1816)、Keighly v.Bell(1866)、Queen v.Smith(1900)等案,美国的 US v.Jones(1813)、US v.Bevans(1816)、Mitchell v.Harmony(1851)等案以及苏联的 Kharkov 案。上述国家早期的国内法规定与国内法庭判例存在诸多矛盾和混乱之处,对于"上级命令"这一抗辩事由的阐释也不够充分,但随后法律的修订基本都遵循了法庭判例所确立的原则。See Hiromi Sato, *The Execution of Illegal Orders and International Criminal Responsibility*, Springer, 2011, pp. 15-38.

③ 这类附加条件一般包括被告人是否知道命令的非法性或者该命令是否是明显非法的。如在上述 Rex v.Thomas 案中,法官就认为:"如果士兵忠实地相信,他所履行的职责是在执行上级命令,而且该命令并非明显非法,士兵无从知道或者不可能知道该命令是非法的,那么士兵本人将受到上级命令的庇护。"See L. C. Green, *Superior Order in National and International Law*, A.W.Sijthoff, 1976, p. 122.

法院依据国内法进行审判并且只有 6 名被告人被定罪的事实,使得相关判例在国际层面仍不具有代表性。①

第二次世界大战结束后的纽伦堡审判和东京审判首次在国际层面触及这一问题。考虑到战争期间大量战争犯罪的事实,两个军事法庭的宪章均对被告人适用了严格责任原则。《国际军事法庭宪章》第 8 条规定:"被告人依照其政府或上级命令行动这一事实,不能免除其责任;但如果法庭确定根据实现正义之所需,也可将这一事实作为减轻处罚的考量因素。"《远东国际军事法庭宪章》第 6 条也作出了类似的规定。上述条款几乎完全否定了"上级命令"作为抗辩事由的效力,被告人仅因服从命令而实施犯罪行为的事实,在任何情况下都无法豁免其责任。这一原则后来得到联合国大会的确认,被称为"纽伦堡原则"。

纽伦堡审判和东京审判的实践引起了现实主义者的担忧,他们担心这会使士兵陷入两难境地,正如英国法学家戴西(Albert Venn Dicey)所描绘的那种情形:"士兵的处境在理论和现实上都很困难。就像常说的那样,如果他不服从命令,便可能被军事法庭枪毙;如果他服从命令,却可能被国际法庭绞死。"②有学者进而指出,只有先保护交战者,才能真正地保护平民,"不能使士兵继续作为武装冲突和战争审判的双重受害者的情况下,还指望从他们的手中减少战争损害",并列举了若干理由。③ 这一立场在其他一些论述中也有所反映。④

---

① See *Dover Castle* case and *Llandoveryt Castle* case, in *American Journal of International Law* (1922), Vol. 16, pp. 704-724.

② A.V.Dicey, *Introduction to the Study of the Law of the Constitution*, in Yoram Dinstein, *The Defense of "Obedience to Superior Orders" in International Law*, A.W.Sijhoff, 1965, p. 7.

③ 这些理由包括军事纪律的规制、理性的士兵并非理性的人、职业士兵并非从业律师、士兵受到的教育以及没有拒绝执行命令的空间等。参见陈创东:《士兵的两难困境:在上级命令与战争责任之间》,赵白鸽主编:《中国国际人道法:传播、实践与发展》,人民出版社 2012 年,第 170—175 页。

④ See, e.g., Mark J. Osiel, *Obeying Orders: Atrocity, Military Discipline and the Law of War*, Transactional Publishers, 1999, pp. 242 - 243; Hilaire McCoubrey, "From Nuremberg to Rome: Restoring the Defence of Superior Orders", *International and Comparative Law Quarterly*(2001), Vol. 50, pp. 388-392.

这样的认识似乎有一定道理,却曲解了追究战争责任的本意,并将两个不同维度的问题人为地对立起来。国际军事或刑事法庭追究战争责任的目的,是为了防止有罪无罚,使犯有严重国际法罪行的人不再逍遥法外,以实现正义,维护世界的和平、安全与福祉。① 正如远东国际军事法庭在谈到"破坏和平罪"时所昭示的:"进攻者必然知道他的行为是非法的,那么对他加以惩罚并没有什么不公道,如果对他的非法行为容许放任、不加惩罚,那才真正是不公道的。"②因此,否定"上级命令"这一抗辩事由无意使任何人充当"替罪羊";恰恰相反,由于"指挥官责任"的存在,能最大限度地确保犯罪人不致逍遥法外。国际法委员会在解释这项原则时就指出,如果接受"上级命令"的抗辩,就不会有任何人承担责任,"因为大多数被告人都是依照希特勒的命令行事的"。③

那种认为士兵不是律师,无从审查上级命令合法性的论断④也是值得怀疑的。从法律上讲,对行为非法性的无知或认知错误不能产生免除行为人责任的效果;事实上,在任何国家的刑法中,犯罪实施者都是主要的责任人。而从现实的角度讲,士兵也无须审查上级命令的合法性,仅仅需要凭借良知作出道德上的选择并承担选择错误的风险。所谓的"士兵受到的教育是无条件服从命令"或者"实践中士兵没有拒绝执行命令的空间",只是一块华美的遮羞布。正如纽伦堡国际军事法庭所说:"士兵接受命令实施违反战争法的屠杀和酷刑从未被承认为针对这类残酷行为的抗辩理由……尽管在程度上有所不同,但从大多数国家的刑法来看,真正的检验标准,不是命令的存在,而是事实上有没有作道德上选择(moral choices)的可能性。"⑤

---

① 参见 1998 年《国际刑事法院罗马规约》序言。

② 参见张效林译:《远东国际军事法庭判决书》,群众出版社 1986 年版,第 14 页。

③ See *Yearbook of the International Law Commission* (1950), Vol. II, p. 375.

④ See L. C. Green, *Essays on the Modern Law of War* (2nd edition), Transnational Publishers, 1999, p. 268.

⑤ Trial of the Major War Criminals before the International Military Tribunal, Vol. I, Nuremberg, 1947, pp. 235-236.

因此,假定士兵只是战争工具而非理性的人①,这本身就是错误的。首先,士兵本身作为"人"的本质难以改变,环境的变化(如身处战场)可能会掩盖这一点,但无法抹杀;其次,这种假定会把战争中的犯罪行为归结于外部因素,从而使责任人逃避惩处。真正的解决之道并非是赋予"上级命令"完全的抗辩效力,而是军事指挥官或其他上级不应发布非法命令,这也是和平时期传播国际人道法的目的之一。由此可见,将国内法上的军事纪律与国际法规则对立起来,本身就是一个伪命题。真正让士兵陷入两难困境的,不是现实与法律的矛盾,而是发布非法命令的上级本身。

二、纽伦堡和东京审判:严格责任的确立

纽伦堡审判否定了"上级命令"可以作为有效的抗辩事由,而只能构成减轻处罚的情节。但在事实上,纽伦堡国际军事法庭从未在量刑时考虑这一点。② 根据法庭的阐释,由国际法委员会最终拟定的"纽伦堡原则"第四项规定:"依据政府或其上级命令行事的人,假如他能够进行道德选择的话,不能免除其国际法上的责任。"③这一原则随后在"艾希曼"案中得到确认。④ 晚近以来,有关国际刑法的一系列法律文件⑤似乎也表明,命令系由上级给出这一事实已经被系统地排除出作为一种辩护理由的可能性,即确立了被告人的严

---

① 陈创东:《士兵的两难困境:在上级命令与战争责任之间》,赵白鸽主编:《中国国际人道法:传播、实践与发展》,人民出版社 2012 年版,第 173—174 页。

② 法庭的理由是"如此令人震惊和广泛的罪行被蓄意和广泛地实施,却没有任何军事上的借口和正当理由"。See Trial of the Major War Criminals before the International Military Tribunal, pp. 309 & 349.

③ 国际法委员会删除了《国际军事法庭宪章》第 8 条后半段关于减轻情节的规定,理由是"减轻处罚的问题是有管辖权的法院来决定的事项"。See *Yearbook of the International Law Commission*(1950), Vol.II, p. 375.

④ *A-G of Israel v.Eichmann*, in *International Law Reports*(1968), Vol. 36, p. 18.

⑤ 如《禁止酷刑和其他残忍、不人道或有辱人格的待遇或处罚公约》第 2 条第 3 款、《前南斯拉夫国际刑事法庭规约》第 7 条第 4 款、《卢旺达国际刑事法庭规约》第 6 条第 4 款等。

格责任原则。①

　　然而,有学者对此提出了相反的解读。英国教授麦克库布雷认为,纽伦堡和东京两个军事法庭宪章的规定并未改变1945年以前有关这一问题的法律原则。该原则是,如果接受命令的人准备服从的命令的非法性是如此明显,以至于他知道或应当知道该指示是不合法的,在这种情况下"上级命令"就不能作为抗辩理由。② 换言之,这是一种有条件的豁免,即过错责任原则。麦克库布雷的依据是,纽伦堡审判和东京审判的那些被告人根本不是"简单的士兵"或"简单的军官",由于纪律的约束或军事训练而必须接受并遵守命令;相反,他们正是参与制定并签发这些命令或指示的高官。所有这些被告人都知道,他们作出的很多决定、采取的很多行动是违反国际法的。因此,两个军事法庭宪章关于"上级命令"的规定只不过是此前已确立的过错责任原则在那种特定背景下适用的自然结果。③ 最后,麦克库布雷教授遗憾的表示,很少有人对"纽伦堡原则"作出这样的解读,大多数人的理解都是"上级命令"这一抗辩事由已被废弃,而非"仅仅是在极其特殊和不寻常的情况下被排除"。④

　　尽管这种观点有一定道理,然而却未获得嗣后(纽伦堡审判至二十世纪九十年代末)国际刑事审判实践的支持。在著名的"埃德莫维奇"案⑤中,前南斯拉夫国际刑事法庭就首先强调了绝对责任原则,并在判决中仅考虑"上级命令"作为减轻情节的适用性。⑥

　　值得注意的是,纽伦堡国际军事法庭在否定"上级命令"作为有效抗辩事

---

① See Marco Sassoli & Antoine A.Bouvier,*How Does Law Protect in War*?(2nd edition),Vol. I,ICRC,p. 316.

② See Hilaire McCoubrey,p. 389.

③ Ibid,p. 390.

④ Ibid,p. 391.

⑤ 本案是有关"上级命令"的典型案例。被告人因服从上级命令屠杀穆斯林平民,在前南法庭认罪。但被告人辩称,自己受上级命令所迫,如不执行该命令则会被上级处决,因而请求法庭从轻处罚。

⑥ See ICTY,*The Prosecutor v.Drazen Erdemovic*,Case No.IT-96-22-T,Judgement of 29 November 1996,at para. 15,48-53.法庭在综合各种因素后,否定了"上级命令"在该案中构成减轻情节。

由的同时,还提出以"道德上选择的可能性"作为"真正的检验标准"。不过,纽伦堡法庭并未详细阐释"道德选择"的具体含义,这引起了一些争议。一种观点认为,道德选择的可能性是量刑的标准而非免责的标准;另一种观点则认为这是免责的标准,从而将"纽伦堡原则"解释为过错责任原则。[1] 不过,联合国秘书长在一份报告中仍然肯定了绝对责任原则,但同时提出:"(前南)国际法庭可以将上级命令的因素与其他辩护理由,如被胁迫(coercion)或道德上无选择余地等一同考虑。"[2]这似乎暗示着,道德选择的可能性可以作为单独的抗辩事由,甚至"上级命令"仅是判断道德选择可能性的一个因素。

在"埃德莫维奇"案中,前南法庭部分地采纳了上述报告的观点,认为"上级命令"应结合情势所迫(duress)[3]的问题一同考虑。法庭指出:"在某些情况下,道德上无选择余地被认为是情势所迫作为完全抗辩理由的一个必要组成部分。士兵在面对迫在眉睫的身体威胁时可以被认为丧失了道德选择的可能性。"[4]因此,"源于上级命令的情势所迫和危急状态作为完全的抗辩事由并未被绝对地排除,但它的适用条件相当严格。"[5]由此可见,法庭将"上级命令"作为道德上是否有选择余地的一个考量因素,并进而决定是否构成情势所迫。

事实上,以情势所迫为理由的辩护经常与援引上级命令的辩护相关联,但二者有着各自独立的适用范围。红十字国际委员会简单明了地对此作出了区分:"二者之间的差异尤其体现在是否存在作出道德选择的余地。如果一名士兵接到命令要在一所医院引爆一枚炸弹,那么,他在道德上并没有执行此项命令的义务,他可以决定究竟是遵守命令还是违抗它;相反,如果该士兵执行命令是为了避免自己的生命遭受直接的威胁或避免其他严重后果的发生,则此种情形就属于情势所迫。"[6]必须注意的是,情势所迫作为免责事由,尽管在

---

① See Hiromi Sato, p. 147.

② See Report of the Secretary-General, S/25704, 3 May 1993, at para. 57.

③ 在这里,被胁迫(coercion)与情势所迫(duress)是同义语。

④ See *The Prosecutor v. Drazen Erdemovic*, at para. 18.

⑤ Ibid, at para. 19.

⑥ See Marco Sassoli & Antoine A. Bouvier, p. 316.

纽伦堡审判之后一些军事法庭的战犯审判中得到认可,却没有得到前南法庭的接受。[①]

因此,根据既有的国际法规则和大量国际法庭实践,在"上级命令"的法律地位这一问题上,"纽伦堡原则"确立了被告人的严格责任原则,应该是确定无疑的。

三、从纽伦堡到罗马:某些认识的转变

1998 年《国际刑事法院罗马规约》的制定改变了上述严格主义的立场,被认为是过错责任原则的回归。[②] 规约仍将"上级命令不免责"作为一般原则,但允许被告人在满足以下三个条件时援引上级命令作为抗辩事由:(1)他有服从有关政府或上级命令的法律义务;(2)他不知道命令是不法的;(3)命令的不法性不明显。[③] 这样的规定事实上是一种妥协的结果。

在罗马外交大会上,两派主要观点之间产生了激烈的争论。一派以德国为代表,主张适用严格责任原则,即在任何情况下都不能以"上级命令"为由豁免实施犯罪的下级的刑事责任,要求严格遵循纽伦堡审判之后的国际刑事司法实践。另一派以美国为代表,认为根据命令行事的武装部队成员不必承担刑事责任,除非他知道命令的非法性或者该命令是明显非法的。[④] 这派观点更加倾向于一些国家的国内立法和实践,尽管是有条件的责任豁免,却是以一般性地承认"上级命令"作为抗辩事由的有效性为基础的,与既往的国际实践相悖。最后经过相当艰难的谈判,才形成了现在的文本。

根据规约的规定,被告人如犯有国际刑事法院拥有管辖权的罪行,只有在同时满足下述三个条件时,才能主张"上级责任"的抗辩。

1.内在联系:具有服从的义务。

要以"上级命令"为辩护理由,被告人必须首先证明他根据国内法有服从

---

① See *The Prosecutor v. Drazen Erdemovic*, at para. 17,19.

② See Hilaire McCoubrey, p. 392.

③ 《罗马规约》第 33 条第 1 款。

④ See Antonio Cassese(eds.), *The Rome Statute of the International Criminal Court: A Commentary*, Vol.I, Oxford University Press, 2002, p. 967.

上级命令的法定义务,这是该抗辩赖以存在的基础。尽管这一点对所有国家的士兵来说是不言而喻的,但对于平民而言,不同国家的立场可能有所不同。在有些国家,平民只负有遵守合法命令的义务①,而在其他一些国家则可能并非如此。不澄清这一点,"上级命令"的抗辩在适用上就会出现争议。对该项义务的要求,实际上暗示了存在上下级关系的必要性。但是,叛乱团体成员是否有服从其上级命令的法律义务,这个问题尚没有清晰的答案。一般的观点是,这种服从不构成"上级命令"抗辩的基础,除非该叛乱团体已经构成了事实上的政府。② 此外,如果行为人错误地相信他有服从命令的义务但事实并非如此,这构成法律错误,需要依据规约第 32 条来判断。③

2.主观标准:非法性的无知。

命令的非法性源于该命令所指示的行为属于规约管辖范围内的犯罪,而非国内法的规定。本项条件为被告人设置了相对较低的门槛,因为他可以很容易地主张对命令非法性的无知。要判断被告人是否知道或应当知道这种非法性,需要综合考虑相关情况来加以推断。但在实践中,确定行为人是否知道命令的合法性并不总是很容易。④ 这一主观上的标准在某种程度上缓解了一些现实主义者所称的"士兵的两难困境"。

3.客观标准:没有明显非法性。

所谓明显非法,是指命令的非法性"对一个具有普通理解能力的人来说都是明显的"。⑤ 这是制约前项条件的一个客观标准,事实上提高了门槛。判断在某一具体情况下被告人能否知悉命令是明显非法的,必须基于国际法并考虑所有相关因素,特别是那些一般人处在被告人的位置上不可能意识不到的情况。正如在"艾希曼"案中法官所言:"区别'明显非法命令'的标志应当

---

① 如英国。See *The Army Act 1958*, s. 34.

② See Antonio Cassese(eds.), p. 970.

③ See Robert Cryer, Håkan Friman, Darryl Robinson & Elizabeth Wilmshurst, pp. 417-418.本书作者不认为该项认知错误构成免责事由的法律错误。

④ Ibid.

⑤ See Yoram Dinstein, *The Defense of"Obedience to Superior Orders" in International Law*, A.W. Sijhoff, 1965, p. 27.

像飘扬在该命令上空的海盗旗……不是形式上的非法、半遮半掩,也不是只有法律专家的眼睛才可以识别的非法,而是对法律公然和明显地践踏。"①

命令是否具有明显的非法性也助于我们判断被告人主观上是否知悉一项命令是非法的。客观标准具有否定主观标准的效果,如果一项命令明显非法,被告人就不能再主张其不知道命令是非法的。这也在一定程度上驳斥了所谓"士兵不是律师"的观点。

《罗马规约》第 33 条第 2 款最后还对客观标准加以强化,即实施灭绝种族罪或危害人类罪的命令是明显不法的。这实际上是对一个普遍得到认可的结论的明确确认,因为从灭绝种族罪(蓄意)和危害人类罪(广泛或有系统地)的犯罪构成来看,被告人不可能②意识不到其不法性。除此以外,将灭绝种族罪、危害人类罪与战争罪作出区分,还因为前者不仅仅影响个人或某个群体,而是对整个人类尊严的侵犯。③ 该款规定使得适用"上级命令"这一抗辩事由仅限于那些行为人实施了战争罪的情况,从而使其变得更加严格和困难。

不过,上述规定似乎遗留下一个有问题的思想,即实施战争罪的严重程度要轻于灭绝种族罪和危害人类罪,从而导致前者的受害人享有的保护程度也要低于后者。这一点上,还需要实践加以完善。

四、遗留的问题:一个暂时的结论

尽管《国际刑事法院罗马规约》在很多方面都表现出国际刑法发展的进步,但就第 33 条规定的"上级命令"而言,它确实存在着很多缺陷。规约不仅否定了纽伦堡审判以来的严格责任原则,对"上级命令"能否构成减轻情节也未作任何表示。特别是,在《罗马规约》之后建立的东帝汶特别法庭和塞拉里昂特别法庭,全都采纳了纽伦堡原则确立的严格责任标准。在这方面,《国际

---

① *A-G of Israel v.Eichmann*, in *International Law Reports* (1968), Vol. 36, p. 277.

② 但在涉及战争罪时则是有可能的。

③ 事实上,看待这种区分时不能忽略美国因素。在罗马外交会议上,美国支持作出这样的规定是因为,它相信其士兵根据命令实施的行为构成危害人类罪或灭绝种族罪的可能性相当有限。See Antonio Cassese(eds.), p. 971。

刑事法院罗马规约》构成了习惯国际法标准形成的障碍。[1]

　　然而，也有学者对此表示了欢迎的态度。譬如麦克库布雷教授就认为，《罗马规约》第33条的规定不是战争罪行的庇护所；正相反，它保护那些无意间实施了他们既不理解也不打算实施的非法行为，真正的责任应当由那些签发非法命令的上级来承担。最后他强调："《罗马规约》第33条在对待'上级命令'这一抗辩事由方面可以说回归到合理的平衡，既考虑到国际法的主要主张，也兼顾了军事纪律和义务的性质。"[2]

　　无论持有何种看法，有一些事实应该是可以确定的。首先，考虑到《罗马规约》的影响力，它必然会对有关"上级命令"法律地位的习惯国际法规则的未来发展产生重要影响。其次，《罗马规约》表明，在任何情况下，"上级命令"都不是实施那些最严重的国际法罪行的正当理由，特别是灭绝种族行为和危害人类罪。再次，《罗马规约》第33条事实上强化了"上级命令不免责"这一一般原则，它所规定的免责情况只能视为一般规则的例外。正如红十字国际委员会所言，依照逻辑，第33条规定的限制意味着，"上级命令"这一辩护理由将不容易通过可接受性的检验。[3] 最后要指出的是，"上级命令"这一辩护事由的效力究竟将会发生怎样的变化，需要更多国际刑事法院的审判实践来给出答案。

Superior Order as a Defence：
Chronological Development and Impact

Abstract：The superior orders ceased to constitute a defence precluding criminal responsibility since the 19th century and the preclusion of responsibility of subordinates in a military structure need to be statisfied in accordance with a series of condictions. Furhtermore, the Nuremberg Trial denied the complete defence

---

① See Antonio Cassese(eds.), p. 972.

② See Hilaire McCoubrey, pp. 392–393.

③ See Marco Sassoli & Antoine A.Bouvier, p. 316.

arugment and confirmed the relatively strict liability. The Nuremberg jurisprudence continued to be adhered to by quantities of international practices. However, the Rome Statute of International Criminal Court changed the long-sticked-to position, which gave rise to critical remarks dispute. This article aims at clarifying the aforesaid stages of development and attaching anaylysis on the impact upon the international doctrines and practices.

Key words: superior order; principle of Nuremberg; Rome Statute of International Criminal Court